서
태
후

서태후

—— 현대 중국의 기초를 만든 통치자

2

장융 지음 · 이종인 옮김

cum libro
책과함께

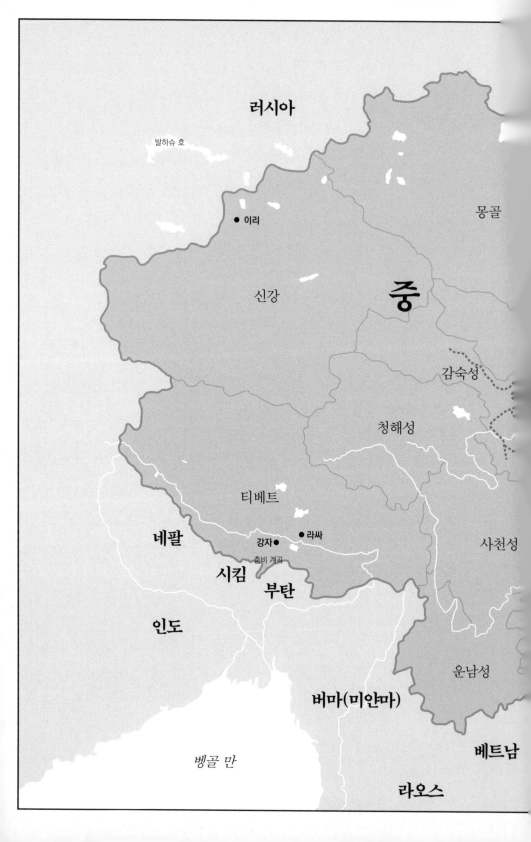

러시아

바이칼 호

서태후 시대의 북경

내성
황성

북당

신무문

서원

자금성

천안문

공사관

대청문 정양문

외성

선농단

천단

영정문

아무르 강

우수리 강

블라디보스토크

만주

동해

우르가
(울란바토르)

국

(후허하오터)
호화호특

직례성

승덕

성경(심양)

요양

한국

일본

만리장성

오대산

북경

개평(당산)

천진
대고구

요동 반도

여순항

위해위

산서성

황하

산동성

교주만

청도

서해

서안

섬서성

개봉

하남성

호북성

무한

양자강

남경 강소성

무호

소주
상해

안휘성

항주

절강성

삼문만

동중국해

류큐 열도(유구 열도)

호남성

강서성

귀주성

복건성 복주

광서성

광동성

광주

대만

태평양

전남관

구룡

홍콩

광주만

남중국해

0	100	200	300	400	500 마일

0	200	400	600	800 킬로미터

일러두기

1. 이 책은 Jung Chang의 *EMPRESS DOWERGER CIXI*(Knopf, 2013)를 완역한 것이다.
2. 본문의 중국 인명과 지명은 우리식 한자음으로 표기했다.

제 4 부

아들 광서제의 친정

——

| 1889~1898 |

17

중국을 망친 평화
(1895)

여순항을 장악한 뒤, 일본은 평화 회담에 응할 준비가 되었음을 알려왔다. 이에 두 명의 사절이 일본으로 떠났다. 사절이 떠나기 전인 1895년 1월 5일, 서태후와 광서제는 그들을 불렀다. 그 자리에서 서태후는 핵심적인 지시를 적은 황실용 노란 종이를 사절들에게 건넸다. 그러면서 그녀는 황실의 사전 검토 없이 어떤 것에도 서명하지 말라고 강조했으며, 특히 영토에 관련된 이야기나 터무니없는 요구가 나올 때에는 어떠한 약조도 하지 말라고 일렀다.

두 협상 사절이 일본으로 떠난 날 전쟁의 경과는 청에 급격히 좋지 않게 흘렀다. 일본군은 북양함대 본부인 위해위威海衛를 장악할 만반의 준비를 끝마치고 있었다. 북양함대는 옥쇄玉碎를 각오하며 필사 항전하라는 엄중한 명령을 받았고, 최후의 수단으로 보유한 군함을 적군의 손에 넘겨주지 않기 위해 파부침선破釜沈船의 전략을 쓰라는 지시를 받았다. 하지만 장교들과 병사들은 북경 정부의 이런 명령에 불복하려 했다. 어떤 이들은 정여창 제독 앞에 무릎을 꿇으면서 부디 군함은 침몰시키면 안 된다고 간청하기까지 했다. 그렇게 하면 일본군이 틀림없이 자신들을 흉악하게 고문한 다음에 죽일 것이라고 했다. 이런 부하들의 압력에 정여창은 일본군에 항복 문서를 보냈고, 이어 2척의 철갑함이 포함된 10척의 군함을 일본군에 넘겨주었다. 정 제독은 이어 아편을 먹고 스스로 목숨을 끊었다. 이렇게 하여 1895년 2월 청나라 해군의 중추였던 북양함대는 사라졌다. 일본군은 이에 청나라 군대를 '마음만 먹으면 언제든지 도살하여 잘게 베어버릴 수 있는, 땅에 드러누워 죽어가는 돼지'에 비유하며 경멸감을 표시했다. 일본은 두 사절을 거절했고, 최고위직 관리나 황족을 전권대사로 파견할 것을 요구했다. 그것은 분명 이홍장을 보내라는 얘기였다.

일본의 일방적 요구를 살펴본 서태후는 그 회담이 수용할 만한 결과를 만들어내지 못하리라고 생각했다. 2월 6일, 그녀는 군기처에서 일본은 '우리가 수용할 수 없는 조항'을 강요할 것이니, 황실은 사절들을 불러들여 회담을 깨고 계속 싸워야 한다고 주장했다. '서태후가 보인 언행의 격렬함'은 옹동화마저 놀라게 했다. 군기처에 서태후와 함께 배석했던 최고참 사령관 왕문소王文韶는 옹동화처럼 황태후의 이런 모습에 놀라워하며, 일기에 글을 남겼다.

황태후의 얼굴에는 진노한 표정이 역력하게 드러났다. 그분께서는 내게 장교와 병사들의 전투력을 재점화할 모든 방도를 취하라고 명령을 내리셨다. 또한 엄정한 군율을 적용하여 용맹한 자에겐 상을 내리고 비겁한 자는 처벌하라고 명하셨으며, 막힌 전황을 타개하기 위해 전력을 다하라고 지시하셨다…… 황태후께서는 내게 45분가량 길고 단호한 지시를 내리셨고 내가 제대로 말뜻을 이해했는지 안달하셨다. 내가 전투 상황을 바로잡길 바라며 염려하는 뜻을 잘 알았으므로, 다른 군기대신들이 그분의 명을 받는 동안 나는 밖에 머물며 대기했다. 혹여 황태후께서 더 지시하실 경우를 대비하기 위해서였다.

서태후는 지휘관들에게 부대에 전념하라는 포고를 내렸다. 그 포고는 태후의 명의로 나갔으며, 군인들에게 용감하게 싸울 것을 촉구하는 내용이었다.

총독 장지동은 용납할 수 없는 조건의 평화 회담에 완강히 반대했고 전쟁을 계속 수행하는 최선의 방안에 대하여 건의하는 전보를 황궁에 보내왔다. 서태후는 장지동에게 총독의 권한 내에만 머무르지 말고 전반적인 전략을 짜는 데 도움을 줄 것을 요청했다. 하지만 총독이 황실에 전쟁 관련 정보를 더 요구했을 때 황제는 불쾌하다는 어조로 총독의 소관이 아니라는 답변을 보냈다.

이는 분명히 서태후의 발언이 큰 힘이 없음을 드러냈다. 최고위에 있는 사람들, 즉 광서제, 공친왕, 그 외 군기대신들은 더 이상 전쟁을 원치 않았고 일본의 어떠한 요구도 기꺼이 받아들이려 했다. 그들은 적이 북경으로 진격해와 제국을 전복하리라는 암울한 전망에 공포를 느꼈다. 황제는 눈물을 쏟으며 옹동화에게 자신의 불길한 예상을 말했고, 스승은 '몸을 떨며 식은땀을 흘렸다'. 서태후는 일본으로 이홍장을 파견하는 건에 할 수 없이 동의했다. 하지만 그녀는 '이홍장을 불러들여 먼저 지시를 받게 해야 한다'고 군기처에 요구했다. 공친왕은 태후가 협상 조건을 내세워 협상이 결렬될지도 모른다고 겁을 집어먹으면서 곧바로 사태에 개입했다. "하지만 폐하께서는 이홍장을 불러들일 필요는 없다고 하셨습니다. 황태후께서 말씀하시는 것은 폐하의 뜻과는 맞지 않습니다." 서태후는 공친왕의 말을 끊으며 말했다. "내 견해를 듣고 싶으신 겁니까, 아니면 다른 말씀을 하고 싶으신 겁니까? 내 말이 의미가 있습니까, 없습니까?"

결국 이홍장은 서태후를 만나러 왔다. 2월 25일, 이홍장과 공친왕은 서태후에게 일본의 요구 사항을 전했다. 일본은 영토 할양과 막대한 배상금에 관한 전권을 가지고 와야 이홍장과 협상하겠다는 것이었다. 두 대신은 또한 광서제가 일본의 조건을 받아들여 이홍장을 보내기로 결정했다는 것도 전했다. 황태후는 맹렬하게 반대했지만 아무 소용없었다. 결국 그녀는 화를 벌컥 내며 말했다. "하시고 싶은 대로 하세요. 이제 더 이상 내게 아무것도 묻지 마세요!" 하지만 여전히 광서제는 이홍장의 일본 파견에 관해 그녀의 조언을 구했다. 이에 서태후는 환관을 보내 몸이 아프니 황제가 스스로 결정했으면 좋겠다는 말을 전했다. 이홍장은 영토 할양에 관해 혼자서 책임을 떠안으려 하지 않았다. 중국인들은 영토를 아주 중요한 문제로 생각하기 때문이다. 3월 3일, 광서제는 이홍장에게 '영토 할양에 관한 서면 허가'를 내주었다. 이는 모든 군기대신의 소망을 반영한 것이었으며, 그들은 같은 날 집단으로 서태후에게 글을 올려 '북경이 위험에 처하는 것'을 가장 염려하는 폐하의 진퇴양난을 이해해주기 바란다고 진언했다. 서태후는 이에 응답하지 않았다. 황제는 그녀를 만나 지지를 얻고자 처소 근처에서 엄청난 고뇌를 하며 주변을 맴돌았다. 하지만 서태후는 황제를 무시했다. 4월 8일, 일본이 요구하는 조건이 모두 나왔다. 천문학적인 배상금 외에도 청 제국의 '보석'이라 불리는 대만의 할양을 요구했다. 총독 장지동은 대만에 관해 이런 말을 남겼다. "매년 국고에 들어오는 돈이 200만 테일인데, 전반적으로 그곳의 상인들과 사람들은 이보다 몇십 배 되는 수입을 올립니다." 일본은 그에 더하여 대만 근처의 팽호 열도澎湖列島와 만주 남부의 요동반도의 할양도 요구했다. 격분한 서태후는 광서제에게 말했다. "황상, 아무 땅도 떼주지 말고 이홍장을 불러들여 계속 싸우도록 하세요!"

하지만 그렇게 말하는 서태후 역시 비장의 대책이 있는 것은 아니었다. 그녀가 가진 것이라곤 항복하지 말자는 투지와 기꺼이 위험을 감수하려는 배짱이었다. 하지만 서태후는 위험의 감수를 두려워하는 대신들에게 무시당했다. 일본의 총리대신 이토 히로부미에게서 10만의 군사가 북경으로 진격 중이라는 경고성 최후통첩을 받은 광서제는 4월 14일 이홍장에게 일본의 요구를 받아들이라고 지시했다. 4월 17일, 이토 히로부미와 회담하는 자리에서 이홍장은 시모노세키조약下關條約에 서명했다. 이로써 일본은 요구한 영토 전부를 손에 넣었고, 배상금으로 2억 테일을 받게 되었다.

이 기간 동안 서태후는 격노와 절망에 사로잡혔고 자신의 무력함을 한탄하며 점점 몸이 약해졌다. 고뇌가 너무도 격심했던 나머지 그녀는 자주 혼절했다. 한 환관은 "황태후께서는 홀로 있다고 여기실 때면 종종 눈물을 흘리셨다."고 말했다. 그는 또한 이렇게 말하기도 했다. "황태후께서 몰래 흘리시는 눈물은 심중의 막대한 고뇌를 드러내는 것이었습니다. 누군가 제게 황태후 마마를 한마디로 말해보라고 한다면, 저는 세상에서 가장 고통 받는 분이라고 대답할 것입니다."

⚘

1842년 영국, 그리고 1860년 영국과 프랑스에 두 번 배상금을 주었던 것과 비교하면 1895년 신흥 아시아의 강국이 청에 요구한 배상금은 그들과는 비교되지 않는 탐욕과 무자비함을 드러냈다. 청은 처음 영국에 2100만 달러 은화, 그다음 영국과 프랑스에 각각 800만 달러 은화를 배상금으로 지불했다. 유럽 열강의 요구는 전쟁 비용과 전시 민간인들이 입은 피해를 보상하라는 것이었다. 일본이 주장한 2억 테일은 발생된 비용과는 거의 관련이 없었다. 일본은 전쟁 시작 시에 국고에 총 3천만 테일이 있었을 뿐이고 전쟁 이후 발행한 8천만 테일에 이르는 전시 채권도 일부만 현금화가 되었다. 이홍장은 이런 사실을 지적했고 이토 히로부미는 이에 대하여 이의를 제기하지 않았다.

시모노세키조약은 청의 모든 지배층을 분노케 했다. 수백 명에 이르는 북경의 관리들은 조약의 비준을 거부해야 한다는 탄원서에 서명했고, 과거를 보려고 북경 회시에 올라온 1천 명 이상의 지식인들도 이에 동참했다. '반대' 운동의 규모는 전례가 없을 정도였다. 조약이 공식적으로 체결되지 않았는데도 소문이 널리 퍼져나갔다. 탄원에 참가한 모든 이들은 황제에게 재가를 해서는 안 된다고 간청했다. 일부는 장기전을 대비해 수도를 내륙으로 옮겨갈 것을 강력히 촉구하기도 했다. 하지만 그들의 간절한 목소리는 '아무 의미 없는 목소리'로 일축되었다(이것은 로버트 하트의 말을 인용한 것이다). 백성들의 의견은 광서제에게 거의 무게감이 없었고, 그가 국내에서 유일한 위협으로 여기는 것은 농민들의 무장봉기 정도였다. 그 외에 위협이 될 만한 것은 일본뿐이었다. 일본은 대청제국을 무너뜨릴 수 있었다.

그러자 뜻밖에 유럽 열강이 청에 도움을 주었다. 러시아, 독일, 프랑스가 개입해 일본에 요동반도를 청에 돌려주라고 요구한 것이었다. 세 나라는 일본의 요동반도 점령이 '청의 수도를 항구적으로 위협한다는 것'을 개입의 근거로 들었다. 유럽 열강은 일본이 궁극적으로 청 제국을 접수해버리는 것을 두려워했다. 로버트 하트는 이렇게 말했다. "만약 일본이 전쟁에서 승리하여 청을 점령한다면 가장 야심차고 강력한 거대 제국이 세상에 모습을 드러낼 것이다……. 1900년이 될 때 한 번 지켜보라!' 독일의 황제 빌헬름 2세는 '황화론黃禍論(황색인종이 서양 문명을 압도한다는 주장)'을 주장하며 일본이 '청을 지배해 통합 아시아의 수장'이 되는 것을 유럽의 악몽으로 간주했다.

유럽이 이 상황을 우려하고 있다는 명백한 증거를 간파한 서태후는 일본이 북경을 공격해 청 제국을 끝장낼 가능성은 거의 없다고 판단했다. 일본은 아직 서구 열강에 도전할 입장이 되지 못했다(결국 일본은 삼국 간섭에 의해 요동반도에서 물러났지만 철수 비용은 지불 받았다). 서태후는 수도와 제국이 안전하다는 것을 깨닫고 광서제와 고위 대신들이 분연히 들고일어나서 일본의 요구를 거부하기를 바랐다. 물론 일본이 진격을 계속하여 북경을 점령할 수도 있었다. 하지만 서태후는 그런 위험을 감수할 가치가 있다고 보았다. 조약의 조항들은 너무나 제국에 피해를 주는 것이어서 국가 지도자라면 충분히 위험을 감수할 만했다. 서태후의 계산으로는 서구 열강에 압박을 느낀 일본은 청이 전쟁을 계속 수행하기로 결심하면 시모노세키조약보다 훨씬 덜 가혹한 조건의 평화협정에도 동의할 것 같았다.

궁정의 사람들도 자신과 같이 생각해주길 바라면서, 4월 26일에 서태후는 군기처에 자신의 생각을 전달하며 평화협정을 완전 재고해야 한다고 요구했다. 하지만 황제가 장기전을 결정하려면 유럽의 개입을 확신해야 한다고 말하자 고관들 모두가 여기에 동의했다. 황제는 세 나라에 전보를 쳐서 이에 관해 확약을 받으라고 명했다. 하지만 세 나라는 즉답을 주지 않았는데, 그건 별로 놀라운 일도 아니었다. 답을 기다리는 동안 광서제는 조약 비준 마감일이 다가오는 것에 심한 압박감을 느꼈다. 그는 마감일을 넘겨 일본이 북경으로 진격해오는 광경을 상상할 때마다 겁에 먹으며 공황에 빠졌다. 거의 파열해버릴 것 같은 한계점에 도달하자 23세의 황제는 실제 나이보다 훨씬 더 겉늙어 보였다. 고관 중 누구도 황제에게 재가하지 말라는 조언을 하지 않았다. 그 누구도 청 왕조의 몰락에 관하여 책임지고 싶지 않았던 것이다. 옹동화는 그렇게 하는 것이 도움이 된다면 기꺼이 자신의 머리를 벽에 부딪쳐 산산조각 낼 생각이 있다고 낮게 중얼거릴 뿐이었다. 이제 모든 시선은 이런 사태에 거의 기여한 바가 없고 또 심하게 앓고 있는 공친왕에게로 향했다. 공친왕은 평소의 그답게 조약의 비준을 지지했다. 그는 좋은 자질을 많이 갖고 있었으나 근본적으로 큰 위기가 닥칠 때면 굽히고 들어가는 심약한 사람이었다.

황제나 고관들이나 결전의 의지를 표명하지 않았으므로 서태후는 설득하기를 그만뒀다. 이와 더불어 그녀는 시모노세키조약의 비준에 관여하지 않겠다는 말을 전했다. 5월 2일 공친왕과 군기대신들이 배석한 가운데 광서제가 비준을 확정했다. 그 순간 배석한 이들은 '몸을 떨며 눈물을 흘렸다'. 이어 황제는 이홍장에게 전보를 쳐 즉시 비준서를 교환하라고 지시했다. 5월 8일, 조약이 체결되었다. 이 젊은 황제는 어서 이런 사태를 끝내고 싶었기 때문에 이홍장에게 조약 체결을 독촉하기까지 했다.

황제는 '가장 안전한 길'을 선택했다. 로버트 하트는 이런 말을 남겼다. "제국의 존망이 걸린 문제였다!" 하지만 서태후에게 '평화'의 대가는 너무도 가혹했다. 그녀는 이 조약이 제국을 구제하기보다는 궁극적으로 파멸시킬 것이라 보았다. 서태후에겐 선견지명, 저항심, 용기가 있었지만 그것을 실천할 권한은 없었다.

시모노세키조약은 청을 무너뜨렸다. 조약의 중재자 역할을 한 미국 공사 찰스 덴비는 청일전쟁 전 상대적으로 좋았던 청의 시절과 그 후 끔찍했던 시절을 모두 보았던 사람이었다. 그는 이렇게 썼다. "청일전쟁은 청 종말의 시작이었다." 2억 테일의 배상금에 더해 일본이 요동반도를 반환하는 대가로 3천만 테일을 요구하자 청은 이것 역시 동의했다. 이 두 가지에 기타 '대가'를 더하면 청이 지불할 금액은 2억 3150만 테일이었고, 이는 일본의 연간 세입의 4배 이상에 달하는 금액이었다. 이것 외에도 일본은 무기와 군함이라는 전리품을 챙겼다.

배상금을 지불하기 위해 광서제는 서구 열강으로부터 돈을 빌렸다. 청의 외채는 지난 30년 동안 다 합쳐서 4100만 테일이었고 사실상 1895년 중반쯤에 거의 다 지불되었다. 일본에 막대한 배상금을 지불하지 않는다면 청은 풍부한 자금을 보유하게 되며, 그 자금으로 폭넓은 근대화 계획을 실행하고 나아가 백성들의 생활수준을 높일 수 있을 것이었다. 하지만 이 막대한 향후 세입은 패전으로 허무하게 날아가버렸고, 청은 3억 테일을 엄청난 악조건으로 해외에서 빌려올 수밖에 없었다. 전쟁배상금, 빌려온 자금의 이자 그리고 청일전쟁 기간 동안의 막대한 지출 등을 모두 합치면 청은 6억 테일을 지불해야 하는데, 이는 1895년 총 세입(약 1억 테일)의 거의 6배에 달하는 것이었다. 게다가 조급한 광서제는 불과 3년 만에 일본에 줄 배상금을 모두 지불하기로 결정하여 이미 가혹해진 상황을 더욱 악화시켰다. 모든 관세 소득은 이제 일본이 가져갔고, 내국세는 증가했다. 전국의 각 성이 분담금을 할당받았고, 당연히 증세는 백성들을 압박했다. 이제 중국의 혈관에서 생명이나 다름없는 피가 줄줄 흘러나오게 되었다.

많은 근거 없는 비난들이 그런 것처럼, 이 재앙과도 같은 전쟁과 '평화

협정'은 종종 서태후의 탓으로 돌려졌다. 그녀를 비난하는 자들은 근거 없지만 단정적인 어조로 그녀가 이화원을 건설하기 위해 해군 예산을 대규모로 횡령해 패전의 빌미가 되었다고 주장했다. 또한 황태후가 육순 축하연 준비에만 집착하여 전쟁을 등한시했으며 줏대 없이 양보만 했다고 비난했다. 하지만 진실은 이런 비난과는 아주 다르다. 서태후는 청의 근대적 해군의 기반을 닦은 사람이었고, 비록 이화원 건축에 해군 발전 기금에서 일부 자금을 가져다 쓰긴 했지만 이자 정도의 돈이었고 기금의 몸통을 건드린 것은 아니었다. 거기다 서태후가 오랫동안 적극적으로 전쟁에 개입하지 못한 이유는 육순 축하연 때문이 아니라 광서제가 그녀의 개입을 막았기 때문이었다. 그녀는 결코 유화주의자가 아니었으며 황궁에서 유일하게 일본의 요구를 거부하고 계속 전쟁을 수행하자고 강력히 주장한 사람이었다.

서태후가 전쟁 전에 해군 자금을 유용한 것(비록 전쟁 중에 대략 비슷한 자금을 기부하기는 했지만)과 생일 선물을 요구한 것은 모두 엄청난 오판이었고 확실히 비난받아 마땅하다. 전자는 해군의 규율을 약화시켰고, 후자는 황궁의 사기에 찬물을 끼얹었다. 하지만 서태후는 곧바로 자신의 실수를 깨달았고 이후로는 그것을 벌충하려고 했다. 비록 과오를 저지르기는 했지만 그녀는 전쟁의 패배나 치명적으로 유해한 '평화 조약'에 관해서는 아무런 책임이 없다. 그 책임은 광서제(널리 알려진 이야기에서는 황당무계하게도 최선을 다한 비극적인 영웅으로 묘사되기도 한다)와 정도는 덜하지만 군기대신들(비록 공식적으로 조언자에 지나지 않지만)에게 돌아가야 한다. 궁극적으로, 이 비극의 책임은 광서제와 같은 가냘픈 통치자의 어깨에 그런 막중한 책임을 맡긴 청 황실의 체제에 있다. 로버트 하트는 이렇게 한탄했다. "수장이 없다. 실력자가 없다." 사실 실력 있는 여성이 딱 한 명 있었지만 그녀는 위기 당시에 수장이 될 수 없었다. 서태후의 목소리는 황실이라는 작은 집단 밖에서는 들리지 않았기 때문에 비극적이게도 그녀를 중상하고 비방하는 황당무계한 주장이 판치는 비옥한 토양이 마련되었다. 나중에 한 통찰력 있는 프랑스인은 서태후에 관해 "청에서 유일한 '남자'"라는 말을 남기기도 했다. 그렇다. 1895년 자금성 안에서 진짜 남자는 서태후뿐이었다.

18
중국 쟁탈전
(1895~1898)

파멸적인 전쟁이 끝난 뒤, 서태후는 다시 정치에서 물러났다. 1895년 6월 30일, 수행원들이 예를 갖춰 서태후를 자금성에서 서원까지 따라 갔고 이어 그녀는 다시 이화원으로 돌아갔다. 환관들은 특별 행사를 위해 제작된 다채로운 복장을 갖추어 입고 황태후를 수행했으며, 황궁 악단은 나팔을 불었다. 공친왕을 비롯한 고관들은 남쪽으로 난 돌길 위에 무릎을 꿇고 황태후의 가마가 지나갈 때 세 번 고두했다. 그 이후로 서태후가 자금성을 방문할 때마다 황궁 내부의 모든 관리들은 예복을 입고 정교한 환영 예식을 올렸다. 이런 예식은 그녀가 제국을 운영하고 있지 않다는 사실을 강조하는 것이었다.

그러나 이번 은퇴는 예전과는 달랐다. 진비 사건 이후로 서태후는 모든 주요한 문서를 볼 수 있게 되었다. 광서제는 이즈음 그녀에게 훨씬 많은 면담을 청했고, 그가 이화원을 방문하는 횟수도 늘어나고 있었다. 젊은 황제와 군기대신들은 황태후의 뜻을 거스르고 파괴적인 조약에 서명한 것이 '목마르다고 독을 마신 것'과 마찬가지였음을 깨달았다. 시모노세키조약 체결은 제국에 진정한 평화를 가져온 것이 아니었다. 조약 서명에 맹렬히 반대하는 탄원서를 올렸으나 무시당했던 장지동 총독은 조약으로 일본의 배만 채우고 그들의 야욕만 키우는 꼴이 됐다고 지적했다. 그는 또한 가까운 미래에 일본이 허약해진 청을 반드시 정복하러 들 것이라고 확신했다. 이에 더해 유럽 열강은 이제 청이 얼마나 허약한지 잘 알게 되면서 전쟁 위협을 통해 끊임없는 요구를 해왔다. 더 이상 청이 배짱을 튕기지 못한다는 사실을 잘 알았기 때문이다.

실제로 유럽 열강의 입장에서 청은 이제 종이호랑이였다. 지금까지 그들은 청을 대국으로 인정하면서 확실히 존경하는 태도를 보였다. 하지만 이제 그들은 거인이 '허풍으로 가득하다'는 사실을 명확하게 간파했다. 찰스 덴비는 이렇게 말했다. "청의 거품이 꺼지고 있다." 유럽 열강은 "청이 싸울 힘이 없다는 사실을 알게 되면서 툭 하면 구실을 내세워 중국의 영토를 빼앗으려 했다". 청을 이해하는 마음 착한 이들(로버트 하트는 이렇게 말했다. "청은 호전적인 국가가 아니다. 청의 선조, 문명, 특징은 모두 평화를 추구하는 것이었다. 험하고 거친 세상이 중국을 뒤흔드는 것은 참으로 안타까운 일이다")도 있었지만, 유럽 열강이 청을 대하는 일반적인 태도는 노골적인 경멸이었다. 옹동화는 이렇게 썼다. "서방국가의 사절이 총리아문을 찾아올 때 그들은 더 이상 예전처럼 예의를 갖춰 행동하지 않았다. 그들은 툭 하면 욕설을 퍼붓곤 했다." 그들이 총리아문에 들러 하는 행동을 목격한 어떤 청의 관리는 "격노로 피가 끓었다."고 말했다.

광서제는 수세적인 모습을 보였다. 그는 전쟁에 관해 자세한 공식 성명을 발표하지 않고 오로지 고관들에게만 서신을 보내 이해를 구했다. 황제는 이 일에 관해서는 어떠한 말도 하지 말라고 명하기도 했다. 즉

사후 분석을 하지 않겠다는 것이었다. 광서제는 이번 사태의 교훈에 대하여, 또 구체적인 미래 계획에 관해 심사숙고하지 않았다. 그저 진부한 말만 늘어놓을 뿐이었다. 예를 들면, '청은 군대를 훈련시켜야 하고 그와 관련해서 자금을 댈 수 있도록 더 많은 돈을 거두어들여야 한다'는 식이었다. 황제는 곤란한 입장에 처하자, 관리들에게 두 명의 군기대신이 조약에 '비준하도록 강요했다'는 말을 흘리는 지극히 유치한 방식으로 책임을 모면하려 했다. 황제가 지정한 주된 희생양은 이홍장이었다. 하지만 황제는 이홍장이 초래한 실질적인 손해로 그를 비난한 것이 아니라, 전쟁 전 국방력에 관해 거짓 보고를 올린 것과 전쟁 후 제대로 일을 처리하지 못한 것 등으로 그를 비난했다. 광서제는 이에 더해 이홍장이 자신의 허락 없이 조약에 서명했다는 널리 퍼진 풍문에 동조하기까지 했다. 전쟁 이후 이홍장이 처음으로 황제를 알현하는 자리에서, 광서제는 자신이 명백하게 재가했음에도 불구하고 2억 테일과 대만을 포함한 그 외 영토를 넘겨준 것에 관해 이홍장을 질책했다. 일본에서 교섭 중에 있었던 암살 미수 사건의 총상에서 갓 회복한 이홍장은 그저 바닥에 계속 머리를 조아리며 "폐하, 전부 신의 과오이옵니다."라고 말하는 수밖에 도리가 없었다. 이런 가식적인 연극이 진상을 훤히 꿰뚫어보는 군기대신들 앞에서 벌어진 것이었다.

군주가 관리들의 충성을 받고자 한다면 반드시 공정해야만 한다. 서태후는 관리들에게 공정하게 대하는 요령을 알았고, 그녀의 명확한 신상필벌은 널리 인정되었다. 그녀에게 동조하거나 혹은 동조하지 않거나 그녀가 부리는 사람들은 깊은 충성심을 보였는데 바로 공정한 인사人事가 그 비결이었다. 하지만 광서제는 서태후 같은 요령이 전혀 없었다. 그는 청일전쟁 중에 정여창 제독을 심히 학대하여 북양함대가 일본군에 군함 10척을 고스란히 넘겨주는 한심한 패배를 당하는 데 일조했다. 이 일로 인해 황제에게 적의를 품게 된 이홍장은 황제가 '군주답지 않다'고 생각하게 되었으며, 신뢰하는 부하들에게 실제로 이런 평가를 털어놓기도 했다. 황실에 변화가 찾아오기를 바라는 이홍장의 의중은 그의 군영 밖에 있는 관리들마저 알게 되었다. 그는 서태후가 다시 집권하길 바랐다.

황태후는 광서제와 군기대신들을 '그것 보라'는 식으로 꾸짖지 않았다. 오히려 이들에게 자비롭게 대하는 것이 그 당시로는 최선이라고 생각했다. 그래서 이들은 너무도 황송해했다. 공친왕은 조약 체결의 주된 지지자였지만 서태후는 그에게 책망의 말이라곤 단 한 마디도 꺼내지 않았다. 대신 공친왕을 이화원에 초대해 머물게 하면서 그가 머무르는 처소의 가구와 그가 먹을 음식들을 신경 써주었다. 공친왕은 이에 감읍하여 서태후가 만나보고 싶다는 전갈을 내오자 병상에서 힘들게 일어났다. 공친왕의 아들은 아버지의 병세를 우려해 집에서 정양하면서 고두를 위시하여 궁중의 힘든 예법을 당분간 피하는 것이 좋겠다고 간언했는데도 그 말을 무시하고 태후를 찾아간 것이었다. 언젠가 옹동화는 공친왕이 이화원에 머무를 때 황제가 그곳에 도착했는데도 온종일 마중을 나오지 않은 것을 보고 굉장히 무례하다고 생각했다. 서태후는 이제 황실의 지배자가 된 것이었다. 고관들은 그녀가 부르면 곧장 이화원으로 달려갔고, 그녀가 좀 더 머무르기를 권하면 그녀의 산책에 동행하기도 했다. 황제가 아니라 태후에게 이처럼 매달린다는 것은 아주 이례적인 일이었다. 때때로 고관들은 자금성에 황제를 만나러 가는 일을 게을리 하기도 했다.

설사 광서제가 이를 괘씸하게 여겼다고 하더라도 내색하지는 않았다.

오히려 서태후에게 더 고분고분하게 대했다. 이에 서태후는 감동하여 광서제를 "정말 품위 있는 황제"라고 말했다. 전쟁 중에 태후는 황제에게 좀 더 부드럽게 대해야겠다고 생각하게 되었다. 그녀의 눈엔 그가 진 짐의 무게와 그의 한계가 잘 보였기 때문이다. 옹동화는 황제가 병이 나자 서태후가 매일 병상으로 찾아와 전에는 보지 못한 다정한 태도로 상냥하게 말하는 모습을 보기도 했다. 총독 장지동에게 그녀는 이렇게 말하기도 했다. "나는 황상을 정말로 아낀답니다." 이제 서태후는 황제와 더 많은 시간을 보내게 되었고, 그와 함께 이화원과 그 주변 절경을 둘러보기도 했다. 서태후는 또한 진비와 그녀의 언니 근비를 복위시켜주었다. 사람들은 황제와 황태후가 이 시기에 무척 좋은 사이로 지내는 것을 보게 되었다.

서태후는 주위의 사람들이 이런 관계에 훼방 놓지 않기를 바랐다. 황제에게 태후를 멀리 해야 한다고 조언했던 황제의 측근들은 이제 궁정에서 전부 쫓겨났다. 관리들은 '누구라도 황제에게 황태후를 멀리 하라고 조언하는 이들이 있다면 무거운 처벌로 다스릴 것'이라는 경고를 듣기도 했다. 황제의 서재는 폐쇄되었고, 그리하여 아무도 황제에게 비밀스럽게 전언할 수 없게 되었다.

◈

광서제가 순종하는 모습을 보이자 서태후는 자신이 가장 긴급하다고 생각했던 문제인 일본의 위협을 직접 처리하고자 했다. 총독 장지동 같은 유력한 전략가들은 청의 북쪽에 위치한 인접국이자 일본의 부상浮上에 직접적인 영향을 받는 유일한 유럽 열강인 러시아와의 동맹을 강력히 주장했다. 서태후는 러시아 역시 청의 영토에 야욕을 품고 있다는 것을 잘 알고 있었다. 실제로 러시아는 1860년에 아무르 강 이북과 우수리 강 동쪽의 커다란 땅덩이를 청으로부터 빼앗았고, 그로부터 20년후에 다시 신강의 이리를 침범해 서태후는 군대를 보내 격퇴시켰다. 이제 몇 달 동안 대 러시아 동맹의 찬반을 잘 생각해본 서태후는 결국 러시아와 동맹을 맺고자 했다. 아무 대비도 하지 않다가 또다시 일본에 공격당하는 것보다는 나았기 때문이다. 1896년 초, 청은 일본이 청을 침공하면 러시아가 개입해 청과 함께 싸운다는 약조를 받기 위해 손을 쓰기 시작했다. 군기처는 서태후를 따라 이화원으로 옮겨와 동문 밖의 간이 숙소에 임시 사무처를 두었다. 공친왕도 바로 옆의 저택으로 옮겨왔다. 아무도 황제가 어디 있는지는 신경 쓰지 않았다.

상트페테르부르크에 머물고 있는 청의 공사를 통해, 서태후는 동맹을 맺는 대가로 러시아에 어떤 반대급부를 줄 수 있는지 통보했다. 모스크바를 비롯한 유럽 러시아와 극동 러시아를 연결하는 시베리아 횡단철도는 종착점인 태평양의 블라디보스토크 항에 도착하려면 다음 두 가지 길 중 하나를 선택해야 했다. 철도가 러시아 영토만을 거쳐 가게 되면 훨씬 더 돌아가는 데다 기후가 안 좋은 지역을 통과해야 했다. 하지만 만주 북부를 곧바로 거쳐 가면 500킬로미터나 거리가 단축되었다. 러시아는 청의 영토를 가로지르는 지름길로 철도를 부설하고 싶어 했다. 고관들과 논의를 거치고 난 뒤 서태후는 러시아에 중국 내의 철도 부설 사업을 승인하기로 결정했다. 이 철도는 나중에 '시베리아철도'로 알려지게 된다. 이 철도는 실제로 청에 굉장한 경제적 혜택을 가져다주었다. 아시아와 유럽을 육로로 연결하는 이 철도는 청에 그야말로 대단한 돈벌이 수단이었다. 엄청난 규모의 물류가 이 철도를 통해 이루어졌고 청은 그 물품들에 관세를 매길 수 있었다. 러시아가 철도를 건설하겠다고 했으니 청은 건설 비용을 크게 부담하지 않으면서도 이를 통해 큰 이윤을 얻을 수 있었다. 청은 초기 자본의 일부인 500만 테일을 지불하고 지분 3분의 1을 보유한 주주가 됨으로써 철도를 양국의 합작 사업으로 만들었다. 만약 러시아와의 관계가 틀어지더라도 철도는 청 영토 내에 있으니 청은 마음대로 철도를 사용할 수 있었다. 이 모든 것은 일본의 침공이 벌어질 경우에 강력한 군사동맹을 결성한다는 조건을 바탕으로 하는 것이었다.

모두가 예측할 수 있는 문제점은 만주에서 러시아의 영향력이 극적으로 늘어나는 것인데, 이는 뜻밖의 결과를 낳을 수 있었다. 서태후는 청이 '장차 일어날 위협에 대해 경계해야' 한다는 것을 알고 있었다. 하지만 제국을 일본으로부터 지켜내야 한다는 생각이 그런 모든 우려를 압도했다.

이런 접근을 하기로 결정되자 조약 협상을 위해 모스크바로 이홍장이 파견되었다. 서태후는 청일전쟁에서 이홍장이 역할을 제대로 못했으므로 전후戰後엔 그를 배척했지만 이번엔 편의상 어쩔 수 없었다. 이홍장은 타의 추종을 불허하는 협상가였기 때문이다. 때는 1896년 5월이었고, 마침 러시아에서는 니콜라이 2세Nicholas II가 황제 대관식을 거행하였기에 이홍장은 대관식에 참석할 청의 특명전권공사로서 러시아로 출발했다. 물론 그의 진짜 목적은 비밀에 부쳐졌다. 이홍장이 러시아를 방문한다는 사실이 알려지자 영국, 프랑스, 독일, 미국에서 그를 초대했다. 서방의 입장에선 청의 최고위 관리이며 그것도 '청의 가장 중요한 정치가'가 최초로 유럽을 방문하는 것이었기 때문이다. 다른 열강이 소외감을 느끼지 않게 하고 또 여행의 진정한 목적을 숨기기 위해 이홍장은 앞서 다른 네 나라도 방문했다. 이홍장은 각 나라에서 대대적인 영접을 받았으나 거의 실속이 없는 방문이었다.*

러청동맹밀약은 니콜라이 2세의 대관식으로부터 며칠 지난 6월 3일에 성공적으로 체결되었다. 조약의 첫 문장은 명쾌하게 일본이 침략할 시에 러시아는 모든 가능한 병력을 동원해 청을 지원한다는 것으로 되어 있다.

◈

이홍장은 임무를 부여받자 흥분을 감추지 못했다. 그는 이를 황태후가 자신을 용서하고 같이 일해보려는 의사를 가진 것으로 받아들였다. 거기다 이제는 그녀가 굉장한 영향력을 발휘하며 집권하고 있었다. 이홍장은 자신의 능력에 자신감을 가지고 있었다. 여행을 떠나기 전 천막 안에서 벌어진 기념 연회 중에 바람이 세게 불어 음식에 먼지가 뒤덮이는 일이 있었다. 하지만 이홍장은 먼지가 덮인 음식을 그대로 먹으며 즐거운 기분으로 이야기를 나누고 웃음꽃을 피웠다. 연회에서 그는 바람의 신 풍백風伯이 자신에게 경의를 표하러 왔다고 말하기도 했다. 이홍장은 속으로 이 장대한 여행을 마치고 돌아오면 자신은 정계의 중심으로 복귀할 것이며 앞으로 이보다 더 큰일을 하게 되리라고 여겼다. 그는 미소를 짓고 고개를 끄덕이며 주변의 아첨을 즐겁게 받아들였다.

여행 중에 이홍장은 방문한 각국의 수뇌부로부터 환영을 받고 '동방의 비스마르크'라는 칭송을 받았다. 《뉴욕 타임스*New York Times*》는 그에 관해 이렇게 서술했다. "그는 가슴 쪽으로 큰 머리를 기울이며 걷고 앉는다. 그것은 브라우닝Elizabeth Barrett Browning이 묘사한 나폴레옹의 모습을 연상시킨다. 앞으로 굽은 이마가 그의 정신을 억누르는 것 같다."

---

* 실속이라고 할 만한 공개적으로 알려진 목적은 서구 열강을 설득해 더 높은 관세를 받아들이도록 하는 것이었다. 열강은 대체적으로 공정한 처사라며 받아들였으나 정작 청에선 아무런 조치가 뒤따르지 않았고 관세는 당분간 변동이 없었다.

하지만 1896년 말 다시 청의 영토를 밟은 지 얼마 되지 않아 이홍장은 모든 일이 예상과는 정반대로 돌아가는 것을 목격한다. 그는 북경으로 소환되기 전에 천진에서 보름을 기다려야만 했다. 수도에 도착한 그는 광서제와 고작 30분 정도만 만났을 뿐이었다. 광서제는 독일 정부가 자신에게 선물한 다이아몬드가 박힌 메달에 완전히 정신이 팔려 그에겐 그다지 신경 쓰지 않았다. 이홍장은 서구 열강의 강성한 국력을 보고하면서 청도 시급히 개혁해야만 한다고 주장했지만 젊은 황제는 "그 일은 공친왕을 만나 논의하면서 할 수 있는 바를 알아보라."고 말할 뿐이었다. 어쨌든 이홍장은 황제에게 별로 기대를 하고 있지 않았으므로 큰 실망도 하지 않았다. 그가 진짜로 크게 낙담한 것은 같은 날 서태후를 만날 때였다. 면담을 마치고 나온 그는 "정말로 두려움을 느꼈다". 서태후가 이홍장에게 무슨 말을 했는지는 기록에 남아 있지 않지만 분명 냉랭한 말이었을 것이다. 면담 후 그는 절망적인 무기력에 빠져들어 이화원 근처의 절에 머무르다 심란해져서 근처 원명원 폐허를 거닐었다. 폐허를 지키던 환관들은 그가 누군지 잘 알았기에 그를 안으로 들여보냈다. 이홍장의 마음은 그가 서술한 대로 '밤새 혼란스러웠다'. 다음 날 그는 사직서를 제출해 모든 관직을 내려놓았다.

황실의 한 줄짜리 교지는 그의 의원면직依願免職을 거부하면서 그가 파면되었다는 것을 암묵적으로 보여주었다. 이홍장을 총리아문에서 수장이 아닌 일반 관리로 일하도록 명령한 것이었다. 그가 이전에 쥐고 있던 주요 직책 두 가지인 북양北洋 대신과 직례 총독은 이미 다른 사람의 손에 넘어가버렸다. 이홍장은 '제국의 수석 행정가'라는 호칭이 수여되었으나 이는 실권 없는 명예직일 뿐이었다. 이 정도로도 충분한 처벌이 아니라고 생각했는지 '황실 사유지를 무단 침입'한 건으로 그의 1년치

녹봉이 벌금으로 징수되었다. 서태후는 일본과 치명적인 시모노세키조약을 맺은 책임을 물어 응징하고자 이홍장에게 이런 모욕적인 인사 발령을 냈다. 하지만 서태후는 그 인사 조치를 공개적으로 설명할 수 없었다. 그의 유죄를 구체적으로 지적하면 곧 황제의 유죄를 폭로하는 것이 되기 때문이었다. 그녀는 이로써 은근히 기대하던 이홍장에게 예전과 같은 자신과의 밀접한 정치적 관계는 끝났음을 분명하게 표시했다. 거기에 외국 방문 중에 누렸던 영예 때문에 괘씸죄를 얻어서 이중으로 처벌을 받았다(해고에 더해 '황실 사유지 무단 침입'으로 벌금형에 처한 것). 후에 서태후가 완전히 재집권하여 보좌해줄 사람이 필요했을 때 이홍장은 자신의 예전 지위를 회복하려고 시도했다. 하지만 그녀는 그래 봐야 고통만 더 받을 뿐이라는 듯, 75세의 늙은 신하를 '지리적 연구를 수행하고 치수治水하는 적절한 방법을 찾으라'며 얼어붙은 황하를 따라 답사하는 여행길에 파견했다.

이렇게 하여 서태후는 뛰어나지만 큰 흠결이 있는 정치인 이홍장과의 긴 정치적 파트너 관계를 끝냈다. 러시아와의 밀약으로 가까운 장래가 보장되어 제국에 평화가 찾아왔다고 안도한 서태후는 국정에 더 이상 관여하지 않으려 했다. 전쟁 중에 느낀 불안, 좌절, 고뇌와 그에 따르는 심한 감정적 기복 때문에 그녀는 심신이 크게 피곤했다. 서태후는 자신이 몇십 년에 걸쳐 이뤄놓은 사업의 결실이 일거에 사라지는 것을 보고 엄청난 충격을 받았다. 육십이 된 그녀는 새로운 시작을 하기엔 자신감을 잃은 것처럼 보였다. 황태후는 더 이상 논의를 주재하고, 명령을 내리고, 정책 쇄신을 일으키던 예전의 역동적 모습이 아니었다. 이제 그녀는 아무래도 좋은 것처럼 보였다. 어쨌든 국정의 책임자는 광서제였다. 서태후는 한두 가지 정도의 중요한 일을 관장할 뿐 일상적인 업무는 개입할 수 없었다. 광서제는 개혁에 관해서는 평소대로 무기력하고 우둔한 모습을 보였다. 장지동이 새롭게 근대화를 시작해야 한다는 제안을 가져왔을 때 황제는 상투적인 답변만 할 뿐 아무런 조치도 취하지 않았다. 서태후에 의해 추진되었으나 전에 황제가 보류한 북경-무한 철도를 포함하여 철도 계획이 다시 시작되었다. 이제는 보수적인 옹동화마저 깨달을 정도로 모두가 철도의 최우선적인 중요성을 인식했다.

이 당시에 운송, 광업, 무역에 기반을 둔 중국의 신흥 자본가들은 전쟁의 영향을 받지 않고 여전히 활발하게 활동했다. 전기는 호남 같은 내륙 지방까지 들어갔는데, 이를 목격한 한 사람은 "온 마을이 전등으로 빛났다."고 말했다. 기업가들은 새로운 생각을 발전시키고 있었다. 북경-무한 철도의 부설을 위임받은 사업 개척자 성선회는 국가 중앙은행 설립을 요청했다. 만약 이 제안이 예전의 서태후에게 전달되었다면 그녀는 적극적으로 찬성했을 것이다. 하지만 이 당시의 그녀는 무관심했고, 광서제는 성선회에게 중앙은행보다는 민간 투자은행을 세우라고 지시했다. 이홍장이 서방을 순방하고 온 뒤 청나라에 대대적 개혁이 수행될 것이라고 큰 기대를 걸었던 외국인들은 실망을 금치 못했다. 종전된 지 2년이 넘었지만, 그들은 청이 '행정개혁 및 군 재편성과 관련해 아무것도 하지 않은' 것은 물론이요, 패배로부터 배운 점이 하나도 없다는 사실을 알게 되었다.

⚬

서태후는 정치말고도 관심사가 많았기 때문에 더욱 정사를 돌보지 않게 되었다. 태후는 쾌락을 추구하는 데 집중했다. 러시아와 밀약을 체결하고 난 뒤인 1896년 9월 21일 중추절에 그녀는 이를 기념하기 위해 황실 고관들을 이화원으로 초대했다. 그들은 호숫가에 자리한 옥란당玉瀾

堂에 모였는데 이곳에선 호수의 전경이 잘 보였다. 옥란당은 황제의 침궁이었으나 서태후는 마치 자신이 그 주인인 양 행세했다. 옹동화가 기록한 것처럼, 그녀는 옥란당이 "빛도 잘 들어오고 공기도 잘 통해 자금성보다 낫다."고 말하며 러시아와의 밀약을 포함해 '노고'를 아끼지 않은 고관들을 '치하함과 동시에 칭찬'했다. 서태후는 병중인 한 군기대신의 용태를 물어본 뒤 그에게 어의를 보냈고, 옹동화에게 "인삼은 조심해서 복용해야 한다."는 말을 하기도 했다. 하지만 국사는 논의되지 않았다. 비가 내린 뒤 곤명호 위로 구름 한 점 없는 하늘에 휘영청 보름달이 떠올랐다. 옹동화는 친구들과 함께 술을 나눠 마시고는 시를 읊었다. 달이 기울어지며 달빛이 희미해져 어두워지자 그들은 우울한 기분에 휩싸였다.

그날의 행사엔 풍악이 없었다. 서태후의 여동생이자 광서제의 생모인 복진이 6월 18일 사망하여 백일상을 치르는 중이었기 때문이다. 상중에는 음악을 일절 연주하지 않았다. 사흘 뒤, 100일이 지나가자 서태후와 황제는 탈상을 했다. 그 직후 이화원에서 아주 새로운 방식으로 음악이 연주되었다. 해 질 녘, 화려하게 장식된 배들이 고관들을 태우고 곤명호 한복판으로 나아가 멈췄다. 달빛이 아름답게 비추는 호수의 물결로 배들은 잔잔히 흔들렸다. 점등 신호가 떨어지자 배들 주변에 연꽃 모양으로 만들어진 붉은 전등이 일제히 불을 밝혔다. 이어서 화려하게 빛나는 연단이 호수에 조용히 떠올랐다. 현대식 전등으로 밝혀진 연단 위에서는 경극이 공연되었고, 고관들은 난생처음으로 이런 아름다운 광경을 보았다. 불꽃놀이가 이어졌고, 화려한 불꽃들이 근처 언덕의 어둑한 실루엣을 배경으로 눈부시게 빛났다. 밤이라 호수에서 한기가 올라왔지만 서태후는 아랑곳하지 않고 자신이 연출한 장관을 자랑스럽게 둘러보았다. 옹동화는 이런 화려한 오락에 깊은 인상을 받긴 했지만 어서 빨리 끝나길 바랐다. 너무 추워 한시라도 빨리 집으로 돌아가 솜두루마기를 걸치고 싶었기 때문이다.

이화원의 여흥이 즐거움을 줄수록, 서태후는 더 큰 심적 고통을 느꼈다. 비겁한 남자들이 일본에 그 큰 배상금을 빼앗기지만 않았더라도 폐허가 된 원명원을 얼마나 멋지게 복원할 수 있었겠는가! 또 얼마나 아름다운 장관을 연출할 수 있었겠는가! 거기다 얼마나 많은 근대화 계획을 추진할 수 있었겠는가! 그동안 비겁한 남자들을 질책하는 것을 자제하던 서태후는 격분에 휩싸였다. 어느 날 그녀는 엄청난 분노를 억누르지 못하면서 호부 상서 옹동화에게 원명원을 복원시키고자 하니 아편세를 거두어 전부 자신에게 넘겨달라고 요구했다. 1860년 공인된 이래 중국의 많은 땅에서 아편이 재배되었는데, 여기서 나오는 세입은 상당한 규모였다.

이런 요구는 그야말로 터무니없는 것이었다. 당시는 제국이 거대한 부채로 인해 무너지고 있는 시기였다. 그런데 태후는 지금 국고를 전용하여 행락지를 건설하겠다고 주장하고 나선 것이었다. 이화원을 지을 때에도 서태후는 이런 노골적인 요구를 하지 않았다. 사실 그녀는 이화원 건설에 나랏돈을 쓰지 않겠다고 공식적인 성명을 내놓았으므로, 해군 예산에서 이화원 건설비를 전용한 것은 사실상 도둑질이나 다름없었다. 그랬던 그녀가 이제 고관들을 이렇게 비웃고 있는 것 같았다. '당신들, 일본에 그처럼 거액을 물어줄 정도로 돈이 많아? 그렇다면 나도 그 돈 좀 써보자고. 나라의 재정을 파탄 낸 건 당신들이니 내 요구를 감히 거부하지 못할 거야!' 실제로 고관들은 그녀의 요구에 반대할 수 있는 도덕적 권리를 몰수당한 상태였다. 옹동화는 아무런 이의도 제기하지 못하고 황태후의 요구를 들어줄 방법을 탐색했다.

옹동화가 해결책을 찾아내기까지는 1년이 걸렸다. 그만큼 하기 싫은 일을 마지못해 한 것이었다. 1897년 초여름, 옹동화는 로버트 하트를 만나 상의했다. 하트는 그 자리에서 청의 아편 생산량이 상당히 적게 신고되었으며, 아편 세수가 1년에 2천만 테일은 되어야 한다고 주장했다. 이는 당시 거두던 세금에 비하면 굉장히 많은 차이를 보이는 것이었다. 옹동화는 하트가 추정한 생산량에 근거해 아편세를 걷기로 했고, 이 중 30퍼센트를 '황실 건물 복원용'으로 서태후에게 넘기겠다고 제안했다. 그 계산에 따르면 매년 600만 테일에 이르는 돈을 태후에게 주겠다는 것인데, 이는 무척 큰 금액이었다. 서태후는 옹동화의 제안을 재빨리 받아들였다.

하지만 곧장 반대의 목소리가 들려왔다. 고관들이 아닌 산동 순무 이병형李秉衡에게서였다. 산동은 북경의 남동쪽 연안 지방이었다. 이병형은 새롭게 추정한 아편 생산량이 너무 많으며, 산동의 경우에는 추정 과세액이 실제 과세 가능한 금액의 10배가 된다고 주장했다. 그는 '극한적으로 세금을 쥐어짠다고 하더라도 그 액수를 맞추지 못할 것'이라고 서신을 보냈다. 거기다 당시 백성들은 외채를 갚기 위한 자금을 대느라 이미 견딜 수 없는 부담을 지고 있었다. 여기서 더 이상 과세를 하는 것은 불가능했고, 자칫 민란이 일어날 수도 있었다. 이병형은 '불요불급한 일을 억제해야 하고 백성들의 고통을 더 이상 악화해서는 안 된다'면서 황실이 호부의 계획을 반려할 것을 주장했다.

이병형의 주장을 본 서태후는 그 즉시 자신의 꿈을 포기해야만 한다는 것을 알았다. 그녀가 자신의 요청을 철회하자 황제는 호부의 계획에 관한 산동 순무의 탄원을 잘 읽었으며 재고하겠다고 답변했다. 호부는 이에 기꺼이 '총세무관의 계획'을 폐지했다. 정부의 관리들은 자신의 이름이 이 일과 관련되는 것을 결코 원치 않았다. 따라서 로버트 하트가 편리한 '희생양'이 되었다. 그 계획을 노골적으로 반대한 이병형은 총독으로 진급했다. 원명원 폐허는 그대로 폐허로 남았다.

❦

서태후의 쾌락을 추구하던 시기는 어쨌든 짧게 끝났다. 시모노세키 조약 체결에 반대하던 장지동 총독이 너무도 웅변적으로 설명한 바 있는, 서태후로서는 최악의 시나리오가 1897년 말에 현실로 나타났다. 청을 향해 경멸적이고 공격적인 모습을 보이던 유럽 열강이 청의 영토를 노골적으로 장악하려고 소란을 일으키기 시작한 것이다. 독일은 일본에 요동반도에서 물러나도록 압력을 넣었으니 그 보상으로 산동의 교주만膠州灣과 청도青島 항을 군항으로 이양하라고 요구해왔다. 청 황실이 이런 요구에 대하여 계속 퇴짜를 놓자, 빌헬름 2세는 '약간의 병력'을 동원하기로 결정했다. 이에 독일 군함은 연안 이리저리를 순항하기 시작했다. 그들의 황제가 말하는 '바라던 기회와 구실'을 찾기 위해서였다. 그런데 독일은 생각보다 빠르게 그 기회를 잡게 되었다. 11월 1일, 두 명의 독일 선교사가 산동의 한 마을에서 살해되는 일이 벌어졌다. 총독 이병형은 즉시 살인범들을 쫓았지만, 빌헬름 2세는 그 사태를 은근히 반기면서 이렇게 말했다. "이렇게 청나라 놈들이 마침내 바라던 '사고'를 일으켰구나. 이제 구실이 생겼다." 살인 사건 소식이 들리자 독일 함대는 군사행동을 할 준비를 마치고 청도에 도착해 청의 주둔군에 48시간 내로 항구를 비우라고 엄포했다.

이런 최후통첩을 받은 광서제는 또다시 침략을 당할까 두려워 겁먹은 토끼처럼 행동했다. 황제는 즉시 전보를 보내 이병형에게 무력 충돌은 '엄금'한다고 명했다. 당초 총독은 항전을 건의했기 때문에 그 지시에 격분했다. 잇따라 도착한 전보에서 황제는 이렇게 명령하기도 했다. "적이 아무리 불한당처럼 행동한다고 해도 황실은 절대 전쟁에 나설 의향이 없다." 옹동화에 따르면 황제는 단호하게 두 글자, '싸우지 말라[不戰]'고 주장했다. 전보가 오고 간 뒤에 서태후는 이 일을 알게 되었으며, 공친왕이 직접 칙명을 들고서 이화원을 방문했다. 자금성으로 돌아오며 공친왕은 안도하는 표정을 지었다. 그는 군기대신들에게 황태후께서 '수용하셨다'고 말했다. 청도 항을 점령한 독일군을 현지에서 철수시키기 위해 공친왕은 독일의 요구를 '모두 받아들이라'고 조언했고 결국 그렇게 되었다. 독일은 거침없이 요구 사항을 전했다. "조건을 받아들이지 않으면 전쟁을 시작하겠다." 독일은 또한 총독 이병형의 인사 조치를 언급하면서 그가 '파면되어 다시는 공직에서 일하지 못하게 해야 한다'고 요구해왔다. 원명원을 복원하겠다는 서태후의 계획에 반대하여 승진했던 이병형은 이제 독일에 의해 쫓겨나는 신세가 되었다. 이런 개인적인 쓰라린 경험 때문에 그는 철저한 서구 혐오자가 되었고, 곧 외세 추방을 구호로 내건 의화단義和團을 전폭적으로 지지했다. 의화단사건으로 서양 열강이 중국을 침공하자 그는 자발적으로 군대를 이끌고 대항했으며 패배하자 스스로 목숨을 끊었다.

독일은 전략항인 청도 항을 '99년간 잠정적 임차' 방식으로 얻어냈다. 조약은 1898년 3월 6일 북경에서 체결되었으며 담당자는 이홍장과 옹동화였다. 이홍장은 이제 상습적인 희생양이 되었다. 그는 서명자에게 오명을 남길 만한 조약이라면 어떤 것이든 서명을 하는 사람이 되었다. 공친왕은 적극 주장하여 옹동화를 총리아문에 임명되도록 했다. 공친왕은 평소 말로만 허장성세를 부리는 옹동화를 '매국'과 마찬가지인 조약에 서명하는 수치를 안겨서 쓰라린 아픔을 주려 했다. 옹동화는 독일 사절이 공친왕의 서명을 요청했을 때 친왕이 그를 지목하며 서명하라고 했다고 썼다. 옹동화는 청도를 '냄새나는 짐승'에게 넘겨주는 데 끼어든 것에 심한 수치심을 느꼈다. 그리고 '역사에 남을 죄인'이 되었다는 생각으로 지독히 괴로워했다.*

이런 일련의 사건들에서 서태후는 아무런 역할도 하지 않았지만 그것들을 기정사실로 받아들였다. 태후의 행동은 적지 않은 위로가 되었다. 옹동화는 군기처가 제구실을 못했다면서 자책했는데 '황태후께서 우리를 상냥한 말로 위로했고 대신들의 어려움을 전적으로 이해한다는 말을 전했다'고 일기에 기록하며 고마워했다. 서태후는 중국이 이제 아주 비참한 나라가 되었다고 슬픔을 표시할 뿐이었다.

◌

상황은 점점 더 악화되어갔다. 독일 다음 차례는 러시아였다. 독일이 청도에 달려든 지 한 주도 지나지 않아 러시아 군함이 요동반도 끝의 여순항에 도착했다. 러시아 역시 일본을 요동반도에서 물러나게 힘을 보탰으니 이제 그 대가로 여순항을 내놓으라고 요구했다. '독일이 청도를 점령했다면 러시아는 응당 여순을 장악해야 한다'고 러시아 측은 말했다. 이에 1년 전 러청동맹밀약의 협상을 맡았던 비테Sergey Yulyevich Witte 백작은 이런 자국의 행동을 '지극히 기만적이고 신의 없는 것'이라고 여겼다. 그렇지만 그는 자국의 목표를 성취하기 위해 할 수 있는 일을 하기로 했다. 청 황실이 러시아의 요구를 거절하자 러시아는 전쟁을 하겠다고 위협했다. 이때 비테 백작은 중국 사절인 호의적인 외교관 이홍장과 장음환張蔭桓(빅토리아 여왕의 즉위 60주년 기념식에 대표로 참석해 이

* 이렇게 해서 오늘날의 청다오[青島] 맥주를 독일인들이 처음으로 양조했다.

때 기사 작위를 받아 중국 관리로서는 최초로 영국 기사 작위를 받았다)에게 뇌물을 주라고 러시아 정부에 조언했다. 러시아 문서에 따르면 각자에게 50만 테일을 제안했으며 모두 이를 받아들였다. 러시아는 옹동화에게도 뇌물을 주려고 했으나 유교적 전통을 중시하는 그는 러시아와의 밀담에 참석하는 것조차 거절했다.

개인적으로 50만 테일을 챙긴 이홍장은 1898년 3월 27일 여순항과 관련된 조약('고작' 25년 임차였다)에 서명했다. 그다음 날 그는 '만족감을 표시했다'. 사실 그가 뇌물을 받았건 받지 않았건 상황은 별로 달라지지 않았을 것이다. 러시아가 전쟁 위협에서 더 나아가 전쟁을 개시했다면 말로만 떠들어대던 북경의 저항은 무너졌을 것이다. 광서제는 무슨 수를 써서라도 전쟁을 피하길 바랐다. 황실에서 고관들은 눈물을 흘리는 것 말고는 할 일이 없었다. 옹동화는 "이 얼마나 딱한 광경인가."라며 한탄했다. 이홍장 역시 자신이 희생양으로 지목된 것을 알고 있었다. 조약 체결 며칠 전에 황제는 모든 탓을 이홍장에게 돌리며 질책했다. "이젠 러시아와 문제가 생겼구려. 지난번의 비밀조약은 아무 소용이 없는 건가요?" 그는 그저 부복하여 숨을 헐떡일 뿐이었다. 마침내 황제가 나가보라고 손짓했을 때 그는 제대로 일어서지도 못해 부축을 받아야만 했다. 비틀거리며 나오기 전에 그는 숨을 쉬기 위해 몸을 가누느라 있는 힘을 다해야 했다. 그런 푸대접을 받았으니 이홍장은 러시아의 뇌물을 받아먹을 자격이 있다고 생각했을지도 모른다. 장음환이 조약에 서명해서 이름에 먹칠을 했다고 불평했을 때 이홍장이 장음환에게 한 말에서 그의 기분을 엿볼 수 있다. "자네와 나만 무너진 것이 아닐세. 우리(청 제국) 모두가 함께 넘어지고 있지 않나." 장음환은 먼저 1만 600테일만 받았다. 그는 뇌물을 받았다고 맹비난을 받고 있다면서 나머지 금액은 잠잠해질 때까지 좀 기다려달라고 러시아 측에 말했다.

여순항 임대 조약에 관해서 서태후는 아무런 자문도 하지 않았다. 이홍장이 광서제에게 "폐하께서는 황태후 마마와 이 일을 논의하셨습니까?"라고 물었을 때 황제는 아니라고 답했다. 그는 또한 옹동화에게도 황태후와 아무런 상의를 하지 않았다고 말했다. 그녀가 이미 '슬픔에 빠져 절망하는 상태였기' 때문에 말을 하지 못했다는 것이었다. 옹동화는 황태후가 느끼는 '지독한 분노와 비통함이 얼마나 클지' 짐작할 수 있었다. 황제는 태후가 아무 말을 하지 않더라도 그녀의 표정만 보고서도 또다시 죄책감을 느끼게 되는 것을 두려워했다. 어느 경우든 그녀에게 말해주고 말고는 별 의미가 없었다. 황제로서는 여순항을 임대하는 것 말고는 대안이 없었던 것이다.

서태후는 황제가 일본과의 전쟁에서 형편없는 대처를 해 이 모든 위기가 닥쳤다고 생각했고, 이에 관해 분노를 억누르고 있었다. 황제는 태후의 심기를 잘 알았기에 그녀의 분노를 촉발시키는 행동이라면 어떻게든 피하려고 애를 썼다. 청일전쟁 중 정책 수립 과정에서 황태후를 배제하려고 거짓 상소를 올렸다가 변경으로 유배를 떠난 어사 안유준은 유배 기간이 다 되어 막 북경으로 돌아오려 하고 있었다. 황제가 이를 알게 되었을 때, 옹동화는 일기에다 이렇게 기록했다. "폐하께선 오랜 생각 끝에 안유준을 2년간 더 유배지에 있도록 하셨다." 그는 또 이런 말을 덧붙였다. "폐하께서는 그의 안위를 걱정했다." 광서제는 안유준이 돌아오게 되면 당연히 황태후의 분노를 유도하는 피뢰침이 될 거라고 염려했던 것이다.

독일과 러시아의 선례를 따라 영국과 프랑스도 좋은 기회를 놓치지 않으려고 기민하게 움직였다. 영국은 산동반도 최동단에 있는 북양함대의 전 본거지 위해위를 임차했다. 이 항구는 러시아가 임차한 여순항과 마주 보는 곳이었다. 영국의 임차 기간은 러시아와 똑같은 25년이었다. 두 나라는 동양에서의 권력과 영향력을 차지하기 위해 거대한 게임을 펼치는 중이었다. 영국은 홍콩 식민지에 구룡반도九龍半島의 나머지(신계新界)를 추가해 99년간 임차했다. 프랑스도 광주만廣州灣을 99년간 임차했다. 이곳은 이제 프랑스령 인도차이나의 전진기지가 되었고 청 남쪽 연안의 작은 프랑스인 거주지를 형성했다. 맞은편에 대만을 두고 있는 복건성도 이제 일본의 영향권 아래에 들어갔다. 1898년 중반, 청의 연안에 있는 전략적 거점들은 거의 모두 외국 열강의 손에 떨어졌고, 열강은 중국을 상대로 자신들 마음 내키는 대로 무엇이든 할 수 있게 되었다.

제 5 부

무대 전면으로

| 1898~1901 |

1898년의 개혁

[1898]

청대 중국사를 연구하는 걸출한 사학자인 모스는 이렇게 말했다. "세계의 역사에서 중국처럼 하나의 정부 아래 그처럼 광대하고 그렇게나 많은 인구를 다스린 나라는 일찍이 없었다. 어떤 나라도 이와 같은 영토와 인구를 지닌 적이 없다. 하지만 청은 1897년 11월부터 1898년 5월까지 6개월 동안에 지속적인 굴욕과 수많은 업신여김의 대상이 되었다. 거대한 나라가 이토록 비참하게 된 사례 역시 세계사에 없었다." 개혁의 필요성은 명백했다. 그렇지 않으면 제국은 오래 존속할 수가 없었다. 자금성에는 상소가 줄을 이었다. 심지어 광서제도 소극적인 모습을 떨치고 뭔가 해야 한다는 '시급한 필요'를 느꼈다.

26세의 황제는 현실에 대해 거의 아는 바가 없어 어디서부터 시작해야 할지 감을 잡지 못했다. 세상의 젊은 사람들이 으레 그러는 것처럼, 그는 개혁을 하려면 예법禮法의 구속적인 형식을 버려야 한다고 직감했을지도 모른다. 1898년 5월, 독일의 황족 하인리히Heinrich가 청 황실을 방문했다. 독일 황제 빌헬름 2세의 동생인 하인리히는 실제로는 청도 공격을 강화하기 위한 함대의 제독으로 파견된 것이었으나 청의 황실이 쉽게 항복하는 바람에 그의 방문 당시엔 '우호 관계'가 이미 회복된 상태였다. 하인리히는 광서제를 만날 때 허락을 받아 앉아서 황제와 이야기를 나눌 수 있었다. 이는 전례가 없는 일이었다. 서태후를 제외하고는 그 누구도 황제 앞에서 앉을 수 없었다. 하지만 광서제는 오히려 기꺼이 그에게 편의를 제공했다. 심지어 하인리히가 황제에게 몸을 굽혀 예의를 표하자 자발적으로 일어나 다가가서 악수를 나누고 자리에 앉도록 권했다. 옹동화는 황제의 이런 행동이 황실 의전을 크게 어긴 데다 품위 없는 처신이라고 생각했다. 독일이 저지른 잔학한 행위들을 감안하면 그런 행동은 그가 볼 때 아주 고통스러운 것이었다. 옹동화는 참지 못하고 황제와 언쟁을 벌였다. 하지만 황제는 스승의 고뇌에 공감하지 않았고 결국에는 버럭 화를 냈다. 그러자 서태후는 황제에게 이렇게 호통쳤다. "하찮은 일로 싸우는 건 그만두세요! 온 나라가 지금 참사로 고통 받고 있지 않습니까!" 서태후는 직접 하인리히를 만나보길 바랐다. 그녀가 서방 사람과 직접 만나는 것은 처음 있는 일이었다. 그녀는 독일의 황족이 자신의 앞에서는 서 있어야 한다는 것을 명백히 밝혔다. 서태후는 그녀의 방식으로, 광서제는 그의 방식으로 하인리히를 접견했다. 황제는 심지어 하인리히를 만나러 가서 그에게 수여할 훈장을 직접 건네주기도 했다. 하인리히가 독일 황제를 대신해 광서제에게 선물할 훈장을 가져오자, 그는 답례로 독일 황제에게 보낼 훈장을 만드는 데 비상한 노력을 기울였다.

젊은 황제는 유럽제 손목시계와 대형 시계에 매혹된 것 못지않게 훈장을 아주 좋아했다. 광서제는 독일 황제에게 보낼 훈장을 만드는 데 많은 시간을 쏟아부었다. 그는 총리아문의 관리들 및 훈장 관련 담당자들과 훈장의 색깔, 크기, 사용될 보석, 훈장을 만들 장인 선정 등 무수한 세부 사항을 지칠 줄 모르고 논의했다. 색깔은 많은 협의와 고민의 대상(황금색으로 할지, 황금빛이 도는 붉은색으로 할지)으로 떠올랐다. 색깔에 대한 논의를 거친 뒤엔 훈장에 들어갈 진주는 어떤 것을 사용할지 장황하게 의논했다. 황제는 커다란 진주를 원했지만 훈장과 어울리지 않는다는 사실을 알고는 실망했다. 그는 그보다 작은 진주를 사용하는 데 동의했지만 그런 크기로는 훌륭한 품질의 진주가 없었다. 이런 식으로 장황한 논의를 거친 후에 알맞은 진주와 세부적인 디자인이 결정되었다. 광서제는 외국 열강의 군주들이 선물한 훈장을 즐겨 달다가 어느 날 갑자기 충동적으로 이홍장과 장음환에게 각각 훈장을 하나씩 하사하기도 했다. 이홍장은 불명예 퇴진했고, 두 사람은 모두 뇌물 수수로 맹비난을 받고 있는 상황인 데도 그런 은전을 베풀었다. 황제는 서구의 외교관들이 목에 훈장을 걸고 다니는 것을 보았던 것이다.

황제의 개혁 드라이브는 그런 하찮은 것 이상으로 나아가지 못했고, 대신들도 무엇을 건의해야 할지 전혀 알지 못했다. 황제가 무엇을 해야겠냐고 고관들에게 물은 일에 대하여 옹동화는 이런 기록을 남겼다. "공친왕은 아무런 말도 하지 않았다. 그러다 행정부터 개혁을 시작해야 한다고 말했다. 나 역시 몇 마디 했지만 다른 군기대신들은 아무런 말이 없었다." 공친왕은 그 후 얼마 지나지 않아 1898년 5월 29일에 숨을 거뒀다. 임종하는 자리에서 그는 조각난 제국을 위해 눈물만 흘렸다.

제국의 존속이 위태롭게 되자 광서제는 서태후에게 시선을 돌렸다. 당시 황제의 최측근인 장음환은 이렇게 말했다(그는 또 일본인들에게도 같은 말을 했다). "지난 몇 년간 급변하는 정세는 폐하께 심대한 충격을 주었고 동시에 그분께 개혁의 필요성을 인식시켰다……. 황태후 마마께선 항상 개혁론자들을 마음에 들어 하셨다. 황제 폐하가 변하시고 또 개혁 사상을 적극 받아들이면서 이전보다 황태후 마마와 밀접한 관계를 유지하고 있다. 이것은 필연적으로 황태후 마마의 영향력을 높일 것이다."

광서제는 이제 서태후의 지도를 충실히 따랐고 그녀는 애정 어린 열의로 황제를 대했다. 관리들은 서태후에게 개혁에 관한 제안을 내놓았고 그녀는 좋은 아이디어를 얻기 위해 그 제안을 적극적으로 검토했다. 황제는 자금성에 머무르면서도 며칠 간격으로 세 시간씩 마차를 타고 이화원에 가서 서태후의 조언을 구했다. 때로는 태후가 자금성에 들르기도 했다. 서태후와 황제는 일정의 3분의 2 이상을 함께 보내면서 국사를 논의했다. 마치 사제師弟 같은 모습이었다. 어느 날 이화원에서 자금성으로 돌아온 황제는 황태후가 군기처에 보내는 지시를 선포했다. 옹동화는 이 순간을 1898년 6월 11일의 일기에 기록해두었다.

> 오늘 폐하께선 황태후 마마의 지시를 다음과 같이 전하셨다. "어사 양심수楊深秀와 학사學士 서치정徐致靖이 며칠 전에 주장한 바가 절대적으로 옳다. 제국의 근본 정책이 모든 이들에게 명확하게 알려지지 않았다는 것이다. 이제부터 우리는 철저하게 서방의 방식을 따라야 한다. 공식 성명은 분명하고 명확해야 한다." …… 황태후께서는 아주 단호하셨다. 나는 물론 서방의 방식을 받아들여야만 하겠지만, 그보다 중요한 것은 윤리와 철학에서 중국 성현들의 가르침을 버리지 않는 것이라고 조심스럽게 폐하께 진언했다. 그런 뒤 나는 물러나 관련 칙명 초안을 작성했다.

서태후의 지시에 따라 광서제가 전하고 옹동화가 작성한 '국가 근본 정책 발표' 칙명은 그날 바로 선포되었다. 1898년의 개혁이라는 역사적인 움직임이 시작된 것이다. 역사책들은 이를 중국 역사상 기념비적인 일이라고 기록하면서도 언제나 광서제에게 공을 돌릴 뿐 서태후는 극단적 보수주의자라며 비난한다. 그러나 분명한 사실은 개혁을 착수한 것이 그녀라는 점이다.

◈

이 칙명을 작성한 것이 옹동화의 마지막 정치적 행동이었다. 며칠 뒤 그는 제자인 광서제의 결정으로 자리에서 물러나게 된다.

노스승과의 결별은 광서제에게 개인적으로 큰 고통이었다. 옹동화는 어릴 때부터 그에게 아버지와 같은 존재였기 때문이다. 실제로도 황제는 그 누구보다 스승과 가까운 사이였다. 젊은 황제는 모든 일에 관해 옹동화에게 의존했는데, 특히 청일전쟁 중에는 더욱 그러했다. 전쟁의 재앙을 겪은 후 불운에 불운이 겹치자 제자가 스승을 바라보는 눈빛도 흐릿해졌다. 황제가 개혁을 선택했는데도 옹동화가 과거에 머무르려 하자 사제 관계는 더 이상 지킬 수 없게 되었다. 둘 사이에는 많은 감정적인 불일치가 생겼다. 개혁을 하고자 하는 황실에 옹동화가 들어설 자리가 없다는 점은 너무도 명확했다. 비록 그가 뛰어난 학자이자 서예가이고, 올바르고 충성심이 있긴 했지만 이런 상황에선 해임하는 수밖에 없었다. 황제는 친필로 칙명을 써서 옹동화에게 고향으로 은퇴하라고 지시했다. 게다가 황제가 노스승의 작별 인사를 받지 않으려 하자 옹동화는 이에 크게 충격을 받고 비탄에 빠졌다. 하지만 그는 황제가 행차한다는 소식을 듣고서 흘끗 보게 되더라도 황제를 한번 뵙고자 하는 희망에 자금성 내부로 향하는 문으로 서둘러 갔다. 젊은 황제의 마차가 지나가자 노스승은 부복해 돌바닥에 고두했다. 옹동화는 나중에 이렇게 썼다. "폐하께서는 몸을 돌려 아무 말 없이 날 바라보셨다. 나는 마치 악몽이라도 꾸는 기분이었다."

해임 결정은 의심할 여지없이 서태후의 승인을 받은 것이었다. 그녀는 국가정책의 수립 과정에서 황제가 옹동화에게 의존하는 것을 견제하려고 노력해왔다. 하지만 두 사람의 사제 관계를 생각하면 조심스럽게 일을 진행할 필요가 있었다. 이제 서태후는 옹동화를 해임하자 내심 기쁘면서 안도가 되었다. 하지만 그와 동시에 그녀는 퇴임한 옹동화를 배려하려고 했다. 옹동화가 자리에서 물러난 다음 날 황태후는 관례대로 군기대신들에게 보내던 여름 선물을 그에게도 보냈다. 그는 환관이 가져온 비단에 싸인 선물을 자신은 더 이상 군기대신이 아니라는 이유로 거절했다. 하지만 태후는 다시 환관을 보내 선물을 받으라고 고집했고, 옹동화는 마침내 받아들였지만 감사 편지는 보내지 않았다. 대신 그의 예전 동료들이 황태후에게 감사의 말을 전했다.

∝

생애 처음으로 서태후와 광서제는 잘 협력해나갔다. 황궁에선 개혁에 관한 칙명들이 쏟아져나왔다. 비록 칙명들은 황제의 이름으로 선포되었으나 어느 하나 서태후의 승인을 받지 않은 것이 없었다. 이런 칙명들은 전국의 관리들이 보낸 제안을 바탕으로 완성한 것이었다. 가장 먼저 변화해야 할 부분은 교육체계였다. 지도층 엘리트를 양성하려면 교육이 가장 중요한 사업이었다. 난해한 유교 경전만 집중적으로 공부한 탓에 지식인들은 현대에 맞는 교양을 갖추지 못했고, 인구의 99퍼센트 이상이 문맹으로 남게 되었다. 선교사 마틴은 다음과 같이 예리하게 말했다. "이번 개혁에 청의 미래가 달려 있다." 그 개혁 체계는 곧 국가의 바탕이 될 것이므로, 서양식으로 기존의 체계가 대체한다는 것은 그야말로 엄청난 변화였다.

개혁의 첫 번째 단계로, 과거에서 난해한 과목이 전부 폐지되고 그 자리에 시사時事 정세와 경제학 시험이 들어섰다. 광서제는 관련된 칙명을 손수 가필함으로써 얼마나 이를 예민하게 생각하고 있는지 보여주었다. 서양식 초등학교, 중등학교, 대학교가 전국에 설립되었고 이들 학교에서는 서양식 자연과학 및 사회과학을 가르쳤다. 학교의 위치, 기금 마련, 교원, 교재는 신중하게 고려하고 계획되었다. 북경 대학은 이런 교육개혁의 선도 사업으로 설립되었다.

교육개혁의 대다수는 서태후의 이전 근대화 계획을 그대로 계승하거나 발전시킨 것이었다. 여기엔 학생들의 해외 유학도 포함되어 있었다. 가을에 광서제가 현대적인 훈련을 받고 있는 군대를 순시하러 천진을 방문한다는 계획 역시 발표되었다. 이것은 청이 철도와 최신식 국방에 중점을 두고 있음을 의도적으로 보여주는 상징적인 행위였다. 새로운 개혁은 현대식 농업 방식, 서양식 상업, 새로운 출판과 기술혁신 등을 받아들였고 이에 관한 명문 규정도 작성되었다. 심대한 파급효과를 미치게 될 정밀하면서 혁신적인 아이디어는 분명 서태후에게서 나온 것이었다(그녀는 이를 자신의 충신 영록에게 수행토록 지시하였다). 그 아이디어는 제작 기계를 수입해서 원재료를 가공하여 완제품으로 만들어 수출하는 것이었다. 예를 들어 낙타의 털과 양모는 청나라 북부의 전통적인 두 가지 수출품이었다. 이 둘은 이제 훌륭한 옷감과 담요로 만들어져 부가가치를 높였다. 수출이 늘어날 것이라는 전망에 크게 힘입어 서태후는 우선적으로 철도망을 건설하기로 결심했다.

개혁과 관련해 서태후와 황제의 협력 관계는 두 달 이상 순조롭게 유지되었고 황실의 근대화에 대한 열망은 전국으로 퍼져나가고 있었다. 관리들 가운데 개혁을 지지하는 이들은 대략 "열 명 중 예닐곱 명이었다. 과거의 방식에 고집스럽게 매달리는 관리들은 열 명 중 한두 명밖에 되지 않았다." 북경 대학의 설립을 포함한 일부 칙명은 즉시 시행되었다. 하지만 대부분의 개혁이 수행되기 전에 극적인 사건이 일어나 돌연 중단되었다. 그 사건은 교활하고 비전통적인 사고방식을 가진 강유위康有爲가 일으킨 것이었다.

❧

광동의 관리 집안에서 태어난 40세의 강유위는 자유항인 남해南海에서 성장해 서양 문물의 강한 영향을 받았다. 그는 많은 개혁적인 생각을 배웠고, 이를 열렬히 실행에 옮기고자 했다. 강유위는 엄청난 자신감을 가진 사람이었다. '나의 이력서'라는 제목이 붙은 예언적인 글에서 그는 다섯 살 때 자신이 위대하다는 징후를 이미 보았다고 주장했다. 스물이 되었을 때 그는 홀로 앉아 있다가 돌연 '삼라만상이 자신과 하나가 되고, 이로부터 찬란한 광휘가 뿜어져 나오는 것'을 보았으며 '자신이 성현이라는 것을 알게 되고는 즐겁게 미소를 지었다'고 했다. 그가 말하는 성현은 공자였으며, 그는 자신이 공자의 환생이라고 했다. 강유위는 상당 기간 황제에게 줄을 대려고 백방으로 노력했다. 그래야 자신의 견해가 알려져 영향을 미칠 수 있다고 여겼기 때문이다. 실제로 그는 직접 황제와 만날 수 있기를 바랐다. 하지만 그는 하급 관리에 지나지 않아서 많은 좌절을 겪었는데, 그 누구도 그를 단념시킬 수는 없었다.

계속해서 영향력 있는 인사들과 친분을 맺던 강유위는 자신의 운명을 뒤바꿔준 중요한 친구를 사귀게 되는데 영국 공사를 지낸 장음환이었다. 그는 강유위처럼 광동 출신이었고 총리아문의 주요 관리였다. 러시아에서 뇌물을 받아먹었다는 비판에도 불구하고 그는 황제의 측근 고문으로 일하고 있었다. 1898년 1월 24일, 교묘한 책략을 통해 강유위는 다섯 명의 제국 고관들과 면담을 했다. 그 직후 그는 황제에게 올리는 글을 썼고 장음환이 그것을 전달했다. 이렇게 하여 강유위는 마침내 제국의 최고위층과 황제에게 줄을 댈 수 있게 되었다.

강유위는 잇따라 다른 글을 올렸고, 장음환은 이를 모두 황제에게 전달했다. 황제는 다시 그 글을 서태후에게 전달했다. 황제는 글을 전부 읽어보지는 않았다. 서태후는 강유위의 글을 읽고 깊은 인상을 받았다. 그녀는 일본의 변모에 관한 소평론을 계속 가지고 다니면서 황제에게 그것을 읽어보라고 했다. 서태후는 새로운 견해를 가진 주목할 만한 개혁가를 발견한 듯했고, 강유위 역시 자신의 생각을 표현함에 있어 유창하고 두려움이 없었다. 얼마 후에 서태후는 두 관리의 상소문에서 강유위와 같은 탁월한 견해를 발견했다. 이 두 관리는 6월 11일 개혁 시작을 알리는 칙명에서 언급된 어사 양심수와 학사 서치정이었다. 하지만 그녀는 두 관리의 글이 실은 강유위가 대필한 것임을 모르고 있었다. 아무튼 강유위와 서태후는 굉장히 비슷한 개혁 지향적 사고방식을 갖고 있었다.

황제의 칙명에서 서치정이 언급되자 강유위는 그를 대신해 다른 글을 대필했다. 이 글은 강유위가 '모든 새로운 정책에 관해 밀접하게 조언할 수 있는' 자리에 있어야 한다고 황제에게 촉구했다. 뒤에 숨어서 복화술사 같은 일을 벌이던 강유위는 자신이 가장 많이 언급하기도 한 동료이자 훌륭한 수필가인 양계초梁啓超를 통해서도 글을 올렸다. 서태후의 찬사를 들은 광서제는 6월 16일 이화원에서 강유위에게 알현의 기회를 주었다. 이렇게 하여 강유위는 더 높은 관직을 얻기 위해 황제를 면담한 몇 안 되는 하급 관리가 되었다. 이후 황제는 그에게 총리아문의 참모 자리를 내어주지만 강유위 본인이 받지 않았다. 내심 그는 황제의 제의

가 '굴욕'이자 '극도로 터무니없는 것'이라고 여겼다. 강유위는 측근에서 황제의 결정권에 영향을 미칠 수 있는 자리에 가고 싶어 했다. 이 목적을 이루기 위해 그는 연초부터 일부 집행권을 부여받는 황제의 '제도국制度局(고문단)'을 만들어야 한다고 주장했다.

강유위가 내세운 모든 생각 가운데, 제도국은 정말로 서태후에게 깊은 감명을 주었다. 청 제국은 오로지 황제만이 결정을 내릴 수 있도록 정치제도가 구축되어 있으므로 황실에 제도국 같은 것은 없었다. 군기처는 조언을 할 수 있지만 그 이상은 할 수 없었다. 강유위는 청 제국의 체계에 근본적인 결점이 있다는 것을 알아봤다. 이는 조지 매카트니 경이 100년 전 80세의 건륭제를 만난 뒤 파악한 결점과 같은 것이었다. 매카트니는 당시 선견지명이 담긴 질문을 했다. "건륭제가 죽고 나면 누가 이 제국의 엄청난 짐을 지고 갈 아틀라스가 된단 말인가?" 매카트니 경은 그 후임자의 어깨는 초인적인 힘을 발휘해야 할 것이라고 하며 이런 말을 했다. "누가 됐든 그자는 어깨가 떨어져나갈 것이다." 매카트니는 또한 청 제국에 대해 이런 말을 남겼다. "청은 1등급 군함이다. 운 좋게 능력 있고 한시도 경계를 늦추지 않는 함장들이 150년간 잇따라 나타나 배를 가라앉지 않게 했다. 하지만 부적합한 자가 지휘관이 되면 배의 규율과 안전은 끝장날 것이다. 그렇게 되면 배는 언젠가 난파하고, 산산조각이 나 해변으로 표류할 것이다." 광서제는 '부적합한' 함장이었고 따라서 그를 도울 1등급 참모들이 필요했다. 서태후는 이를 너무도 잘 알고 있었다. 실제로 그녀는 영국이 세계적인 강국으로 부상한 이유가 빅토리아 여왕보다는 집단적으로 결정을 내리는 '의회의 유능한 의원들' 덕분임을 꿰뚫어보았다.

서태후는 고위 대신 몇 사람을 소집해 제도국에 관한 생각을 논의하게 했으나 하나같이 반대했다. 하지만 서태후는 재고해보라고 하면서 이런 말도 덧붙였다. "이 일을 진지하게 생각하고 상세하게 논의하세요. 입에 발린 말은 허락하지 않겠습니다." 몇 달 동안 이런저런 말이 오갔지만 여전히 부정적인 쪽으로 의견이 일치되고 있었다. 반대하는 이유는 극복할 수 없는 문제 때문이었다. 대체 누가 제도국에 들어가 황제와 함께 권력을 나눌 것인가? 무엇보다 제도국에 들어갈 인원의 구체적인 선발 절차가 없었다. 최악의 경우에는 '사악한' 자들이 뭉쳐서 서로를 비밀리에 승진시키는 부정한 방법으로 제도국을 장악할 수도 있었다. 그렇게 되면 청 제국은 결국 그들의 손에 떨어질 것이다. 이런 의심을 하는 사람들의 마음속에 가장 먼저 떠오른 이가 바로 강유위였다. 그가 다른 이들에게 돈을 지불해 자신을 대신하여 글을 올렸다는 말이 황실에서 돌고 있었다. 그런 혐의는 거의 사실이었다. 전하는 바에 의하면 강유위는 서치정에게 글을 올리게 하는 대신 4천 테일을 주었고, 다른 이들에겐 300테일을 지불했다. 북경 사람들은 분개하며 강유위를 '파렴치한'이라 불렀다. 강유위의 집안이 부유하지 않았으므로 사람들은 그 돈의 출처가 어디인지 추측하기도 했다. 광서제의 옛 개혁파 스승인 손가내는 제도국이 성공하려면 후보자가 공식적으로 정밀 조사를 받는 서양식 '선거'를 도입하는 수밖에 없다고 주장했다. '선거'는 그 당시 중국 내에서는 절대 상상할 수 없는 절차였으므로 제도국에 대한 강유위의 제의는 7월 말에 폐기되었다.

강유위에 대해 불쾌한 말이 들려오고 또 서태후 본인도 그를 경계하고 있었지만, 태후는 강유위의 개혁가 자질을 인정하고 중요한 임무를 주었다. 상해로 가서 최초의 현대식 관보官報를 출판해 제국의 새로운 정책을 알리라고 지시한 것이다. 또 서양식 모델에 기반을 둔 출판법 초안을 만드는 일도 맡겼다. 강유위의 일부 친구들은 이 일이 그에게 이상적이라고 여겼다. 불만을 품은 자들을 북경 밖의 무해한 곳으로 보내 중요한 임무를 맡기면서 제구실을 하게 만드는 처리 방식은 굉장히 서태후다운 것이었다. 그녀는 적은 되도록 적게 만들어야 한다고 생각했다. 하지만 강유위는 부임을 거부했다. 황제 곁에 있는 것 외에 그를 만족시킬 수 있는 건 없었다. 강유위의 오른팔인 양계초 또한 제국에서 사용할 새로운 교과서를 감독하라는 인사 발령을 거부했다. 이전엔 관직조차 없었음을 생각하면 이례적인 승진인데도 그런 불만을 품었다. 강유위는 북경에 남아 양계초의 보조를 받으며 다음 음모를 꾸몄다.

강유위는 그의 음모에서 중요한 인물인 장음환과 가깝게 지냈다. 옹동화가 떠난 뒤 황제 주변의 가장 가까운 관리였던 장음환은 광서제에게 되도록 강유위를 자주 언급했다. 젊은 군주는 무르고 나약했다. 엄청나게 많은 업무량으로 그의 신경은 날카로워져 있었다. 또한 황제의 책상 위에 올라오는 수많은 보고서에서 틀린 문법과 글자가 나오면 반드시 고쳐야만 하는 강박적인 습관으로 인해 그의 신경은 더욱 악화되었다. 장음환은 서태후에 관해 황제가 속으로 불만을 품고 있다는 것을 잘 알았다. 과거에 서태후와 황제는 서로 서먹한 사이였는데 그런 적대감에 더하여, 1896년 청일전쟁의 여파로 황제가 궁내에서 고개를 들 수 없는 상황에서 서태후는 러청동맹밀약 체결 준비에 나섰다. 그녀는 황제를 무시하면서 모든 결정을 내렸고, 심지어 신하들도 그 밀약에 관해 황제에게 보고하려는 흉내조차 내지 않았다. 이 일로 젊은 황제는 서태후에게 분개했을 뿐만 아니라 러시아도 증오하게 되었다. 그가 독일이나 다른 열강에 무관심한 것과는 상당히 대조적인 반응이었다. 따라서 강유위는 비밀리에 장음환을 통해 군기대신들과 서태후를 피하면서, 황제의 아픈 약점을 건드리며 그의 마음을 움직이는 글을 황제에게 올렸다. '폴란드의 붕괴에 관하여'라는 소논문에서 강유위는 러시아를 아주 무서운 나라로 묘사하며 이렇게 서술했다. "피에 굶주린 야수들의 나라이자 다른 나라를 집어삼키는 것을 업으로 삼는 나라." 폴란드 왕은 곧 광서제라는 등식을 성립시키기 위해 강유위는 폴란드 역사를 멋대로 날조하면서 이렇게 썼다. "폴란드는 '현명하고 능력 있는 왕이 단호하게 개혁을 수행'하려고 했지만, 그의 노력은 '귀족과 고위 관리에 의해 방해를 받았고' 그렇게 하여 왕은 '강국을 만들기 위한 좋은 순간'을 놓치고 말았습니다." 강유위는 이어서 이렇게 썼다. "러시아 군이 그 나라에 들이닥쳐 결국 폴란드는 7년도 되지 않아 붕괴하였습니다. 폴란드 왕은 역사에서도 드문 가장 잔인하고 끔찍한 운명을 겪어야 했습니다." 강유위는 이어 '고관들이 제도국 설립을 가로막은' 결과로 인해 청은 또 다른 폴란드가 될 판이며 '몇 년 안에 시베리아철도가 완공되면 러시아 군이 쳐들어올 것'이라고 주장했다. 러청동맹밀약의 핵심이었던 시베리아철도를 언급한 것은 광서제의 울화를 극한으로 돋우려는 의도였다.

이 불길하고 두려운 폴란드 왕이 광서제라는 등식은 광서제의 스물일곱 번째 생일인 8월 13일 직후에 그의 손에 올라왔다. 황제는 밤이 깊어가도록 그 글을 읽었는데, 붉은 초에서 떨어진 촛농이 종이에 배어들 정도였다. 이미 불면증에 시달리던 황제는 이로 인해 더욱 수면에 방해를 받았고, 그의 불안정한 신경은 딱 소리를 내며 끊어졌다. 황제의 진료 기록이 보여주는 것처럼, 어의는 19일부터 거의 매일 황제를 검진했다. 이런 몸 상태로 눈물을 흘리던 광서제는 그의 글을 읽고서 2천 테일을 강유위에게 보내 감사를 표시했다. 강유위는 29일에 황제에게 감은의 편지를 보냈으나 그것은 평범한 감사 편지가 아니었다. 비밀리에 황제에게 전달된 편지는 유난히 길었다. 편지는 폴란드의 끔찍한 이야기를 다시 언급하며 그런 운명을 피할 수 있는 유일한 길은 즉시 제도국을 세우는 것임을 강조했다. 편지는 또 너무나 비정상적으로 광서제에게 아첨하고 있었다. 강유위는 광서제를 '청 역사상 가장 현명한' 황제라고 하면서 '해와 달에서 나오는 빛처럼 날카로운 눈'을 가졌고 '심지어 역대 위대한 황제들에 비교할 수 있는 절묘하고 비할 바 없는 능력'을 가졌다고 썼다. 중국이 안고 있는 문제들은 지난 '1천 년 동안 쌓인 적폐' 탓인데, 이제 척결을 위해 광서제 앞에 놓여 있다고 지적했다. 적폐가 쌓인 것은 오로지 황제가 가진 '지대한 지혜와 강력한 용기 그리고 벼락과도 같은 굉장한 힘'을 발휘할 기회가 없기 때문이라고 했다. 강유위는 황제의 잠재력이 '늙은 관리들'에 의해 방해받고 있다고 지적했다. 결국 이 모든 문제의 원인은 곁에 올바른 사람을 두지 않았기 때문이며, 이를 바로잡아야 황제로서 광대한 업적을 성취할 수 있다고 진언했다.

아무도 광서제에게 이런 칭찬을 해준 적이 없었다. 황실엔 황제를 칭송하는 정형화된 미사여구가 있었지만 과장된 찬사는 경원시했다. 훌륭한 황제는 비판을 수용하고 아첨을 멀리 하기 때문이다. 게다가 광서제는 늘 자신이 무능하다는 느낌이 들었고, 특히 서태후와 비교하면 더욱 주눅이 들었다. 그런데 돌연 그는 전적으로 자신을 인정하며 찬양하는 자를 만나게 된 것이었다. 강유위의 아첨이 심신 불안정한 젊은 황제에게 미친 영향은 막대한 것이었다. 이 아첨으로 광서제의 자부심은 크게 고양되었다. 청일전쟁 이래 그가 가졌던 죄책감은 사라졌고 열등감도 경감되었다. 결국 그 어떤 것도 황제의 잘못은 아니었던 것이다. '늙은 관리들'이야말로 책임을 져야 할 자들이었다. 강유위를 곁에 둔다면 황제가 이루지 못할 것은 하나도 없을 듯했다. 이렇게 하여 광서제는 그저 한 번 접견한 강유위의 마력에 빠져들었다. 그는 즉시 개인적 연구를 위해 강유위의 모든 글을 모아 소책자로 만들 것을 지시하면서 이 책에 '영웅의 상소문'이라는 제목을 붙였다.

아첨하는 긴 편지를 보낸 것에 더해 강유위는 따로 글을 올려 늙은 관리들을 내보내고 새로운 관리들을 임명하라고 황제에게 촉구했다. 너무도 열의에 찬 황제는 즉시 붓을 들어 다수의 관리들을 해고하고 여러 조직들을 폐쇄했다. 친히 작성한 이 칙명에서 황제는 '전부 들어내고 싶어서' 못 견뎌 했다. 비록 많은 관리들이 무능력했지만, 이들이 그저 황제의 명을 받아 그대로 수행한 하급 관리들이라는 사실을 황제는 생각하지 못했다.

칙명이 선포되기 전에 미리 내용을 알게 된 서태후는 깜짝 놀랐다. 그녀는 황제의 뜻을 받아들이는 시늉을 하기 위해 남쪽에서 북쪽으로 곡식을 운반하는 책임을 맡은 몇몇 조직은 복원시켰지만, 그 외의 것은 모두 거부했다. 서태후는 광서제의 면전에서 대규모 관리 해고에 격렬하게 반대했다. 그녀는 황제에게 이런 식으로 개혁을 하면 '선의와 지지를 상실'하게 되며, 심지어는 황제 자리마저 위험하다고 말했다. 실제로 황제의 칙명은 북경만 해도 수천 명의 관리들이 생계 수단을 갑자기 빼앗기는 것이었는데, 전국의 관리들은 이를 보고 깜짝 놀라 두려워하고 있었다.

서태후가 반대하자 광서제는 그녀에게 미리 보이지도 않고 추가 칙명을 선포했다. 이로 인해 둘의 협력 관계는 깨지고 말았다. 9월 4일, 서태후가 자금성을 떠나 이화원으로 돌아간 뒤 광서제는 노기등등한 채 붉은 먹으로 쓴 칙명을 통해 예부 상서 최고위 관료 다섯을 해고했다. 황제의 분노에서 나온 결과는 그 원인에 비해 과도한 것으로 보였다. 예부주사主事가 왕소王照라는 관리의 제안을 황제에게 전하지 않고 보류했다는 이유만으로 상서(장관)가 해고되었기 때문이다. 이 왕소라는 자는 강유위의 친구인데 광서제는 그를 진급시켜 장관 자리에 앉혔다. 강유위를 칭찬하는 글을 황제에게 올렸다는 것이 승진 이유였다. 새롭게 차관 자리를 차지한 이들 가운데 강유위의 친구들이 다수 포함되었는데, 이들 중엔 서치정도 있었다. 광서제는 더 나아가 다른 조직에도 이런 사례를 적용하고자 하였다. 바로 그다음 날 황제는 임욱林旭, 담사동譚嗣同 등 네 명을 군기처의 장경으로 임명했다. 그들 중 임욱과 담사동은 강유위의 제자들로 황제는 이들을 잠깐밖에 만나보지 못했다. 하지만 그는 강유위의 제자들과 다른 지명자들을 '총명하고 용감한 자들'이라고 여겼고, '멍청하고 쓸모없는' 늙은 관리들과는 대비된다고 생각했다.

서태후는 이런 황제의 칙명을 선포 이후에 알게 되었다. 황제를 만난 자리에서 그녀는 예부의 관리들을 해고한 것은 부당하며, 서치정을 포함한 새로운 지명자들 일부를 인정할 수 없다고 반박했다. 이제 서태후는 그들이 강유위의 파벌임을 알고 있었다. 그녀는 앞으로 새로운 장경을 임명하는 칙명의 초안을 자신이 먼저 볼 수 있도록 단단히 다짐을 받아두었다. 그것 이외에 서태후는 황제의 행동에 대해 아무런 조치를 취하지 않았다.

이제 광서제가 마음대로 해고하고 고용하는 선례가 만들어진 것을 보고 강유위는 파벌 측근들을 움직여서 합심해 상소를 올리게 했다. 상소의 내용은 제도국 설립을 황제에게 촉구하는 것이었다. 물론 이 기구의 수장은 강유위가 될 터였다. 새롭게 임명된 장경 네 명 가운데 강유위의 파벌에 속하지 않은 한 사람은 9월 13일 비밀 편지에 이렇게 썼다. "매일 그들은 제도국에 관해 이야기를 나눈다. 폐하께서는 이들의 주장에 압력을 받고 계신다. 강유위와 양계초는 원하는 자리를 아직 받지 못했다. 한바탕 광풍이 몰아칠까 두렵다……." 실제로 그가 이 편지를 쓴 바로 그날, 광서제는 마침내 결심을 내려 실상은 강유위의 제도국이나 다름없는 무근전懋勤殿의 설립을 결정했다. 강유위가 이 소식을 듣고서 곧바로 친구들을 찾아갔다. 그의 얼굴은 기쁨에 차 있었다. 강유위는 친구들에게 제도국은 열 명으로 구성될 것이며, 황제에게 공식적으로 조언할 수 있는 권한을 가진다고 말했다. 이어 그는 황제에게 직접 글을 올릴 수 있는 권한을 가질 열 명의 명단을 내밀었다. 그런 뒤 강유위는 친구들 각자에게 추가로 몇 명을 추천하라고 말했다. 이 명단엔 강유위 자신과 그의 동생 강광인康廣仁, 그의 오른팔 양계초, 서치정의 아들 두 명, 그 외에 같은 파벌의 추종자들이 들어 있었다. 이렇게 하여 강유위 파벌에 속한 인물들의 이름이 광서제에게 전해지게 되었다.

9월 14일 황제는 제도국에 속하게 될 인물들의 명단을 이화원으로 가져갔다. 서태후는 승인을 거부하면서 이는 절대 협상할 수 없는 일이라고 분명하게 밝혔다. 다음 날, 고뇌하던 광서제는 새로 임명된 네 명의 장경 중 하나에게 편지를 보내 제도국에 지명된 이들을 '동지'라고 지칭하며 황태후와 대립하는 일 없이 강유위의 제도국을 설립할 방도를 찾아보라고 지시했다. 황제의 편지를 받은 자는 양예楊銳였는데, 그는 사실 강유위의 파벌이 아닌 데다 심지어 강유위가 하는 일에 찬성하지도 않았다. 광서제는 갑자기 황실에 밀려든 새로운 관리들이 내보이는 각기 다른 충성심을 분명하게 구분하지 못했다. 그는 그저 그들 모두를 하나의 진보적인 세력으로 간주했다.

강유위는 편지의 내용을 알게 되었고 어쩌면 그것을 읽었을지도 모른다. 이후 그는 북경을 떠나 상해로 가서 관보와 관련된 일을 맡아달라는 광서제의 기이한 칙명을 받았다. 이렇게 하여 강유위는 정상을 향한 자신의 도약이 황태후에 의해 저지되었음을 알게 되었다. 서태후는 한 번도 강유위의 개혁 정책을 막은 적이 없었다. 사실 그녀는 그의 사고방식에 동조했었다. 실제로 강유위의 재능을 인정하고 진급을 시켜준 최초의 인물이 서태후였다. 하지만 그에게 권력을 넘기는 것은 거부한 것이다.

청의 허술한 정치체제가 나라에 재앙을 불러왔다는 것을 감안하면 대체 정부가 들어서야 한다는 주장엔 이의를 제기할 수 없다. 하지만 강유위가 더 나은 지도자가 될 수 있었다는 얘기는 논쟁의 대상이다. 그렇지만 한 가지는 분명하다. 강유위의 정치적 계획엔 청을 의회 민주주의 국가로 바꾸고자 하는 선택은 없었다(그런데도 이런 선택이 있었다고 종종 주장된다). 그는 단 한 번도 이 제도를 지지한 적이 없다. 오히려 그와는 반대로, 민주주의를 논한 그의 글에서 의회 민주주의는 서양에나 좋은 것이지 청엔 적합하지 않다고 주장했다. 그는 이와 같이 서술했다. "황제는 가장이며, 백성들은 자식이다. 청의 백성들은 모두 젖먹이와 같다. 가장이 독자적인 결정을 하지 못하고 젖먹이들에게 스스로 결정을 하게 한다면, 과연 집안이 제대로 돌아가겠는가? …… 청에선 오로지 황제만이 다스릴 수 있다."

강유위는 황제가 되고 싶어 했고 그런 천명天命을 자신에게 부여하고자 했다. 먼저 그는 자신이 공자의 환생이라고 주장했다. 이런 주장은 실제로 사람들의 주목을 끌었다. 심지어 서양인들도 그를 '현대의 성현', '제2의 공자'라고 부르는 것을 들었을 정도였다. 그다음으로, 소규모이긴 하지만 목소리를 낼 줄 아는 추종자들을 통해 강유위는 공자가 생존 당시의 황제를 대신하여 중국의 황제로 등극했다는 사실을 확립하려 했다. 이런 생각을 전파하기 위해 강유위와 추종자들은 공자의 생년을 1년으로 삼은 '공자력'을 관보에 사용했다. 이는 광서제를 직접적으로 위협하는 것이었기에, 강유위는 황제의 환심을 살 의도에서 그것을 포기했다. 광서제가 자신의 마력에 빠졌다는 것을 깨닫자, 강유위는 황제에게 보낸 비밀 편지 가운데 하나에서 자신이 오해했으며, 자신은 절대 공자가 과거에 황제로 등극했다는 견해를 가지지 않았다고 열심히 해명했다. 그는 자신이 황제의 자리를 노린다는 생각을 지워내려 애썼다. 광서제가 마침내 유혹에 넘어왔고, 강유위는 황제를 배후에서 꼭두각시처럼 부리는 최초의 인형 조종가가 되어 자신의 꿈을 현실로 만들고자 했다. 하지만 이 노선은 강철 같은 의지를 지닌 서태후에 의해 저지되었다. 이제 목적을 달성할 수 있는 유일한 방법은 무력으로 서태후를 제거하는 것뿐이었다.

서태후 살해 음모

(1898. 9.)

강유위는 황제와 자신 사이에 황태후가 버티고 있다는 것을 알자 그녀를 죽이려는 음모를 꾸몄다. 목적 달성을 위해 그는 무력이 필요했고, 처음으로 생각해낸 지휘관은 섭사성聶士城 장군이었다. 그는 왕소에게 섭 장군을 포섭해 파벌에 가담하도록 설득하라고 요구했지만 왕소는 몽상 같은 말이라며 거절했다. 군대는 이미 서태후가 충복 영록을 통해 견고하게 장악한 상황이었다. 개혁에 착수했을 때 서태후가 처음으로 한 일은 군사 요직 담당자를 임명하는 것이었다. 수도와 그 주변의 모든 군대를 책임지는 요직엔 서태후가 가장 신임하는 영록이 임명되었다. 영록의 군 사령부는 천진에 있었다.

영록의 부하들 중에는 원세개 장군도 있었다. 그는 후에 중국이 최초의 공화국이 되었을 때 초대 대총통에 오르기도 했다. 야심 많고 능력 있는 지휘관이었던 그는 강유위 파벌의 추천으로 황제로부터 높은 관직을 받게 되면서 강유위 파벌과 친분을 맺게 되었다. 9월 14일 서태후와 논쟁을 벌인 뒤, 황제는 강유위의 권유로 원세개에게 알현의 기회를 두 번이나 주었다. 황제는 바로 이 자리에서 그가 상급자들을 제치고 윗자리로 진급하게 해주었다. 이것은 사실상 원세개에게 영록으로부터 떨어져 나와 광서제의 지시를 직접 받으라는 얘기였다. 황제의 이런 행동은 황제 직속 군대를 만들라는 강유위의 조언에 따른 것이었다.

알현 이후인 9월 18일 늦은 밤에, 원세개는 강유위 파벌의 담사동을 만났다. 새로 임명된 군기장경 중 하나인 담사동은 개혁은 무력을 통해서만 달성할 수 있다고 생각했다. "고대로부터 피를 흘리지 않고 개혁을 이룰 수 없었다. 우리는 반드시 구태의연한 자들을 모두 죽여야 한다. 그래야 개혁을 시작할 수 있다." 원세개는 담사동을 '황제와 밀접한 신진 세력의 주요 인물'이라고 알고 있었으므로 그의 말에 주의를 기울였다. 담사동은 그에게 황제 폐하의 뜻을 전하러 왔다고 하면서 이렇게 말했다. "장군께선 천진으로 가서 영록을 죽이고 그의 군대를 지휘해 북경으로 오십시오. 그리고 이화원을 포위하여 황태후를 체포하십시오. 그 썩어빠진 늙은 여자를 죽이는 건 제가 할 테니 장군께서 염려하지 않으셔도 됩니다." 담사동은 이틀 뒤인 9월 20일 전까지 원세개가 세 번째로 황제를 알현하게 될 것이며, 이 자리에서 자신이 말한 취지를 담은 붉은 먹 글씨의 칙명을 받게 될 것이라고 약속했다. 원세개의 눈엔 담사동이 '흉포하고 반쯤은 정신이 나간 것처럼' 보였다. 그는 확언을 주지 않고 그런 큰일은 사전 준비하는 데 시간이 걸린다고 대답했다.

실제 준비를 지휘한 것은 강유위였다. 그는 북경 외부에 주둔하고 있는 원세개 휘하 7천 명의 병사들을 수도로 데려와 이화원 옆에 배치하는 작전을 고안해냈다. 강유위는 그가 대필한 글을 추종자인 어사 양심수의 명의로 황제에게 올렸다. 이 글은 원명원 폐허에 상당한 금은보화가 묻혀 있으니 그것을 꺼내 국가재정 위기의 부담을 완화해야 한다고 주장했다. 이런 제안을 담은 글은 원세개가 세 번째로 황제를 알현하기 전에 황제의 책상 위에 올라가 있어야 했다. 그래야 황제가 원 장군에게 발굴 작업을 지시할 것이고, 합법적으로 그의 군대를 서태후의 처소 앞으로 움직일 수 있었다.

나중에 원세개의 일기에서 밝혀진 것처럼, 그는 담사동이 이런 제안을 하자 대경실색했다. 원 장군은 졸지에 광서제와 황태후 중 한쪽을 선택해야 할 처지가 되었다. 그는 담사동에게 이렇게 말하기도 했다. "만약 폐하께서 정말로 칙명을 내려 황태후 마마를 주살하라고 하신다면, 감히 누가 그 칙명에 거역할 수 있겠습니까?" 하지만 말은 그렇게 했으면서도 바로 그날 밤 원세개는 서태후가 신임하는 친왕들 가운데 한 사람에게 음모자들을 고발했다.*

그러는 동안, 4년 전 청일전쟁과 재앙과도 같은 시모노세키조약의 설계자인 전 일본 총리 이토 히로부미의 북경 방문과 관련해 여러 일이 벌어지고 있었다. 그즈음 공직에서 물러난 이토는 북경으로 '개인적인' 방문을 하고자 했고, 광서제는 원세개를 세 번째로 보기로 한 날과 같은 날에 그를 접견할 예정이었다.

1897~1898년 유럽 열강이 잇달아 영토를 점용한 이래, 청의 식자층

---

* 역사가들은 이보다 훨씬 나중인, 세 번째로 황제를 알현한 뒤에 원세개가 밀고한 것이었다고 시점時點을 정한다. 하지만 이는 얼토당토않은 말이다. 그가 서태후의 생사가 달린 문제에 조금이라도 지체했다면 그녀는 충성심이 부족한 자라고 여겼을 것이다. 그랬더라면 원세개는 절대로 신임을 얻지 못했을 것이다. 원세개는 서태후에게 전폭적인 신뢰를 받았고, 이후 눈부신 출세 가도를 달리게 된다.

일부에서 일본을 바라보는 시선이 혐오에서 감탄과 선의로 선회했다. 일본은 영향력 있는 중국 인사들을 상대로 다음과 같은 노선을 적극 선전했다. "우리가 청과 전쟁을 한 것은 실수이며, 양국 모두 고통 받았다. 이제 백인들은 우리 황인들을 위압하고 있다. 일본과 청은 연합해 함께 그들에게 저항해야 한다. 우리는 반드시 서로에게 도움이 되어야만 한다." 일부 중국 관리들은 이런 주장에 동조했고 일본이 중국에 부국강병의 길을 가르쳐주길 열망했다. 이런 시점에 황제는 이토를 초청해 머물게 하면서 조언을 구해야 한다고 촉구하는 상소들을 받았다. 강유위는 다른 사람 명의의 상소를 대필하며 이런 친일본적 상소를 이끌었다. 천진에서 널리 읽히는 신문은 《국문보國聞報》였는데 소유주가 일본인이었다. 이 신문은 일본 정부의 지원을 받고 있었고, 이토 히로부미를 황제의 조언자로 받아들이라는 아이디어를 홍보하면서 '이는 청과 일본에 행운일 뿐만 아니라 아시아와 황인종을 살아남게 하는 방법'이라고 주장했다.

광서제가 실제로 이토 히로부미를 조언자로 삼을 생각이었다는 사실은 널리 알려져 있다. 황제는 강유위의 영향을 받은 이후 극단적으로 친일본적인 성향을 가지게 되었다. 9월 7일, 광서제는 친히 일왕에게 전할 편지를 작성했다. 서두엔 외교문서치고는 독특하게도 친밀한 어조의 인사가 적혀 있었다. '같은 대륙의 제일 가깝고 친밀한 경애하는 이웃에게' 또한 글의 말미에 두 나라가 '서로를 지지하여 극동을 보위하자'는 소망을 밝혔다. 이토도 청의 황제와 함께 일하는 것을 기대하는 모습이었다. 그는 천진에 도착해 아내에게 보낸 편지에서 이렇게 썼다. "내일이면 북경으로 떠나게 되는구려. 청의 황제는 얼마 전부터 내가 도착하길 기다렸다고 하오. 천진에 있는 동안 내내 연회가 열려 바빴소. 많은 청의 인사들이 내게 나라에 도움이 될 만한 말을 해달라고 했소. 그런 요청에 정말이지 못한다고 말할 분위기가 아니었소. 황제는 능력 있고 총명하며, 이제 겨우 스물일곱이 된 청년이라는 이야기를 들었소……." 실제로 광서제는 9월 20일 이토 히로부미를 만나려 했고 그 직후 이토의 고문顧問 임명을 선포하고자 했다(황제가 지명 후보자와 만난 뒤 곧바로 임명을 선포하는 것은 종종 있는 일이었다). 이토의 임명을 대중의 요구에 부응한 것으로 보이기 위해, 강유위는 이토의 채용을 촉구하는 두 개의 상소문을 남의 이름으로 대필해 올렸다. 하나는 광서제가 이토를 접견하기 몇 시간 전에, 다른 하나는 그다음 날에 황제의 책상 위에 올라갔다.

강유위는 개인적으로 이해타산을 살펴본 뒤 이토의 채용을 열렬히 추진했다. 그는 이토가 일본이 아닌 청의 이익을 위해 일할 거라고 믿지 않았고 또 중국이 이토의 후견 아래 독립국 지위를 유지할 것이라고 보지도 않았다. 강유위는 그 정도로 순진하지는 않았다. 오래전부터 청을 지배하겠다는 일본의 야욕에는 흔들림이 없었다. 이토가 방문하는 동안, 일본 소유 신문들은 청이 어떤 정책을 결정하든 '일본 정부와 상담해야 할 필요성'이 있다고 보도했다. 황제가 이토를 조언자로 고용하고 싶어 한다는 이야기를 듣자 이홍장은 한 편지에서 '터무니없다'는 말로 일축했다. 저명한 개혁파이자 전략적인 북경-무한 철도를 구상했던 총독 장지동은 충격을 받았고, "그런 제의는 단호하게 거부해야 한다."고 말했다. 이홍장과 장지동은 일본으로부터 배워야 하며 일본인 고문을 고용해야 한다고 열렬히 주장하는 대신들이었다. 하지만 두 사람은 이토 히로부미가 광서제의 '고문'이 된다면 이 전직 일본 총리가 황제를 배후에서 조종하게 될 것이며, 결과적으로 중국이 독립국가의 지위를 잃게 되는 것을 막을 수 없다고 생각했다.*

강유위도 이 두 정치가처럼 상황 판단이 예리했다. 그럼에도 불구하고 그는 이토를 고용하려는 술책을 부렸을 뿐만 아니라 청일 '연합' 혹은 더 나아가 '합방合邦'을 만들어내려고 했다. 이토의 지명을 촉구한 대필 상소에서 강유위는 광서제에게 연합 혹은 합방을 선택할 것도 건의했다. 하지만 그가 진심으로 청을 일본에 넘기려고 했던 것 같지는 않다. 아마도 강유위와 일본인들은 각자의 이익을 서로 추진하자는 밀거래를 했을 것이다. 실제로 개혁이 시작된 이래 천진의 일본 소유 신문은 많은 지면을 강유위의 의견에 할애했다. 이는 그의 인지도를 크게 높여주었고 개혁이 전적으로 그의 작품이라는 인상을 만들어냈다. 이런 인상은 천진 신문의 독자들에게만 국한된 것이 아니었다. 이들 신문의 소식은 조약 항구들을 통해 다른 신문에도 퍼져나갔다. 이에 따라 강유위는 명성을 날리게 되었고 사람들은 그가 개혁의 지도자라고 여기게 되었다. 천진의 신문들은 또한 제도국에 대한 그의 생각도 널리 홍보했다. 그러는 사이 강유위는 이토 히로부미를 제도국의 일원으로 포함시켜야 한다고 황제에게 건의했다. 하지만 일본이 강유위에게 제공한 가장 훌륭한 편의는 무엇보다도 장음환을 통해 광서제에게 연결해준 것이었다. 장음환은 당시 거의 틀림없이 일본의 앞잡이였고 그들의 이익을 위해 일하고 있었다.

가장 서구화된 관리 중 하나였던 장음환은 아주 유능했고, 특히 외교 분야에서 뛰어난 사람이었다. 그는 서태후의 명령으로 여러 나라를 다녀온 화려한 경력의 외교관이었다. 《뉴욕 타임스》에 따르면, 그는 1880

---

* 이런 간단한 사실을 일반적인 역사책들은 인지하지 못하고 있다. 오히려 이토에 대한 고용 계획을 청에 혜택을 가져왔을 법한 바람직한 움직임으로 보고 있다.

년대 미국 워싱턴 D. C.에서 '처음으로 공관에서 무도회를 연 중국 공사'
였다. 장음환은 또한 빅토리아 여왕의 즉위 60주년 기념식에서 중국을
대표하기도 했으며 영국 정부로부터 기사 작위를 받기도 했다. 1898년
북경에 머무르던 일본 관리 야노 후미오矢野文雄가 일본에 보낸 비밀 보
고서에 의하면, 장음환은 일급비밀 정보를 정기적으로 일본에 알려주
고 있었다. 옹동화가 물러났을 때 야노는 곧바로 장음환을 찾아가 해임
의 진정한 이유를 알아보았고, 장음환은 그에게 알고 있던 모든 것을 말
해주었다. 같은 시기에 일부 최고위 중국 관리들은 장음환을 '외국인에
게 비밀 국가정책에 관한 정보를 넘기고 있다'고 고발했다. 군기대신들
은 장음환이 '의심스럽게 숨기는 기색이 있다'며 황제 앞에서 그를 비난
했다. 하지만 당시 첩자 혐의를 수사할 방법이 없었고, 광서제도 장음환
을 적극 두둔했으므로 아무 일도 벌어지지 않았다. 서태후는 증거를 찾
기 위해 장음환의 집을 수색하길 바랐으나 황제와의 친분 때문에 실행
되지 않았다.

장음환은 공개적인 천거보다 은밀하고 교활한 술책을 통해 처음 강유
위를 고위층의 인사들과 접촉시킨 사람이었다. 강유위와 광서제 사이
에서 비밀스런 중개인처럼 행동한 것도, 강유위가 광서제를 장악하도
록 도와준 것도 장음환이었다. 그가 강유위에게 그렇게나 많은 도움을
준 것은 그들이 오래 친밀하게 지낸 사이여서가 아니었다. 사실은 그 반
대였다. 그는 나중엔 별다른 이유 없이 강유위를 비난하기도 했다. 장음
환이 강유위를 도왔던 것은 일본의 명령에 따른 것이었다. 그는 중국이
일본의 지배를 받으면 이익을 볼 수 있다는 생각에서 그런 첩자 노릇을
한 것은 아니었다. 청일전쟁 후 배상금 협상을 하면서 장음환은 일본이
얼마나 잔혹한지 잘 알게 되었다. 전쟁 후 가혹한 외채에 허덕이고 둑이

무너질 정도로 범람한 황하의 피해에 대처하느라 힘겨워하며 청이 일본에 배상금 납부 기한을 연장해달라고 요청했을 때 그들은 일언지하에 거절했다. 장음환은 이를 보며 남몰래 한탄했다. "청과 특별한 관계를 형성하고 싶다는 이른바 일본의 희망은 공허한 말에 지나지 않는구나."

장음환이 첩자 노릇을 하게 된 가장 큰 동기는 아마도 돈이었을 것이다. 도박 중독자인 그는 뇌물 수수로 유명했고, 당시 뇌물이 만연한 중국 사회에서도 용납되지 않을 정도로 지나치게 뇌물을 밝혔다. 외국과 조약을 맺을 때 협상가로 나선 그가 엄청난 뇌물을 받았다고 고발하는 일이 수없이 벌어졌으며, 러시아로부터 받은 뇌물은 기록에 남아 있을 정도였다. 일본은 기회를 엿보며 기민하고 능숙하게 장음환에게 뇌물을 주었다. 장음환은 또한 아주 냉소적인 인물이었다. 독일과 청도 항을 놓고 협상할 때 그의 무관심은 같이 협상을 하러 간 옹동화를 당혹스럽게 했다. 옹동화는 '끓는 물과 타오르는 불에서 고문을 받는' 기분이었는데 장음환은 아주 태연했던 것이다. 옹동화는 일기에 이렇게 썼다. "내가 협상에 관한 이야기를 나누려고 장음환의 집에 들렀을 때, 그는 게으름을 피우며 웃고 떠들었다. 재앙과도 같은 일이 어디 일어났느냐는 듯한 모습이었다. 정말로 그자를 이해할 수 없었다."

서태후는 장음환, 강유위, 일본, 광서제가 동시에 연루된 음모극의 전모를 완벽하게 파악하지는 못했다. 그녀는 이토 히로부미의 방문, 그의 채용을 촉구하는 상소, 광서제와 이토의 계획된 만남 등은 보고를 받아서 알고 있었다. 이토의 채용이 위험하다는 것을 잘 알고 있던 서태후는 실제로 이미 행동을 취했다. 그녀는 이토의 조언이 직접 전해지는 것이 아니라 총리아문을 통해 전해져야 한다는 약조를 황제에게 받았다. 서태후는 그런 절차를 통하면 아무런 해악도 없을 것으로 생각했다.

하지만 9월 18일 밤, 긴급한 편지가 도착하자 그녀는 의구심에 사로잡혔다. 이홍장과 사돈 관계인 어사 양숭이楊崇伊가 보낸 편지는 광서제가 이토 히로부미를 고용하려는 것이 얼마나 위험한지, 강유위가 황제에게 얼마나 비밀리에 접근하고 있는지 서태후에게 지적했다. "폐하께서 이토 히로부미를 고용하면, 이는 태조께서 세우신 이 나라를 거저 일본에 가져다 바치는 꼴이 될 것입니다." 양숭이는 서태후에게 즉시 권좌에 복귀해 재앙이 일어나는 것을 미연에 방지해달라고 간청했다.

서태후는 당황했다. 황제가 자신과의 약조를 무시하고 붉은 먹 칙명을 내려 이토 히로부미를 자신의 곁에 두기로 한다면 큰일이 아닌가? 그녀는 바로 다음 날인 19일에 자금성을 찾아가기로 결심했다. 20일엔 이토가 광서제와 만날 예정이니 그런 임명이 벌어지지 않도록 확실히 해둔 다음에 그녀는 이화원으로 다시 돌아올 계획이었다. 그렇게 마음을 정하고서 서태후는 침전에 들었다.

새벽녘에 그녀가 평소처럼 단잠을 자고 있을 때, 모반을 알리는 원세개 장군의 밀고가 올라왔다. 서태후는 극도로 충격을 받았다. 서태후와 황제 사이는 팽팽한 긴장 관계였지만, 황제가 그녀를 살해하려는 음모와 연결되었다는 것은 상상조차 할 수 없는 일이었다. 원세개의 밀고에서 황제의 역할이 무엇이었는지 알아내기는 어려웠다. 하지만 황제가 뭔가 알고 있다는 것은 의심할 여지가 없었다. 그렇지 않다면 왜 황제가 굳이 친위 사령관인 원세개를 영록의 군대에서 분리하려 했겠는가? 모반을 기도한 자들이 태후를 해치려고 접근한 바로 그 장군을? 왜 황제는 자신과 강유위의 관계에 관해 그렇게나 숨기는 것이 많은가? 그것은 황제가 강유위의 음모에 대하여 아는 것이 있다는 뜻이었다. 아무리 그 역할이 미미하더라도 음모에 연루된 이상 황제는 용서받을 수 없었다. 특히 효도를 도덕률의 최우선순위로 강조하는 문화에서 어머니 살해는 있을 수 없었다.

당초 계획한 대로 서태후는 다음 날 아침 이화원을 출발했다. 표면상으로 모든 것은 보통 때와 다름없었다. 그녀는 별장 앞의 부두에 대기한 배에 올랐고, 곤명호를 가로질러 수도로 향하는 고량하高梁河로 들어섰다. 고량하는 10킬로미터 길이의 어용御用 운하로서 이를 따라 버드나무와 복숭아나무 그리고 근위병들이 서 있었다. 수문을 통과하려면 다른 배로 바꿔 타야 했기에 내린 김에 서태후는 둑 근처 절에 들어가 불공을 올렸다. 운하 끄트머리에 다다르자 가마는 그녀를 태우고 서원을 거쳐 자금성으로 향했다. 겉보기로는 평화롭고 한가한 여행이었지만 황태후의 속은 아주 고통스러웠다.

광서제는 서태후의 예기치 못한 행차를 보고받고서 황급히 궁궐 문으로 나아가 무릎을 꿇고 그녀를 맞이했다. 황제를 보고 속에서 어떤 분노가 용솟음쳤건 간에, 황태후는 겉으로는 차분한 모습을 유지했다. 그녀는 궁내에 불안을 야기하고 싶지 않았다. 특히나 다음 날엔 이토 히로부미가 황제를 알현할 예정이었으므로 더욱 평온을 유지할 필요가 있었다. 서태후는 일본과 강유위의 관계에 관해 완전하게 알지는 못했지만 이 시기에 이토가 등장했다는 것은 결코 우연이 아니라고 보았다.

다음 날인 9월 20일 아침, 황실은 평소와 다름없는 모습이었다. 광서제는 우선 예정된 원세개와의 세 번째 만남을 가졌다. 이 자리에서 그는 원 장군에게 붉은 먹으로 적은 칙명 같은 것은 주지 않았다. 원세개로서는 담사동이 약속한 것과는 다른 상황이었다. 물론 그렇다고 해서 황제가 칙명을 아예 줄 마음이 없었다는 뜻은 아니었다. 우선 서태후가 너무나 가까이 있었다. 알현하는 동안 원세개는 음모 건에 대해 완곡하게 언급하면서 음모자들에 관하여 이렇게 말했다. "폐하, 새로운 관리들이 일을 너무 부주의하고 사려 깊지 못하게 진행하고 있사옵니다. 만약 실수가 발생한다면 폐하께서도 연루되실지 모릅니다." 광서제는 뭔가 깨달음을 얻은 듯 원세개를 멍하니 응시하기만 했다. 장군의 말을 이해한다는 표시를 했다가는 서태후의 면전에서 자신의 죄를 인정하는 꼴이 될 터였다.

원세개는 천진에 주둔한 자신의 부대로 돌아갔다. 서원의 가장 큰 전각에서 이토 히로부미와 만나기 전에 광서제는 의례대로 서태후에게 작별 인사를 올렸고 그녀는 침착한 모습을 유지했다. 이토와의 만남에서 황제는 황태후와 합의한 내용 이상의 말은 하지 않았다. 광서제는 이토의 조언은 받아들이겠지만, 총리아문을 통해서 전해야만 한다고 말했다. 알현이 끝나자마자 서태후는 황제를 서원의 호수 한가운데에 있는 작은 섬 영대瀛臺의 별장에 구금하기로 결심했다. 이곳은 오로지 긴 개폐식 다리를 통해서만 접근할 수 있었다. 그녀는 이화원으로 돌아가면서 황제를 영대에 집어넣기 위해 데리고 갔다. 이제 광서제는 서태후의 포로가 된 것이었다.

이 일이 있은 다음 날 황제는 친히 칙명을 내려 서태후가 그의 후견인 역할을 할 것이라고 밝혔다. 이와 관련해 공식적인 의식이 뒤따랐다. 그 뒤로 황제는 서태후의 꼭두각시가 되었다. 그는 그저 그녀가 바라는 대로 칙명에 서명했을 뿐이었다. 황제는 계속해서 관리들과 군기대신을 만났지만 그 곁엔 항상 서태후가 있었다. 그녀의 몸을 가려주던 비단 장막은 사라졌다. 서태후는 황제 뒤에서 무대 전면으로 나섰다.

서태후는 빠르게 황제를 상대로 한 강유위의 행동 전모를 파악해나갔다. 광서제는 환관들에게 거의 숨기는 말이 없었으므로 서태후는 이들을 추궁해 누가 황제와 만나고 영향을 주었는지 알아낼 수 있었다. 장음환의 이름이 쉽게 드러났고, 그는 즉시 서태후가 두 번째로 증오하는 자가 되었다. 그녀는 음모자들을 샅샅이 체포하고자 했고, 글보다는 말로 지시를 내렸다. 서태후는 모든 일을 최대한 조용히 처리하고 싶었기에 음모자들을 일망타진하지는 않았다.

제일 먼저 체포해야 할 자는 분명 강유위였다. 하지만 서태후는 이틀 늦었다. 원세개가 확답을 하지 않았다는 이야기를 듣자마자 강유위는 일이 수포로 돌아갔다고 생각했다. 서태후를 살해하기 위해 특별히 고용된 필영년畢永年 역시 강유위와 같은 생각이었다. 필영년은 거사일 새벽에 자신이 무엇을 해야 하는지 물어보려고 담사동을 만나러 갔는데, 나중에 이렇게 서술했다. "담 장경은 무기력하게 머리를 빗으며 원세개가 확답을 주지 않았다고 내게 말했다. 그래서 나는 물었다. '원세개가 거사에 적합한 자라는 건 확실합니까?' 이에 담 장경이 대답했다. '난 그 자를 믿지 않네. 강 선생과 몇 번이고 언쟁을 벌였지만 계속 원세개를 고집하더군. 나라고 별 수 있겠는가?' 그래서 나는 다시 물었다. '그 원세개란 자에게 거사에 관해 모두 말한 겁니까?' 담 장경은 그렇다고 대답했고, 나는 이렇게 소리쳤다. '우린 이제 끝장났습니다. 끝장났다고요! 이 거사가 어떤 일인지 진정 모르셨단 말입니까? 그런 식으로 다 말할 수는 없는 일 아닙니까? 선생과 선생의 가족들, 일족이 전부 처형장에 끌려가게 생겼습니다!' 필영년은 그 즉시 담사동과 헤어져 모반자들과 영영 작별했다.

강유위는 이후 두 명의 외국인을 만났다. 한 명은 친구인 선교사 티모시 리처드였고, 다른 한 명은 이토 히로부미였다. 강유위가 두 외국인을 만난 시간은 이토의 광서제 알현 바로 전날이었다. 그가 얻고자 하는 것은 피난처였다. 리처드는 이홍장 등 중국 관리들을 비롯해 지식인들을 널리 사귀어왔다. 그의 꿈은 청의 영토에 '하느님의 나라를 설립'하는 것뿐만 아니라 청 자체를 운영하는 것이었다. "청을 개혁하고, 청의 제도를 개조하는, 요약하면 중국 정부를 운영할 생각을 했던 것이다." 로버트 하트는 리처드의 이런 생각에 대해 "참으로 웃기는 소리"라고 말했다. 영국의 외교관들은 리처드의 거창한 계획을 '허튼 소리'라고 여겼다(리처드의 제안 중에는 '두 명의 외국인 여자 가정교사가 반드시 황태후를 가르쳐야 한다'는 것도 있었다). 강유위는 황제에게 두 명의 외국인 고문을 제도국에 포함시켜야 한다고 추천했는데 그중 한 명이 리처드 티모시였고 다른 한 명은 전술했듯 이토 히로부미였다. 리처드는 그런 천거를 고마워했다. 이제 그는 강유위에게 도움을 주고자 분주히 움직였다. 하지만 별로 도움이 되지는 못했다. 리처드에 따르면 영국 공사 클로드 맥도날드Claude MacDonald 경은 강유위에 대해 "이미 편견을 가지고 있었다".

이토는 강유위가 일본 공사관으로 망명하는 것을 허락하지 않았다. 성사 가능성이 거의 없는데 풋내기들만 잔뜩 모아 황태후를 암살하려 한 일은 분명 일본이 원하는 거래가 아니었다. 게다가 이토는 다음 날 광서제를 만나기로 되어 있었다. 강유위에게 줄을 대주면 곤란한 일이 생길 수 있었다. 따라서 강유위는 북경에서 도망쳐야만 했다. 그는 아주 빠르게 움직였다. 체포령이 내려졌을 때 이미 그는 천진에 도착해 곧바로 영국 증기선을 타고 상해로 떠났다. 상해 부두에서 '탐정들과 경찰들'은 '2천 달러의 포상금을 받을 것이라는 기대에 잔뜩 부푼 채로' 강유위를 체포하기 위해 기다리고 있었다. 신문이 강유위를 개혁의 주요 인물로 홍보했기 때문에(또한 서태후의 근대화 역할을 감추려는 황실의 비밀 유지 덕분에), 이 사건을 나중에 기록으로 남긴 영국의 총영사 대리 바이런 브레넌Byron Brenan은 강유위를 구해내기로 결심했다. 그는 영국의 공식 대표인지라 공개적으로 도움을 줄 수 없어서 강유위를 태운 배가 부두에 도착하기 전에《타임스The Times》의 특파원 블랜드J. O. P. Bland를 작은 보트에 태워 보내 강유위를 그 보트에 태우도록 했다. 강유위는 이 보트에서 다시 영국 포함에 올라 홍콩으로 가게 되었다. 영국의 식민지에서 강유위는 일본 영사의 방문을 받았고, 일본으로 가서 머물라는 초대를 받았다. 강유위의 말을 인용해보자면 일본 영사는 '일본은 대동아를 건설하려는 열망을 소중히 여긴다'고 했다. 곧 그는 일본에 발을 딛게 되었다.

강유위의 오른팔인 양계초는 이토 히로부미가 황제를 알현한 다음 날 일본 공사관으로 망명했다. 이토는 그가 일본으로 도망칠 수 있게 도움을 주었다. 양계초는 변발을 자르고 유럽식 복장으로 변장한 채 일본의 보호를 받으며 천진으로 가서 일본 군함에 승선했다.

폭력을 선호한 과격파 담사동 역시 일본의 보호 제안을 받았다. 하지만 그는 거절했다. 담사동의 친구들에 따르면 그는 개혁은 피가 필요하다는 주장을 다시 내세웠다고 한다. "다른 나라의 개혁은 피를 흘렸기 때문에 모두 성공했다. 청의 개혁에선 피가 한 방울도 흐르지 않았다. 그게 바로 이 나라가 잘되고 있지 못한 이유이다. 나는 개혁을 위해 제일 먼저 피를 흘리는 사람이 되겠다." 실제로 그는 9월 28일 다른 다섯 명과 함께 참수되었다. 다른 다섯은 강유위의 동생 강광인, 표면상 금은보화를 캐기 위해 이화원으로 군을 움직이자고 했으나 실제로는 서태후 살해 목적의 상소를 올린 양심수, 담사동을 제외한 다른 군기장경 셋이었다. 신문 기사에 따르면, 처형장에서 담사동은 '마치 죽음이 즐거운 듯' 행동했다고 한다. 반면 강광인은 그다지 좋은 얼굴빛이 아니었다. 그는 '신발 없이 양말만 신고 있었으며, 안색은 잿빛이었다'. 이 갑작스러운 처형은 제국 전체에 충격을 주었다. 거의 40년 전 서태후가 통치를 시작한 이래 처음으로 사형에 처해진 정적들이었기 때문이다.

황제가 9월 14일자의 편지를 맡긴 양예를 포함한 두 명의 군기장경은 실제로는 강유위와 그의 음모에 아무런 연관이 없었다. 투옥된 이후 그들은 큰 걱정을 하지 않았다. 서태후가 청의 절차대로 심문하라고 명령했기 때문에 그들은 재판에서 무고가 밝혀질 것이라고 확신했다. 하지만 재판이 시작된 지 얼마 되지 않아 서태후가 이를 돌연 중단시키면서 무고한 두 사람도 음모 참가자들과 함께 처형장으로 끌려갔다. 그곳에서 이들은 맹렬하게 항의했다. 양예는 끈질기게 처형 감독관에게 자신의 죄가 무엇이냐고 물었고, 다른 무고한 군기장경은 참수형을 선고하는 황제의 칙명을 들을 때 무릎 꿇기를 거부했다. 풍문에 의하면 양예의 머리가 잘려나가자 피가 1미터나 솟구쳤다. 그 정도로 그가 부당한 처형에 분노했다는 것이었다. 사람들은 위압적인 처형에 두려움을 느꼈다. 그 소식을 듣고 한 관리는 "내 심장이 찔리는 것처럼 충격을 받고 고통스러웠다."고 했으며, "극심하게 구토했다."고도 했다. 심지어 서태후 살해 음모를 알게 된 고관들도 그녀가 노골적으로 법 절차를 무시한 것에 대하여 크게 분노했다. 그런 처사는 서태후의 통치 아래에서는 드문 일이었다.

서태후는 재판이 진행되면 광서제가 살해 음모에 가담했다는 사실이 불가피하게 공론화되리라고 생각했고, 무슨 일이 있어도 그것을 감추어야만 했다. 그 때문에 재판을 갑자기 중단한 것이었다. 재판이 그대로 진행되었더라면 황제가 설사 그녀의 살해를 원치 않았더라도 퇴진시키려 했다는 사실이 드러날 터였다. 강유위는 외국 신문과 인터뷰를 하면서 광서제가 '비밀 칙명'을 주며 서태후를 축출해 자신을 자유롭게 하는 데 앞장서라고 했다는 주장을 펼쳤다. 강유위의 이런 주장은 9월 27일 상해의 《노스 차이나 헤럴드》에 처음으로 등장했다. 서태후가 재판을 중지시키고 참수형을 명하기 바로 전날이었다. 아마도 그 신문 보도가 그녀의 갑작스러운 결정을 이끌어낸 계기였을 수도 있다. 만약 강유위의 주장이 재판을 통해 공식적으로 확인되면 서태후는 아주 심각한 상황에 직면할 수 있었다. 청 제국 전체가 분열되어 두 파로 나뉠 것이었고, 그렇게 되면 나라가 격변에 빠져들 수 있었다. 또 외국 열강은 강유위의 호소에 응답해 군대를 파견할 수도 있었다. 특히나 일본은 광서제를 구한다는 명목으로 황제 지원에 나서서 그를 꼭두각시로 만들려고 할지도 몰랐다. 서태후는 무슨 일이 있어도 자신과 황제와의 치명적인 분열을 외부에 노출시켜서는 안 되었다.

이런 상황 때문에 그녀는 자신에 대한 살해 음모를 덮어버렸다. 대역죄 음모와 관련자 처형에 관련된 칙명은 감금된 황제의 이름으로 선포되었다. 칙명의 언사는 모호하고 회피적이었으며, 황제의 입장을 엉뚱하게 은폐하고 있었다. 강유위와 공범들이 '이화원을 포위하고 공격하려 했으며, 황제와 황태후를 납치하려 했다'고 칙명은 밝혔다. 관련 사건의 주요 인물인 원세개도 사태의 진상을 말하지 못할 이유가 있었다. 그는 자신이 황제를 배반했다는 사실을 알리고 싶지 않았던 것이다(실제로 그는 이 사건과 관련해 적어둔 일기를 평생 숨겼다). 서태후는 침묵했고, 강유위만이 목소리를 내고 있었다. 강유위는 단호하게 서태후를 살해하려는 음모는 없었으며, 사실은 서태후가 광서제를 죽이려는 계획을 꾸몄다고 주장했다. 이러한 강유위의 주장은 널리 받아들여졌다. 영국 공사 클로드 맥도날드 경은 '풍문으로 들려오는 서태후 살해 음모는 광서제의 급진적인 개혁을 멈추려는 핑계일 뿐이다'라고 생각했다.

강유위가 쿠데타를 일으켜 서태후를 살해하려 했던 이야기는 1980년대까지 거의 한 세기 동안 어둠에 묻혀 망각되었다. 1980년대 중국 사학자들은 일본의 기록 보관소에서 서태후 살해를 담당할 예정이었던 필영년의 증언을 발견했다. 이 문서는 의심할 여지 없이 음모의 존재를 증명하는 것이었다. 음모 관련자로 참수된 여섯 명은 개혁을 위해 영웅적인 죽음을 맞이한 '무술육군자戊戌六君子'로 역사에 기록되었다. 더불어 강유위는 개혁의 횃불을 올리고 심지어 청을 의회 민주주의 국가로 바꾸려고 한 선견지명을 가진 영웅으로 신화화되었다. 그는 자신의 저술과 상소를 고치고 날조함으로써 직접 자신에 관한 신화를 대부분 만들어냈다. 예를 들면, 청에 바람직한 정치 형태가 아니므로 의회 민주주의를 거부한다는 글은 아예 삭제해버렸다. 그렇게 스스로를 홍보하면서 강유위는 양계초와 함께 끊임없이 서태후를 중상하고 비방했다. 이들의 인터뷰, 연설, 저술은 서태후에 관한 많은 혐오스러운 이야기를 지어냈다. 일부는 조약 항구들의 신문에 실리기도 했고, 나머지는 일본에서 소책자로 출판되어 청에 발송되기도 했다. 이를테면 강유위와 양계초의 중상과 비방은 이런 것이었다. 서태후가 동태후를 독살했고, 아들 동치제를 죽음으로 몰았으며, 과부가 된 동치제의 아내 가순 황후는 금덩이를 삼키게 해서 죽였다. 그리고 이화원을 짓는 데 쓰려고 수천만 테일을 몰래 빼돌려서 해군 발전 기금을 소진했기 때문에 청일전쟁에서 패배하게 되었다. 서태후에 관한 나쁜 여론을 조성한 모든 비난들이 강유위에게서 나온 것이며, 이런 비방은 심지어 오늘날에도 그럴듯한 이야기로 돌아다니고 있다.

서태후를 방종하고 음탕한 폭군이라고 처음 주장했던 자 역시 강유위였다. 그는 서태후에게 많은 남자 첩이 있고 밤마다 환관들과 난교를 즐긴다고 주장했다. 사람들은 대부분 강유위의 말을 믿었다. 그는 광서제가 '비밀 칙명'을 내렸고 자신은 이를 받아 몰래 혁대에 꿰매 넣은 뒤 자금성을 빠져나왔다는 말을 하면서 자신의 주장의 출처가 황제라는 것을 넌지시 드러내기도 했다. 강유위는 또한 광서제가 서태후를 어머니로 여기지 않고 '선제 함풍제의 음탕한 첩'으로 여겼다고 주장했다.

⚮

서태후의 불구대천의 원수가 잡히지 않은 채 이후 100년 이상 계속되는 악평을 날조하고 있을 때, 그녀가 그다음으로 혐오하는 원수인 장음환은 당초의 처형자 명단에서 제외되었다. 영국과 일본이 그를 위해 중간에서 압력을 넣은 것이었다. 영국의 경우는 특히나 끈질겼는데, 이는 장음환이 자국의 기사 작위를 가지고 있기 때문이었다. 그 결과 장음환은 감형을 받아 신강으로 유배를 가게 되었다.* 서태후는 장음환을 맹렬히 증오했다. 그가 나약한 황제를 강유위와 일본의 먹잇감으로 던져준 것이나 마찬가지였기 때문이다. 장음환의 첩자질 탓에, 청 제국은 거의 일본의 손아귀에 떨어지기 일보 직전까지 갔다.

---

* 신강으로 떠나기 전, 장음환은 러시아에 전보를 보내 전에 받기로 했던 뇌물에서 1만 5천 테일을 보내달라고 요구했다. 그는 유배 길에 동행한 간수들에게 무자비하게 고문을 당하고 있다고 했다. 장음환의 말에 따르면, 간수들은 "돈을 주지 않으면 우리는 으스스한 겨울의 서리 같은 태도를 기분 좋은 봄의 미풍으로 바꿀 수 없다"고 위협했다. 러시아는 장음환이 이젠 쓸모가 없었지만 그의 요구를 들어주었다. 미래에 뇌물을 줄 청의 관리들에게 약속은 반드시 지킨다는 인상을 심어줄 필요가 있었기 때문이다.

장음환 스스로도 자신이 몰락한 원인이 일본과의 관계 때문이라는 사실을 인정했다. 그는 유배지로 동행한 간수들에게 이토 히로부미가 광서제를 알현하던 날 자신이 이토와 친밀한 사이라는 것을 황태후가 직접 봤으며, 그때부터 그녀가 자신을 의심하기 시작했다고 말했다. 장음환이 서태후의 의심 시기를 정확히 봤든 아니든, 그가 일본의 첩자라는 것을 서태후는 확신했다. 사실, 그녀는 장음환이 1898년 이전부터 일본의 첩자 노릇을 했다는 것을 알았을지도 모른다. 아니면 청일전쟁 중인 1894년부터 1895년 동안 이미 그가 청의 완패에 일익을 담당했다는 것도 알았을 수 있다. 청일전쟁 당시 광서제는 옹동화에게 의지하여 결정을 내렸는데 옹동화는 자신이 없는 분야는 장음환에게 자문했다. 옹동화는 장음환에게 하루에도 몇 번씩 칙명 초안을 보내 의견을 구했다. 이에 더해 장음환은 북경과 전선戰線 사이의 필수적인 통신 체계를 책임지고 있었다. 이 자리에 있을 때 그는 수상한 행동을 한다고 많은 사람들에게 비판을 받은 바 있었다. 그가 '보고와 전보를 숨기고 있으며, 이 문서들의 내용 일부를 조작하고 있다'고 고발된 것이다. 군의 참모들은 장음환이 일본에 군사기밀을 넘겨주고 있다고 의심하며 그를 '반역자'라 불렀다. 하지만 고관들에 대한 다른 고발들이 그러하듯이, 이 중요한 문제도 조사를 받지 않았다. 거기다 옹동화가 장음환과 밀접한 사이였기에 옹동화가 나서서 장음환의 행동을 황제에게 잘 해명한 덕도 있었다. 아무튼 장음환이 통신 책임자로 들어선 이후로 일본은 전신 교환을 모조리 알게 되었고, 청 군대의 모든 움직임을 '자신의 손바닥 들여다보듯' 알게 되었다. 더욱 중요한 사실은, 일본이 광서제가 평화를 얻기 위해 그 어떤 대가라도 치를 용의가 있음을 파악했다는 것이다. 이로 인해 중국은 아주 터무니없이 높은 배상금을 갈취당하게 되었다.

서태후는 장음환의 반역을 확신했고 또 크게 분노하고 있었지만 재판을 통해 그의 죄상을 폭로할 수가 없었다. 무엇보다 일본을 불쾌하게 만들어서는 안 되는 상황이었다. 그 결과 장음환이 유배형을 받았을 때 황제의 칙명에 적힌 그의 '죄목'은 다음처럼 기이한 것이었다. "사악한 의도를 품고 은밀한 방식으로 처신했으며, 강한 힘을 가진 자들에게 아첨해 종잡을 수 없고 믿을 수 없게 행동했다." 이는 마치 기괴하게 날조된 죄목 같았으며, 그 결과 서태후에 대한 외국인들의 혐오감만 키웠다. 외국인들은 장음환을 유배지에서 돌아오게 하라고 압력을 넣었다. 2년 뒤인 1900년, 외세 침략에 대응하기 위해 서태후가 일본과 영국에 협조를 호소하던 바로 그날, 그녀는 유배지의 장음환을 처형하라는 명령을 내렸다. 이 명령은 최대한 빠르게 신강으로 전해졌다. 장음환은 늘 서태후의 마음속에 언젠가 목을 쳐야 할 자로 남아 있었고, 그녀는 영국과 일본이 협조하는 조건으로 장음환의 석방을 요구하는 상황을 아예 없애기 위해 처형을 결단했던 것이다.

서태후는 또 다른 처형을 명령했다. 이번에는 환관에 관한 일이라 재판이 필요치 않았고 황제의 재량으로 가능한 것이었다. 광서제와 강유위 사이에서 연락을 담당했던 네 명의 선임 환관들은 자금성 안에서 매질을 당해 죽었다.*

이런 조치들도 서태후의 격노를 가라앉히기엔 충분치 않았다. 그녀는 "처형된 자들의 시체를 거두지 말고 장례도 치러주지 말라. 구덩이에다 그냥 던지도록 하라."는 명확한 지시를 내렸다. 다른 열 명의 환관들은

---

* 1898년 초 환관 구연재寇連才는 형부에 의해 공개 처형되었다. 그의 죽음은 강유위의 음모와는 아무런 관련이 없었다. 원인은 그가 올린 상소 때문이었다. 청 제국은 절대적으로 환관의 정치 개입을 금하고 있었고, 이를 어길 때에는 예외 없이 사형에 처했다.

먼저 곤장을 맞았고 이어 목에 칼을 차게 되었다. 비참한 모습의 환관들은 경우에 따라서는 죽을 때까지 목과 어깨에 칼을 차고 있어야 했다. 이런 형벌은 시행이 중단된 지 너무 오래되어서 예전에 쓰던 칼은 썩어버렸고, 황실의 감방도 부분적으로는 붕괴된 상태였다. 따라서 황실 관리인들은 새로운 형틀을 만들고 감방을 보수해야만 했다.

　환관들과 비교하면 서태후 살해 음모에 직접 연루되지 않은 관리들은 상대적으로 가벼운 처벌을 받았다. 대부분이 단순히 해고되었을 뿐이다. 하지만 오직 한 사람, 서치정은 종신 금고형을 받았으나 2년 뒤에 풀려났다. 그 당시에 북경이 외세 침략자들에 의해 점령되어 감옥의 죄수들은 모두 풀려났다. 하지만 그는 도망치지 않고 그대로 감방에 남아 있다가 나중에 서태후에 의해 공식적으로 풀려났다. 다른 도망친 관리들은 신강으로 유배되었다가 2년 뒤에 고향으로 돌아가는 것이 허락되었다.

　정적을 처리하면서도 서태후는 개혁이 계속되기를 바랐으므로 자신의 뜻을 강조하는 칙명을 내렸다. 직접 붓을 들어 적은 긴 칙명에서, 그녀는 서양의 '부유하고 강한 나라를 만든 능력'에 관해 극찬하면서 청 역시 '서양의 좋은 점을 배워 단계적으로 이를 적용할 것'을 맹세했다. 그러나 점진적인 변화가 실제로 진행 중이었지만 무술변법戊戌變法의 개혁은 불가피하게 중단되었다. 강유위와 그의 파벌이 관계된 칙명은 취소되었으며, 해고되었던 관리들은 신속하게 복직했다. 제국의 모든 이들이 직접적으로 황제에게 글을 올리고 답을 받을 수 있는 권리 같은 실현 불가능한 명령은 폐지되었다. 과거 시험의 급진적이고 대대적인 개혁은 보류되었다. 이에 제국은 옛 방식으로 되돌아가는 것처럼 보였다. 서태후가 선봉에 서서 개혁을 착수했다는 사실을 전혀 모르고 강유위가 광서제를 통해 개혁의 선봉 역할을 했다고 알고 있던 서양인들은 이를 지켜보면서 그녀를 비난했다. 그들은 개혁이 고작 100일 만에 끝난 것은 모두 서태후의 탓이라고 여겼다.

강유위는 서태후를 악인으로 중상모략하면서 외세를 설득해 군사작전으로 그녀를 타도하고 광서제를 복권시키고자 했다. 일본에 도착했을 때 그는 일본의 정보기관과 대화하며 일본이 영대에 구금된 황제를 해방시켜 배후에서 그를 지켜줘야 궁극적으로 '통합된 대동아를 이룩할 수 있다'면서 이를 행동에 옮기기를 촉구했다. 이런 대담에 참가한 사람 중에는 서태후를 살해할 예정이었던 필영년도 있었다. 정보기관의 관리인 고타로 무나카타宗方小太郎는 이 자리에서 일본의 공식 입장을 밝혔다. "일본 정부는 그렇게 가볍게 군대를 파견할 수는 없소. 하지만 적당한 때가 되면 당신들이 요구하지 않더라도 응당 도움을 제공할 것이오."

광서제에게 접근해 그를 구출하거나 납치하려는 자들을 막기 위해 서태후는 황제 주변에 빽빽이 경비원을 두었다. 또 황실에 납품하는 북경의 대장장이에게 명령해 커다란 철제 자물쇠와 걸쇠를 만들게 해 영대에 있는 황제의 처소에 설치하게 했다. 황제의 저택엔 벽돌담을 둘러쳐서 주변 호수에서는 그 집이 보이지 않았다. 밖에서 호수로 들어오는 물을 막는 커다란 수문도 경비가 강화되었는데, 물속으로 헤엄쳐서 들어오고 나가는 이들을 사전에 차단하기 위한 것이었다. 겨울에 호수가 얼면 얼음을 다 부수어서 황제에게 접근하는 자들을 미연에 방지했다. 서태후는 심지어 광서제의 북과 징 같은 시끄러운 타악기들에도 편집증적인 모습을 보였다. 그녀는 타악기 소리가 황제를 구출하려는 이들에게 연락 수단이 되거나 황제의 위치를 노출하는 방법이 될 수 있다고 보았다. 서태후는 환관들에게 황제의 타악기를 잘 살피고 황제에게 건네주기 전에 자신에게 미리 알리라고 일렀다.

진비는 자신의 환관들을 통해 황제가 강유위와 소통할 수 있도록 도왔다. 그녀의 저택은 호숫가에 있었는데 황제가 유폐된 영대와 호수를 사이에 두고 마주 보고 있었다. 하지만 곧 그녀의 저택 중 호수가 보이는 부분이 벽돌담으로 막히면서 그녀 역시 포로 신세나 마찬가지가 되었다.

이 흉한 회색 벽들은 서태후가 머무는 이화원의 미관을 망가뜨리기도 했다. 황제가 이화원을 방문할 때 사용하는 침전인 옥란당은 호숫가에 있었으므로 배나 물속으로 헤엄쳐 접근할 수도 있었다. 이 침전의 호수에 면한 부분은 조잡하게 쌓인 벽돌 더미로 봉쇄되었고, 그중 일부는 오늘날에도 여전히 남아 있다.

광서제를 폐위시키려는 필사적인 노력
(1898~1900)

서태후는 광서제를 몹시 혐오하게 되었다. 그가 태후를 살해하려는 음모에 가담했는데도 그 죄상을 만천하에 드러낼 수 없었다. 황제는 비극적인 개혁의 영웅으로, 그녀는 정반대로 보수반동의 사악한 악당으로 여겨지고 있는데도 서태후는 자신을 변호할 수 없었다. 서태후가 느끼는 원통함과 좌절감은 비정한 양아들을 매도하는 연극을 볼 때에만 겨우 진정되었다. 이 연극에서 못된 양아들은 길러준 부모를 죽게 만들고 그에 대한 업보로 천둥의 신 뇌공雷公이 내리친 벼락에 맞아 죽는다. 서태후는 이 연극을 너무도 좋아하여 수도 없이 보았다. 그녀는 극중의 양아들을 아주 비열한 악당으로 연출하라고 지시했고 또 그 아들이 전보다 다섯 배는 더 강한 벼락을 맞아 죽도록 요구했다. 그녀는 양아들이 벼락을 맞는 장면에다 무섭게 생긴 바람의 신 풍백과 비의 신 우사雨師도 추가해 징벌을 이전보다 훨씬 더 참혹하게 연출하는 걸 좋아했다. 현실 세계에서는 양아들을 속 시원히 징벌할 수 없었던 서태후는 장래 어느 날 뇌공과 풍백과 우사가 그를 응징해주길 바랐다.

광서제를 죽이고 싶은 생각이 그녀의 머리를 스치기도 했겠지만, 태후는 그것을 진지하게 고려하지는 않았다. 하늘이 두렵기도 했지만 나라 안팎의 결과를 감당할 수가 없었기 때문이다. 실제로 서태후는 광서제가 앞으로 살해될지 모른다거나 혹은 이미 살해되었다는 풍문과 싸워야만 했다. 황제는 썩 건강하지 못한 데다 그가 추진하려던 세상이 낭패로 돌아간 뒤로 중병에 걸렸다. 어의의 보고가 고관들 사이에 회람되었고, 전국의 각 성엔 그 지방의 명의를 추천하라는 칙명이 내려졌다. 이런 행동은 광서제의 죽음을 온 세상에 선포하기 위한 서태후의 준비 과정처럼 보였다. 그녀는 총리아문의 수장인 경친왕을 클로드 맥도날드 경에게 파견해 '그런 오해의 불식'을 도와달라고 요청했다. 맥도날드 경이 공사관의 서양 의사에게 황제의 진찰을 맡겨보는 것이 어떻겠냐고 하자 경친왕은 즉석에서 찬성했다.

그리하여 프랑스 공사관의 드테브 박사가 1898년 10월 18일 광서제를 진찰하러 자금성을 방문했다. 박사의 진찰 결과는 황제가 실제로 심각한 질병을 앓고 있음을 확인해주었다. 광서제는 메스꺼움, 구토, 호흡곤란, 이명, 현기증 증세를 보였다. 무릎과 다리 또한 불안정하고 손가락엔 감각이 없었으며, 청력과 시력은 점점 나빠지고 있었다. 게다가 신장 부위에 통증을 느끼고 있었으며, 배뇨에도 이상이 있었다. 박사는 27세의 군주가 만성 신장염을 앓고 있다는 결론을 내렸다. 황제의 신장은 손상되어 혈액 찌꺼기를 제대로 걸러내지 못했다. 이 진찰 결과는 광서제가 살해되었다는 풍문을 불식시키는 데 이바지했다. 하지만 아무도 그가 통치할 수 없을 정도로 앓고 있다고 생각하지는 않았다.

서태후는 광서제의 퇴위를 몹시 바랐다. 아침마다 문안 인사를 받고 황제를 대면하는 일상은 그녀에게 계속 살해 음모의 연루를 떠올리게 해서 정서적인 안정을 유지할 수 없었다. 문안 인사는 서태후가 기상하자마자 시작되었는데 대부분 새벽 5시와 6시 사이였다. 광서제는 목욕재계하고 의관을 갖춘 다음 변발을 땋고 끽연을 한 뒤에 빠르게 아침 식사를 마쳤다. 이후엔 황색 덮개를 두른 가마가 준비되었고, 8명의 가마꾼이 가마를 옮겼다(황제의 수행단은 그가 필요한 모든 것을 대동했고 심지어 요강까지 실어 옮겼다). 가마가 서태후의 침전 앞마당에 도착하면 환관들이 황제의 도착을 알렸다. 이에 서태후는 몸을 반듯이 하고 앉아 기다렸고 환관은 황색 공단 방석을 바닥에 내려놓았다. 이윽고 광서제가 방으로 들어와 방석 위에 무릎을 꿇고 문안 인사를 올렸고, 그러면 황태후가 "일어서세요, 황상."이라고 말했다. 황제는 일어선 뒤 서태후 앞으로 나아가 아들이 부모에게 하듯이 문안했다. "간밤에 편히 주무셨는지요? 어제 저녁은 잘 드셨는지요?" 서태후는 그 질문에 긍정적인 답변을 한 뒤 마지막으로 이렇게 말했다. "황상께서는 이제 가서 쉬시지요." 이 말을 들으면 광서제는 다른 방으로 가서 서태후의 지시에 따라 미리 준비된 상소를 읽었다. 이 방에서 황제와 서태후는 나란히 앉았고, 주변엔 특별히 선발한 근위병들이 시립했다. 옥좌 근처에 서도록 허락을 받은 이 근위병 중엔 서태후의 남동생인 계상도 있었다. 접견 내내 황제는 거의 말을 하지 않았다. 하더라도 속삭이듯 단조로운 소리를 냈고 종종 들리지 않을 정도의 작은 목소리로 질문하곤 했다.

이런 일상은 매일 반복되었다. 그 외에 황실의 다른 곳에서 황제의 모습이 보이는 것은 서태후의 심기를 불편하게 했다. 이곳저곳을 덧댄 면옷을 속옷으로 즐겨 입는 것으로 유명했던 광서제는 겉옷도 평범하고 수수하며 검은색을 자주 입었다. 화려하게 차려입은 황실의 여인들과 보석으로 치장한 서태후 사이에서 그는 너무도 어울리지 않았다. 서원에서 멀리 떨어진 곳에서 친경親耕(황제가 친히 소를 끌고 그 해 처음으로 밭을 일구는 의례)을 할 때도, 황제는 입고 있던 단조로운 옷차림 때문에 형형색색의 관복을 입은 관리들 사이에서 대번에 구분되었다. 그가 머물던 저택 역시 검소했다. 하지만 화려함이 없는 저택은 광서제 자신만의 선택은 아니었을지도 모른다. 환관들이 그의 편의를 게을리 봐줬을 수도 있다. 후에 황실에 빈번히 드나들던 서양인들은 광서제가 천자처럼 대접받지 못하는 장면을 목격하게 되었다. "황제가 나타났을 때 그 어떤 환관도 무릎을 꿇고 순종하지 않았다. 외국인들이 황제에게 인사를 하거나 작별을 고할 때 무릎을 꿇는 경우를 제외하고는 궁내에서 그에게 무릎을 꿇는 이를 본 적이 없다. 하지만 황태후와 이야기를 할 때 정치인들이나 환관은 매번 어김없이 무릎을 꿇었고, 이는 황제의 경우와 특히나 대조되는 모습이었다."*

광서제는 분개한 모습은 절대로 보이지 않았다. 그는 환관들과 함께 저택에서 종종 놀이를 하곤 했는데, 이때 환관들이 자신을 놀려대도 분개한 기색조차 없었다. 황제의 이런 모습은 많은 이들로 하여금 천치인 척 연기하는 것이며, 때를 노리고 있다는 생각을 하게 만들었다. 하지만 이렇게 생각하지 않는 이들도 있었는데 그중 한 사람인 캐서린 칼은 호리호리하고 허약한 군주를 관찰하며 이런 말을 남겼다. "황제의 미소에

---

* 광서제는 호화로운 것을 좋아하지 않았다. 미국인 화가인 캐서린 칼은 이렇게 말했다. "광서제는 그다지 미식가가 아니었다. 빠르게 식사를 했고, 식탁에 무엇이 올라왔는지 별로 신경 쓰지 않았다. 식사를 마친 뒤 그는 황태후 근처에 서 있거나 황태후가 식사를 마칠 때까지 옥좌가 있는 방 주변을 거닐었다."

는 이해할 수 없는 분위기가 있었다. 그의 얼굴 전반엔 거의 수동적인 상태에 다다른 자기 억제의 표정이 드러나 있었다." 심지어 예리한 눈을 가진 서태후도 광서제의 수동적이고 무표정한 얼굴 뒤에 숨겨진 것을 알아낼 수 없었다. 감옥이나 마찬가지인 영대에서 황제는 중국 고전과 더불어 서양의 번역서를 읽고 서예를 연습했으며 악기를 연주했다(그는 슬픈 선율은 좋아하지 않는다고 말했다). 그는 시계를 분해하고 다시 조립하는 일을 계속했다. 오르골이 망가지자 그것을 수리하는 것은 물론이고 거기에 중국 음악까지 추가했다. 광서제가 가장 좋아한 일은 종이에 마귀와 같은 형상을 그리고서 거사를 밀고해 자신을 구금 상태에 이르게 한 원세개의 이름을 그 뒤에 적는 것이었다. 그런 뒤 그는 벽에다 그 그림을 붙여놓고 대나무로 만든 화살을 쏘아댔다. 활을 다 쏘고 난 뒤 황제는 넝마가 된 그림을 조각조각 찢었다.

진실을 누가 알겠는가? 광서제는 정말로 자신을 구출할 사람들이 오기를 기다렸는지도 모른다. 그는 강유위가 동원하고 일본의 후원을 받는 해방군을 바랐을 것이다. 이런 전망은 서태후를 공황에 빠뜨렸다. 1899년, 그녀는 심지어 일본의 중립을 이끌어내기 위해 어사 양승이의 건의에 따라 한 가지 계책을 세우기도 했다. 서태후는 자신이 광서제 못지않게 일본과 좋은 관계를 유지하려 한다는 인상을 주려고 그렇게 한 것이었다. 두 명의 사절이 일본으로 파견되었고, 그들은 신문 인터뷰와 공개 연설을 하며 황태후의 명령을 받아 일본과 협력 관계를 추진하기 위해 방일했다고 선언했다. 두 사절은 일왕日王과 전 총리대신 이토 히로부미를 만났다. 이에 이토 히로부미는 좋은 기회가 다시 왔다고 여기면서 광서제의 고문으로 써준다면 즉시 중국으로 출발할 수 있다고 사절에게 말했다. 이토가 그런 환상을 더 품는 것을 막기 위해, 서태후가 보낸 사절들은 이제 자신들의 신빙성을 일부러 떨어뜨리려고 했다. 그런 기색이 너무도 역력했기에 일본 언론은 그 사절들을 '기이하다'고 여기게 되었다. 유럽인들은 서태후가 '사절을 잘못 선정했으며, 사절들이 다른 황인들과는 다르게 중요한 임무에 관해 너무 많이 떠들어댄다'고 생각했다. 일본은 당혹스러워하며 청의 제안에 대응하지 않았다. 그렇지만 일본 정부는 서태후가 실제로 친선을 도모하고 있다고 보았다. 이런 술책은 일본을 혼란스럽게 했지만, 반면에 러시아를 놀라게 했다. 이에 더하여 중국의 국내 공론마저도 황실이 일본과 비열한 거래를 했다고 의심했다. 결과적으로 그것은 서태후의 훌륭한 기준에 한참 못 미치는 계책이 되고 말았다. 이런 황당한 계책을 구상하고 건의한 양숭이는 희생양이 되어 해고되었다. 이런 계책을 세운다는 것 자체가 서태후의 심리 상태가 극도로 긴장되어 정상적이 아님을 보여준다.

그녀는 늘 감금된 황제가 도망칠까 두려워했고, 그녀 자신이 동행하지 않는 경우에는 궁 밖에 나가지 못하게 했다. 하지만 자금성 밖 천단天壇에서 황제가 천제를 올려야 하는 일이 있었는데 그곳엔 여성은 출입할 수 없었다(천단은 많은 이들이 '중국에서 가장 아름다운 건축물'로 여기고 있다). 황제는 천단에 정기적으로 가서 풍년을 위한 좋은 날씨를 기원했다. 백성들의 생계는 곧 풍년에 달려 있었기 때문이다. 천단에 가면 황제는 그곳에서 밤을 새워야 했다. 모든 청의 황제들은 이 의례를 지극히 중요하게 생각했다. 강희제는 자신이 천단에서 정성을 다해 기원했기에 50년간 비교적 날씨가 좋았고, 그래서 성공적인 통치를 할 수 있었다고 믿었다. 서태후 역시 이 의례를 진심으로 믿고 있었다. 하지만 그녀 자신이 천단에 들어갈 수는 없었고, 자신의 영향력이 미치지 않는 곳에서 황제가 도망칠지 모른다고 우려해, 황제 대신 친왕들을 천단으로 보내 기도를 올리게 했다. 대리인을 보내는 것은 쉬운 일이었지만 그들이 기원하는 것은 황제 본인이 가는 것과 같을 수 없었다. 서태후는 하늘이 황제의 불참에 진노하여 제국에 참사가 일어날지 모른다고 끊임없이 두려워했다. 고뇌 속에 절망하며 그녀는 새로운 황제가 옥좌에 오르기를 갈망했다.

◈

그러나 광서제의 폐위는 중국인들에게 상상조차 할 수 없는 일이었다. 전반적으로 서태후의 집권을 환영하는 공론이 있다 하더라도 황제 폐위는 불가능한 일이었다. 그러던 어느 날 황태후를 살해하려던 음모 건이 새어나가 사람들 사이로 빠르게 퍼져나갔다. 강유위의 잘못으로 덮고 넘어간 황제의 음모 가담은 이제 용납할 수 없게 되었다. 많은 이들이 '폐하께서 개탄스러운 판단을 하셨으며, 황태후 마마께서 집권하시게 된 것은 당연하다'고 생각하게 되었다. 그렇지만 사람들은 여전히 광서제가 황제로 남아주길 바랐다. 광서제는 '하늘에서 내린' 천자였으며, 백성들은 감히 처다보지도 못할 존재(이런 이유로 황제의 행차 때는 가리개를 친다)였기 때문이다. 사람들은 이제 강유위가 "황제를 기만하고, 황제와 황태후 사이를 반목하게 했다."고 말했다. 서태후의 집권을 지지했던 지방 총독들도 그녀가 황제와 함께 통치했으면 좋겠다는 생각을 가지고 있었다. 개인적으로 광서제를 '군주 같지 않다'며 서태후의 집권을 바랐던 이홍장도 폐위는 단호히 반대했다. 서태후의 충복인 영록이 폐위 건을 물어보자, 이홍장은 그가 말을 마치기도 전에 벌떡 일어나 목소리를 높였다. "어찌 그런 생각을 품을 수 있단 말이오! 이건 역모요! 처참한 꼴을 당할 거요! 서방의 외교관들이 항의할 테고, 각 성의 신하들이 반기를 들 것이오! 제국에서 내전이 일어날 거란 말이오. 나라가 망하는 꼴을 보고 싶소?" 영록도 이홍장의 의견에 동의했다. 실제로 영록도 개인적으로는 광서제를 폐위하려는 서태후의 시도를 만류하려고 애써왔다.

각국 공사관들은 광서제를 지지한다는 뜻을 분명히 했다. 서태후도 황제가 개혁 군주로, 자신은 반개혁의 폭군으로 인식된다는 사실을 알고 있었다. 이런 인상을 바로잡고 서양에 우호적인 모습을 보여주려는 시도로써 그녀는 외교단의 부인들을 1898년 자신의 생일에 맞추어 서원으로 초대해 다연茶宴을 베푸는 계획을 세웠다. 이때 초청된 부인들은 황궁에 들어온 최초의 서양 여성이 될 터였다(서태후가 처음으로 만난 서양 남성은 그해 5월에 방문한 독일 황족 하인리히였다).

다연에 참석하기 전, 서양 공관의 부인들은 '비싸게' 굴었다. 로버트 하트는 이렇게 썼다. "황태후가 당초 초대한 날에 그들은 준비가 되지 않았다고 말했다. 두 번째로 초대한 날이 다가오자 그들은 통역을 정하지 못해 갈 수 없다고 했다……. 이런 식으로 자꾸 장애가 생겼다……. 그들의 방문은 이에 무기한으로 연기되었다."

다연은 결국 12월 13일에 열렸다. 서태후의 생일로부터 여러 날이 지난 시점이었다. 서태후는 그 초청 건을 취소할 수도 있었지만 감정을 내세워 일을 망치고 싶지 않았다. 미국 공사의 아내인 세라 콩거Sarah Conger는 다연과 관련해 상세한 서술을 남겼다. 아침 10시가 되자, 각국 영사 부인들을 데려오기 위해 가마를 보냈다.

12개의 가마와 60명의 가마꾼과 함께 우리는 멋진 행진을 했다……. 서원의 첫 번째 문에 도착하자 우리는 가마, 가마꾼, 마부, 수행원 모두를 뒤로 하고 내려야 했다. 문 안엔 7개의 붉은 천 의자가 줄을 지어 있었고, 6명의 환관이 의자를 하나씩 들었다. 그리고 주변으로 많은 시종들이 따라왔다. 우리는 또 다른 문 안으로 들어갔고 그곳엔 프랑스가 청에 제공한 훌륭한 철도 객차가 있었다. 우리는 객차에 올랐고, 검은 옷을 입은 환관들이 밀고 끌어당기며 차량을 움직였다. 차량이 멈춘 곳에서 우리는 많은 관리들의 환영을 받았고 그곳에서 차를 마셨다. 얼마간 차를 마시면서 휴식을 취한 뒤, 우리는 고관들의 수행을 받으며 공식 접견실로 향했다. 문 앞에서 우리는 입고 있던 무거운 옷을 벗어서 넘겨줬고, 황제와 황태후가 있는 곳으로 안내를 받았다. 우리는 계급(북경에 얼마나 오래 있었는지에 따른 것)에 따라 도열해 허리를 숙였다. 통역은 우리 각자를 경친왕에게 소개했고, 이어 황제와 황태후에게 우리를 소개했다. 그다음에 맥도날드 부인이 영어로 된 짧은 인사를 우리를 대신해 두 마마에게 전했다. 그러자 황태후 역시 경친왕을 통해 화답했다. 우리는 다시 낮게 허리를 숙였고, 각자 옥좌 앞으로 안내되어 악수를 건네는 황제에게 고개를 숙이고 무릎을 살짝 구부리는 인사를 했다.

맥도날드 부인은 이날의 행사에 대하여 이렇게 말했다. "광서제가 다연에 참석한 것은 우리 모두에게 즐거운 놀라움이었다. 그는 슬픈 눈을 가진 허약해 보이는 청년이었고 얼굴엔 표정이 거의 없었다. 그는 우리를 맞이하는 동안 거의 눈을 들어올리지 않았다." 황제와 인사를 나눈 다음에 대해서 콩거 부인은 이렇게 썼다. "이어 우리는 황태후 앞으로 가서 낮게 허리를 숙여 예를 표했다. 그녀가 양손을 내밀어 우리는 그 손을 잡으려고 그녀 쪽으로 나아갔다. 몇 마디 인사를 나눈 뒤, 황태후는 우리의 손을 꽉 쥐고 각자의 손가락에 커다란 진주가 박힌 두툼한 금반지를 끼워주었다."

선물로 반지를 주는 것이나, 서태후처럼 반지를 끼워주는 방식은 여성들 사이에선 흔했다. 이런 시도를 통해 황태후는 서양 공사 부인들과 자매 같은 관계를 쌓으려고 했던 것이다. 이어 부인들은 경친왕과 공주들이 주최하는 만찬을 대접받았다. 공주들은 '아름다운 자수가 놓인 값비싼 공단과 비단 위에 진주로 장식한 옷'을 입었고, 그들의 손톱에는 '보석이 박힌 금제 덮개가 씌워져' 있었다. 만찬을 들고 차를 마신 뒤, 그들은 다시 서태후를 만나러 갔다. 세라 콩거는 이런 회상을 남겼다.

> 놀랍게도 황색 옥좌엔 황태후가 앉아 있었고 우리는 전처럼 그녀 주변에 모였다. 황태후는 밝고 행복한 모습이었으며 얼굴은 선의로 가득했다. 잔혹한 분위기 같은 것은 전혀 느끼지 못했다. 간단한 인사말로 그녀는 우리를 반겼는데 그 행동은 자유로움과 온화함으로 가득했다. 황태후는 일어서서 우리의 행복을 빌어주었다. 그녀는 일일이 부인들에게 양손을 뻗어 손을 잡은 뒤 열정적으로 진지하게 말했다. "한 가족입니다. 모두 한 가족이에요."

그다음에 부인들은 경극을 보았고, 연극이 끝나자 서태후가 극적인 몸짓으로 작별 인사를 했다. "옥좌에 앉은 황태후는 굉장히 다정했다. 찻잔이 우리에게 전해졌을 때 그녀는 앞으로 나와 각 잔을 입술에 가져간 뒤 한 모금씩 넘기고는 그 잔의 반대편을 우리의 입술에 가져다 대며 말했다. "한 가족입니다. 우리 모두 한 가족이에요." 말을 마친 뒤 황태후는 아주 아름다운 선물을 우리 모두에게 주었다." 사진에서는 심각한 표정을 지었던 콩거 부인은 서태후를 만난 뒤 그 이야기를 흥분된 목소리로 전했다.

> 정말 너무도 비현실적으로 다가온 훌륭한, 마치 꿈을 꾸는 것 같았던 시간을 보낸 뒤 우리는 진귀하고 아름다운 경험에 도취된 채 귀가했다. 생각해보라! 몇 세기 동

안 굳게 문을 닫았던 청이, 이제 살짝 문을 열어놓은 것이다! 이전엔 그 어떤 타국 부인들도 청의 지배자를 만나지 못했다. 또 그 어떤 청의 지배자도 외국인 여자를 만나보지 못했다. 우리는 이 진귀한 날을 잊지 않기 위해 모두 영국 공사관으로 몰려가서 행복한 기분으로 사진을 찍었다. 이날은 실제로 역사적으로 중요한 날이었다. 1898년 12월 13일은 청과 세계 모두에 멋진 날이었다.

맥도날드 부인은 통역 헨리 콕번Henry Cockburn을 데리고 갔다. 그는 주중 영국 공사관의 영사이자 중국을 '20년 넘게 경험한 신사였다. 그는 또한 다재다능하고 올바른 판단을 내릴 수 있는 사람이었다. 맥도날드 부인은 이렇게 서술했다. "다연에 참가하기 전, 황태후에 관한 콕번 씨의 의견은 일반적으로 사람들에게 널리 알려진 그런 수준의 것이었다. 모임을 마치고 돌아오는 길에 그는 직접 황태후를 만나보고 나니 이전까지 품었던 생각이 전부 바뀌었다고 말했다. 콕번 씨는 황태후의 성격을 네 단어로 요약했다. '거의 나약함에 가까운 온화함.'" 클로드 경도 영국에 다음과 같이 보고했다. "황태후는 정중하고도 상냥한 모습으로 아주 좋은 인상을 남겼다. 황궁을 방문한 부인들은 고압적인 태도를 가진 냉혹하고 거만한 황태후를 예상했지만, 돌아온 뒤엔 그녀가 상냥하고 정중한 여주인임을 알고 기분 좋게 놀랐다. 황태후는 여성적인 감각과 부드러움을 모두 보여주었다." 다른 나라의 공사관 사람들 역시 이러한 견해에 동의했다.

서태후에 관한 인상은 개선되었다. 하지만 공사관의 남성들은 단지 그녀가 예기치 못한 '여성적인 성향'을 가지고 있다는 것을 알고서 전보다 약간 좋게 생각했을 뿐이었다. 그들이 청의 지배자로 광서제보다 서태후를 선호하게 된 것은 결코 아니었다. 그다음 해에 서태후는 유폐된 황제를 평생 감시해야 한다는 사실에 심적으로 짓눌리게 되었다. 앞으로도 광서제는 천단에서 기도를 올리지 못할 텐데, 그로 인해 생길 잠재적인 결과를 생각하니 더욱 두려웠다. 이 압력을 서태후는 도저히 견디지 못했다. 그처럼 번뇌하고 있는데 황태자를 책봉해야 한다는 제안이 올라오자 그녀는 재빨리 받아들였다. 황태자라면 황제의 의무를 대신 수행할 수 있을 것이고 또 적합한 때에 은퇴하는 황제를 대신해 등극할 수 있을 터였다. 이런 황태자 지정엔 충분한 정당성이 있었다. 서른이 다 된 광서제는 아직까지 후사가 없었으므로 황통을 이을 황태자 책봉이 필요하다는 주장도 나올 법했다. 이에 유폐된 황제는 붉은 먹으로 친히 칙명을 적어 선포했다. 짐이 병을 앓고 있어 후사를 얻을 수가 없는 탓에 황태후께 거듭 제국을 위해서 황태자를 지정하도록 간청한 결과 동의하셨다는 내용이었다.

황태자로는 열네 살의 부준溥儁이라는 소년이 지명되었다. 그의 아버지인 단군왕端郡王 재의載漪는 서태후의 작고한 남편 함풍제의 이복동생이었으므로 부준은 적통이라고 할 수 있었다.

황태자 책봉은 광서제가 이제 더 이상 옥좌에 머무를 수 없다는 추측을 널리 퍼뜨렸다. 서태후에게 단호하게 반대하던 이들은 그녀가 황제를 곧 암살할 것이라고 주장했다. 어떤 공사관 목격자는 이렇게 썼다. "외국 공사들은 다시 심각한 표정으로 사태를 주시했다. 그들은 광서제가 앞으로 살날이 얼마 남지 않았다는 두려움을 노골적으로 드러냈다." 서태후가 1900년 1월 24일 황태자를 지명하자, 외국 공사관들은 일제히 황제를 알현할 수 있게 해달라고 압력을 넣었다. 이것은 그들이 유폐된 황제를 지지하고 있으며 지명된 황태자를 중시하지 않는다는 표시였다. 청 정부는 황제가 중병을 앓고 있어 알현을 허락할 수 없다고 응수했다. 외국 공사의 부인들이 다시 한 번 예전의 행복했던 다연을 개최해줄 것을 요청했지만, 황태후는 '국정을 돌보느라 몹시 바쁘다'는 이유로 거절했다.

세계 열강과의 전쟁 – 의화단과 함께
(1899~1900)

외국 공사관들이 일제히 광서제를 지지하고 나서자 서태후는 심기가
아주 불편했다. 하지만 그녀가 이보다 더욱 분노한 것은 외국 공사 부인
들과의 다연에서 친분을 쌓으려고 했는데도 열강이 청을 대하는 모습
이었다. 손을 내밀어 '모두가 한 가족'이라고 선언한 이후, 서태후는 지저
분한 일격을 당했다. 1899년 초, 이탈리아는 절강 지역 동쪽 연안의 깊
고 작은 만인 삼문만三門灣의 군항을 이양해줄 것을 요구했다. 이는 전
략적인 이유 때문이 아니라 그저 열강이라는 지위의 상징물을 얻기 위
한 요구였다. 청의 해안 항구를 이미 차지하고 있는 다른 유럽 열강과
보조를 맞추겠다는 심사였다.*

---

* 이 당시 이탈리아는 자국이 막강한 해군력을 보유했다고 주장했다. 게다가 중국이 발명했다
고 일반적으로 합의된 나침반을 그들이 발명했다고 우기고 나섰다. 이탈리아는 나침반의 발
명가인 플라비오 지오야Flavio Gioja(이탈리아 역사가들은 이 사람이 실존하지 않는 인물이라
고 결론을 내렸다)의 동상이 1900년 아말피Amalfi에 세워졌다고 주장하기도 했다.

이탈리아의 이런 요구가 아무런 위협이 되지 않는다고 판단한 영국은 그 요구에 동의했는데, 이런 태도는 다른 열강 대부분도 마찬가지였다. 그러자 이탈리아 군함은 북경 근처 연안에서 무력시위를 벌였다. 이탈리아와 다른 열강은 청이 이 전쟁 위협에 무릎을 꿇을 것이라 예상했다. 여태까지 늘 그래 왔기 때문이다. 청의 편에 섰던 로버트 하트는 비관적인 전망을 했다. "이탈리아는 최후통첩을 했다. 4일 안에 '수락'을 하지 않으면 전쟁을 시작하겠다는 것이다. 상황은 다시 심각해졌다. 나는 상황이 최악으로 흐를까 두렵다. 우리는 여분의 국고도 없고, 해군력도 없고, 제대로 된 군 조직도 없다……. 앞으로 다른 열강도 이탈리아와 같은 요구를 할 것이고 붕괴는 피할 수 없을 것이다. 청은 저절로 허물어지는 것이 아니다. 열강이 청을 잡아당겨 산산조각 내고 있는 것이다!" 하트는 청일전쟁 때와 같은 말로 한탄했다. "이 나라에는 강력한 지도자가 없다……."

하지만 이번에는 강력한 지도자가 있었다. 서양인들은 '청의 완강한 거절에 다른 모든 이들이 그랬던 것처럼 이탈리아가 크게 놀라는 모습'을 보게 되었다. 청의 총리아문은 최후통첩을 뜯지도 않고 이탈리아 공사 드 마르티노De Martino에게 돌려줬다. 클로드 맥도날드 경은 이렇게 말했다. "이 통첩을 받아들일 수 없던 청은 이에 관해 이탈리아 공사와 논쟁을 벌이는 것조차 붓과 먹의 낭비라고 보았다. 그리하여 드 마르티노 씨에게 최후통첩 문서를 되돌려주었다." 서태후는 이어 전쟁 준비를 지시했다. 이 상황을 지켜본 외국인들은 "청 전체에 부산한 움직임이 엿보인다."고 말했다.

이런 위기 중에 이탈리아는 공사를 교체했다. 신임 공사 쥐세페 살바고 라지Giuseppe Salvago Raggi는 황궁에 도착하자 자신의 신임장을 광서제에게 전달했다. 총리아문의 수장이 대신 신임장을 받는 것이 궁중의 의전이었으나 광서제는 거기서 약간 벗어났다. 라지는 "청나라 황제가 신임장을 받으러 직접 손을 내밀었다."고 후에 말했다. 그 때문에 "경친왕은 몸이 굳어졌다". 이탈리아는 황제의 이런 행동을 굉장히 의미 있는 표시로 해석했다. 청이 우호적으로 변했으며, 군함 시위가 효력을 발휘했다고 여긴 것이다. 하지만 다음 날 청의 관리가 황제의 행동은 이례적인 것이었으며 아무런 의미도 없는 것이라고 설명하자 이탈리아는 크게 실망했다. 1899년 11월 20일과 21일, 서태후는 두 개의 칙명을 내려 자신의 분노와 결의를 내보였다.

> 작금의 상황은 아주 위험하다. 열강은 먹잇감을 노리는 호랑이처럼 우리를 노려보고 있다. 하나같이 우리 제국으로 침입하고 있다. 오늘날 우리 제국의 경제적, 군사적 상황을 고려하면 응당 전쟁은 피해야 할 것이다. 하지만 아무리 강적이라고 해도 받아들일 수 없는 요구를 강제하려 든다면 우리는 대의명분의 정당함에 기대어 힘을 합쳐 싸워야 한다. 필요하다면 전쟁을 해야만 하고, 전쟁을 선언하면 모든 지방의 수령들은 반드시 함께 행동하여 이 증오스러운 적들과 싸워야 한다. '화和'라는 말을 외치는 자들은 용납하지 않을 것이며, 그런 생각조차 하지 말아야 한다. 중국은 풍부한 자원과 수억의 인구를 자랑하는 대국이다. 황제와 제국을 향한 충성심으로 일치단결하면, 어떤 강적이라도 두려워할 이유가 없다.

애초에 전쟁을 할 생각이 없던 이탈리아는 요구 수준을 낮춰 조약 개항장만 이양해달라고 요구했다. 소문에 따르면 서태후는 이렇게 말했다. "한 줌의 흙도 내어줄 수 없다." 이탈리아는 뒤로 물러서기 시작했고, 그해 말이 되자 모든 요구를 철회했다. 서양인들이 주목한 것처럼 "청나라 애국지사들의 마음엔 득의양양한 기분이 가득했다". 하지만 이런 승리가 서태후의 불안을 줄여주지는 못했다. 그녀는 그저 운이 좋아서 그렇게 되었음을 알고 있었다. 이탈리아는 '빈곤한 소국'인 데다 정말로 전쟁을 원치 않았기 때문이다. 그들은 허세를 부렸을 뿐이었고, 이에 서태후는 그 속셈을 꿰뚫어보고 어디 한번 할 테면 해보라고 도전해 성공했다. 하지만 주요 유럽 열강의 이탈리아 지지는 그녀의 '한 가족'에 대한 환상을 무너뜨렸다. 서태후를 이것을 깊이 분개했다. "외국 열강은 우리를 지나치게 괴롭히고 있다." 그녀는 이런 말을 계속 되뇌었다. "외국 열강은 우리를 집단으로 괴롭히고 있다. 내장이 다 파 먹히는 느낌이다."

심지어 가장 개방적이고 친서양적인 태도를 보인 중국 지식층도 유럽 열강의 중국 쟁탈전에 격분했다. 그들은 또한 열강 중에 유일하게 청의 영토를 노리지 않는 미국도 중국인 추방령을 통해 중국인의 이주를 차별하는 것을 보고 두려움을 느꼈다.*

거의 모든 중국인들이 자존심에 상처를 입었다. 런던에서 법을 공부하고 미국으로 청의 사절들을 이끌고 간 적이 있는 오정방은 중국 내의 한 사건을 목격하고 크게 상심했다. "서양인들은 경마를 좋아한다. 상해엔 그들이 우리 제국에서 얻어낸 넓은 땅 위에 지은 경마장이 있는데, 그곳에선 1년에 두 번 경마 대회가 열린다. 하지만 그 어떤 청나라 사람도 대회가 열리는 동안 특별관람석에 앉을 수 없다. 그들은 아예 중국 사람들이 이용할 입구를 따로 만들고, 따로 울타리를 친 곳에 몰아넣었

* 이 연방법은 1882년에 만들어졌는데 1868년의 벌링게임조약을 개정한 것이었다. 이 법은 1943년에 폐지되었다. 2012년 6월 18일, 미국 의회는 공식적으로 중국인들을 대상으로 차별적인 법을 제정했던 것을 '후회'한다는 성명을 발표했다.

다. 마치 전염병 환자에게나 하는 것 같은 대우였다."

예일 대학교를 졸업한 최초의 중국인 용굉容閎은 자신에게 깊이 새겨진 상해 경매장에서의 경험을 다음과 같이 서술했다. "나는 우리나라 사람들과 외국인들이 섞인 무리 가운데에 서 있었다. 내 뒤로는 키가 180센티미터가 넘는 스코틀랜드인이 하나 있었다. 그는 순전히 놀리려는 목적으로 내 변발에 목화송이를 묶기 시작했다. 나는 이를 알아채고 온화한 태도로 변발을 들고서 목화송이들을 풀어달라고 요청했다. 그러자 그자는 팔짱을 끼고 허리를 꼿꼿이 세우며 지극히 모욕적이고 경멸하는 눈빛으로 나를 바라보았다." 결국 싸움이 벌어졌고 용굉의 일격이 "스코틀랜드인의 코와 입술을 피로 흥건히 적셨다". "그자는 싸움을 한 뒤 한 주 내내 사람들 앞에 나타나지 않았다……. 그러나 그 이유는 아파서라기보다 사람들 앞에서 왜소한 청나라 사람에게 두들겨 맞았기 때문이었다." 용굉은 다음과 같은 말을 남겼다.

> 상해 근처에 치외법권적인 외국인 거주지가 생긴 이래로 조계租界 내의 중국인들은 그 누구도 외국인에게 자신의 권리가 침해받고 짓밟힐 때 이를 지키기 위해 용기 있게 대들지 못했다……. 그들은 온순한 탓인지 개인적인 모욕에도 화내지 않고 문제 삼지도 않는다……. 하지만 곧 때가 올 것이다. 우리 제국의 사람들이 제대로 교육 받고 계몽되어 자신의 공적, 사적 권리가 무엇인지 명확하게 아는 그런 때가. 그때가 되면 우리 국민들은 자신의 권리를 주장하고 수호하며 또 도덕적 용기를 갖게 될 것이다.

용굉은 청나라 청소년들을 미국으로 보내 교육받게 하는 계획을 발의했고, 오정방은 서양식 법률의 초안을 작성한 사람 중 한 명이었다. 두 사람 모두 자신이 입은 상처를 원동력 삼아 청제국이 서양식 모델로 국가를 개혁할 수 있도록 적극 도왔다. 서양식 모델은 그들이 평생 애정을 쏟고 탄복하던 것이기도 했다. 오정방은 미국 여행에 대하여 이런 글을 남겼다.

> 동양인들은 군주의 뜻이 지고한 나라에서 평생 살기 때문에 개인의 자유라는 개념을 잘 모른다. 그런 그들이 미국 땅에 처음 발을 들여놓으면 여태까지 알던 것과는 전혀 다른 환경에서 숨을 쉬게 되고 전적으로 새롭고 흥미로운 경험을 하게 된다. 그들은 삶에서 처음으로 바라는 것은 무엇이든 마음대로 할 수 있다고 생각하게 된다……. 그런 경이로움 속에서 잠시 정신이 혼미해진다.

마을이나 작은 도시에 사는 평범한 사람들이 가지고 있는 반反서양 감정은 주로 그들 사이에 자리 잡은 기독교 선교사들에게 집중되었다. 그때까지 청에는 2천 명 이상의 선교사들이 들어와 선교하고 있었다. 청의 정치 상황이 나빠지면 그들은 외국인이라는 이유로 쉽게 증오의 대상이 되었다. 거기다 일부 선교사들의 강직한 태도는 이를 더 악화시켰다. 백성들의 적대감은 특히 가뭄일 때 더 심했다. 농부들은 가뭄이 들면 깊은 고뇌에 빠져들었으며, 백성들은 공을 들여 비의 신 우사에게 의례를 올려 비를 내려달라고 기원했다. 이는 다가올 가까운 미래에 살아남아야 한다는 절박한 소망이 담긴 것이었다. 말 그대로 생사가 달린 문제였기에 우사에게 진정성을 보이기 위해 마을 사람들은 모두 의례에 참가해야 했다. 그런데 많은 기독교 선교사들은 청나라 사람들이 그릇된 신에게 기도를 올리고 있다면서 이 의례를 '우상숭배적' 연극이라고 규탄했다. 20년 동안 청에서 의료 선교를 했던 에드워즈E. H. Edwards는 이런 기록을 남겼다. "이런 보여주기 식 연극을 무의미하고 터무니없다고 생각하는 외국인들은 기우제가 중국인들에게 미치는 영향력이 어떤 것인지, 매년 그들이 그 제사에 엄청난 돈을 쓴다는 것을 상상하기가 쉽지 않았다." 따라서 선교사들은 중국인 기독교 신자들에게 기우제 분담금을 내거나 돕는 것을 금지시켰다. 그래서 가뭄이 오래 지속되면 마을 사람들은 외국인들과 개종자를 크게 비난하며, 그들이 우사의 심기를 건드려서 앞으로 굶주림을 면치 못하게 될 것이라고 크게 걱정했다. 관료들이 이에 대해 설명해주면 선교사들은 에드워즈가 말한 것처럼 단호하게 일축했다. "관리들은 선교사들에게 기독교인들도 미래에 닥칠 문제를 예방하기 위해 기우제 분담금을 내도록 종용해달라고 요청했다. 이에 대한 답변은 물론 하나뿐이었다. 중국에 나와 있는 개신교는 그런 기우제를 거부할 뿐 아니라, 거기에 습관적으로 참여하는 개신교인이 있다면 징벌하겠다는 것이었다."

군함의 배후 지원을 받는 선교사들은 당국과 어깨를 겨루는 권위적 존재가 되었다. 그들은 그런 자격으로 수많은 민초들의 소송에서 개종자들을 보호할 수 있었다. 아메리칸 보드American Board(미국에서 가장 오래된 초교파적인 외국 전도 단체―옮긴이) 소속으로 29년간 청에서 선교 업무를 담당한 아서 헨더슨 스미스Arthur Henderson Smith 목사는 프랑스 선교사들에 관해 이런 글을 남겼다.

기독교인이 비기독교인과 소송하게 되었을 때, 그 안건이 무엇이든 간에 즉시 선교사는 그 소송에 끼어들었다. 만약 선교사가 혼자 힘으로 그 지역의 관리를 협박할 수 없거나 기독교 신자에게 유리한 판결을 내리도록 강제하지 못하면 그것은 종교 박해가 되는 것이었고, 그렇게 되면 프랑스 영사가 이에 대해 항의했다. 그런 뒤 그들은 청나라에 혹독하게 배상금을 갈취했다. 그런 배상금 요구가 정당한지는 조금도 감안되지 않았다.

그 결과 일부 비기독교 신자 중국인들은 정당하건 아니건 지역 관리들이 정부와 갈등을 일으켜 그들의 출세에 손해보는 것을 방지하기 위해 늘 기독교 신자들의 편을 든다고 확신하게 되었다. 이런 불만은 많은 기독교인들에 대한 폭동을 촉발했다. 기독교인과 연루된 논쟁에 관해 서태후는 '늘 공명정대하게' 처리하라고 명령을 내렸다. 그녀의 정부는 반기독교 폭동을 제대로 단속하지 못하거나 반란을 진정시키는 데 충분한 영향력을 행사하지 못한 관리들을 징계했다. 가끔씩은 관리들이 먼저 그런 소동을 배후에서 조종하는 경우도 있었다. 물론 이 경우 해당 관리는 당연히 처벌되었다. 따라서 폭동의 수는 40년 동안 몇십 건에 지나지 않았고, 그런 폭동들이 1870년의 천진 교안 같은 대학살로 발전되지도 않았다.

1897년 후반 산동의 일부분을 얻어낸 뒤 독일은 그 지역에서 상당한 영향력을 행사했는데, 이에 많은 마을 사람들이 교회의 보호를 받기 위해 기독교로 개종했다. 또한 많은 지역에서 '빚을 지고도 갚지 않은 자들, 강도나 심지어 살인을 저지른 자들'이 처벌을 피하기 위해 기독교로 개종하기도 했다. 어떤 남자는 '아버지의 말을 전혀 듣지 않아서 그 아버지로부터 고발을 당해' 소환장을 받고서도 응하지 않고 교회로 피난했다. 어떤 지역에서는 기독교인 농부가 이웃의 밭에서 밀을 훔친 죄로 고발당했고, 또 다른 지역에서는 상대적으로 부유한 기독교인이 가뭄에 곡식을 꾸어주는 것을 거절하기도(이는 전통에 어긋나는 일이었다) 했다. 두 지역 모두 지방행정관이 개종자의 편을 든 판결을 내리자 농민들은 이에 폭동을 일으켜 교회를 불태웠다. 그 밖에 옥황상제에게 제사 지내는 사당을 기독교인들이 교회로 바꾸려고 시도하면서 일어난 폭동도 있었다. 이런 폭동은 보통 지역 정부가 폭동자를 처벌하고 교회에 막대한 배상금을 지불하는 것으로 결론이 났다. 이것은 비기독교인들을 더욱 분노하게 만들었다.

1899년 봄, 독일은 산동 지역에서 벌어진 폭동을 진압하려는 작전의 일환으로 몇몇 마을에 원정대를 보냈는데, 독일 군인들이 수백 채의 가옥을 불태우고 수많은 백성들을 총으로 쏴 죽였다. 이런 악행에 뒤이어 1년 전부터 유명해진 의롭고 조화로운 주먹의 집단, 즉 의화권義和拳이 엄청난 세력을 얻어 수십만 명에 이르는 추종자들을 거느리게 되었다(산동 지역은 무술을 좋아하는 남자들이 많기로 유명했다. 이 지역에서 특히 인기가 높았던 것은 권투와 비슷한 주먹싸움이었다). 의화권은 나라의 모든 문제와 백성들의 팍팍한 생활환경을 외국인 탓으로 돌리면서 서양 놈들을 몰아내자고 맹세했다. 외국 신문에서는 이들을 '의화단'이라는 명칭으로 불렀다. 사람들이 의화단에 가입하게 된 이유는 다양했다. 일부는 살던 집을 파괴한 독일인들에 대한 증오(이젠 모든 외국인과 지역 기독교인을 향한 증오) 때문에 가입했다. 어떤 이들은 개종한 이웃들에게 복수하려고, 또 어떤 이들은 실패할 것 같은 수확에 관한 걱정으로 울분을 풀려고 가입했다. 당시 중국을 방문 중이던 여행가 이사벨라 버드는 이렇게 말했다. "전반적으로 중국인은 꽤나 영양 상태가 좋다." 하지만 날씨가 나빠지면 ―당시 산동의 날씨가 그랬는데― 영양 상태가 좋던 그 중국인이 갑자기 비참해지면서 살아남기 위해 몸부림을 쳐야 했다.

기독교인을 상대로 한 폭동이 일어나자 서태후는 범인들을 체포하고 '엄중히 처벌하라'고 명령했다. 이번에도 기독교인들은 역시 보호받았다. 하지만 당시 산동 순무 육현毓賢은 서양 열강을 증오했고 기독교인들을 진정으로 보호하려는 생각이 별로 없었다. 이에 서태후는 그를 원세개로 대체했다. 원세개가 1899년 12월 30일 산동에 도착한 지 얼마 되지 않아서 영국 국교회 소속 선교사 브룩스S. M. Brooks 목사가 당나귀를 타고 가다 의화단을 숭배하는 약탈자 무리에게 살해되었다. 청에서 선교사가 살해된 것은 2년 만에 처음 있는 일이었다. 칙명에서 서태후는 '깊은 슬픔을 느낀다'고 밝히며 원세개에게 '범죄자들을 잡아 엄중히 처벌할 것'을 명령했다. 원세개는 곧 범인들을 잡아 재판에 회부했고 일부는 처형되었다. 그는 또한 서태후에게 그해 의화단이 교회로 사용하는 가옥 10채를 파괴하고 기독교인 가옥 328채를 습격했으며, 기독교 개종자 23명을 죽였다고 보고했다. 원세개는 의화단을 억누르기 위해 병력을 동원해야 한다고 상신했고 서태후는 이를 승인하면서 대규모 군사행동을 할 때 '지극히 신중'해야 한다고 주의를 주었다. 원세개의 목표는 의화단을 '해산'하는 데 주력하면서 실제로 범죄를 저지른 자들만 처벌하는 것이었다. 원세개가 의화단을 상대로 군사작전을 수행하자 그들은 해산하기 시작했다. 그렇게나 간절히 기다리던 눈이 며칠 동안 내린 것도 해산에 큰 역할을 했다. 그들은 눈이 내려서 다가올 해에는 더 나은 수확을 기대하며 배를 채울 수 있으리라고 예상했다. 이듬해 봄에는 내내 비가 내렸고, 날씨가 이처럼 좋아지자 의화단의 구성원들은 더욱 줄어들었다.

여전히 의화단 일부는 산적이 되어 강도질로 생계를 유지했고, 이웃한 북경에서 가까운 직례 지방까지 배회했다. 1900년 2월 19일, 서태후는 직례와 산동에서 의화단 금지령을 내렸으며 폭동에 관계한 자들은 그 누구라도 '엄중 처벌'하라고 지시했다. 이런 칙명은 표준 절차에 따라 여러 부 필사되어 직례와 산동 지방 곳곳의 벽에 방으로 나붙었다.

⌘

외국 공사관들은 브룩스 목사에 관한 서태후의 칙명을 그저 사태를 '진정시키기' 위해 선포한 것으로 여겼고, 의화단 금지를 지시한 그녀의 결정에 만족하지 못했다. 그들(주로 영국, 미국, 독일, 이탈리아, 프랑스)이 원한 것은 황명을 통해 전국적으로 의화단과 그에 연계된 단체를 '철저히 진압하도록 지시하는 것'이었다. 외국 공사관들은 "의화단이나 그에 관계된 단체에 소속한 자들이나, 또 그런 자들을 숨겨주는 것은 국법으로 처벌 대상이라는 점을 반드시 칙명에서 명시해야 한다."고 요구했다. 그들은 더 나아가 청의 관보인《궁문초宮門抄》에 이와 같은 선포를 반드시 명시해야 한다고 고집했다.

하지만 서태후는 이들의 요구를 거절했다. 외국 열강을 무시한다기보다 금지령을 전국으로 확대하길 원치 않았던 것이다. 그녀는 의화단이 준동하는 산동과 직례에서만 금지령을 내렸다. 서태후는 폭동에 가담하고 법을 어긴 자들을 처벌할 것이지만, 의화단에 가입했다는 이유로 평범한 사람들을 범죄자 취급할 생각은 없었다. 그녀는 반서양 정서를 가혹하게 억압한다는 인상을 백성에게 주는 것을 특히나 싫어했고, 자신이 외국 열강의 꼭두각시로 받아들여지는 것 역시 혐오했다. 게다가 서태후는 공사관들의 요구가 부당할 뿐만 아니라 지나치다고 생각했다. 중국 정부가 의화단을 적극적으로 단속하는 동안, 공사관들은 독일 군인들이 저지른 범죄에 대해서는 말조차 꺼내지 않으려 했다. 게다가 서태후의 단속 방식은 효과를 거두고 있었다. 산동의 의화단 대부분이 해산된 것이었다. 공사관들이 끈질기게 자신들의 요구 사항을 전할수록 서태후는 더욱 완고한 모습을 보였다. 의화단에 관한 칙명은 물론《궁문초》에 실리지 않았다. 영국 공사인 클로드 맥도날드 경은 4월 2일 이 과정에서 느낀 좌절감을 글로 남겼다. "그들이 이렇게나 완고하고 이렇게나 느긋할 수 있는지 나는 여태껏 알지 못했다." 이어 그는 이탈리아의 후퇴를 비난하는 글을 남겼다. "이탈리아는 군함을 보냈지만 멀뚱히 살펴보기만 하다가 물러났고, 공사마저 교체되었다. 변발들이 이 과정에서 전적인 승리를 거두고 말았다." 하지만 클로드 경은 이탈리아가 어떻게 나왔든 간에 서태후가 똑같은 저항 방식으로 대응했을 것이라는 점은 모르고 있었다.

4월 12일, 클로드 경과 그의 동료들은 《궁문초》에 특별 칙명을 명시하라'는 요구를 철회하기로 결정했다. 하지만 그 대신 청 정부에 두 달 안에 의화단을 근절하라는 요구를 전했다. 동시에 열강은 이를 받아들이지 않으면 직접 군대를 중국에 진주시켜 청 정부 대신에 의화단을 박멸하겠다며 위협을 가하기도 했다. 그들은 이 위협을 강조하기라도 하는 듯 대고 포대 외곽으로 군함을 띄워 무력시위를 벌였다. 열강과 대립하고 싶지 않았기에 서태후는 양보를 선택했다. 이틀 뒤, 청군이 어떻게 의화단을 해산하고 있는지 직례 총독의 상술한 보고서가 《궁문초》에 실렸다. 이렇게 하여 전국에 의화단이 불법 단체임을 선포하게 되었다. 17일에는 '개종자들을 탄압하는 구실을 찾거나 그들을 범죄 대상으로 보는' 이들을 비난하는 칙명이 《궁문초》에 실렸다. 공사관은 통역을 통해 이 칙명을 읽었다. "폐하께서는 만백성을 공평한 자애로 대하시는 원칙에 한도를 두지 않으신다. 관리들은 만백성이 반드시 자기 일에 충실하고, 이웃과 함께 계속해서 평화롭게 살아가야 한다는 것을 기회가 있을 때마다 가르쳐야 할 것이다." 칙명에선 의화단의 실명이 거론되지 않았지만, 그 어조는 단호한 것이었다.

이런 칙명이 《궁문초》에 실리자 클로드 경과 그의 동료들은 기뻐했지만, 칙명의 어조가 바랐던 것만큼 엄중하지 않아 내심 불만이었다. 군함은 여전히 대고 포대 외곽에 머물렀는데, 이들의 존재는 두 달 안으로 의화단을 근절하지 않으면 침략이 벌어질 것이라는 사실을 매일 서태후에게 상기시켰다. 서구 열강은 실제로는 전쟁을 바라지 않았다. 미국 공사의 부인 세라 콩거는 '아무도 청과 전쟁을 하려고 하지 않았다'는 글을 남겼다. 하지만 그녀는 '대고구大沽口에는 많은 군함들이 출동했다'는 글을 남기기도 했다. 그런 무력시위는 양동작전의 일환이었다. 하지만 영국의 총리 솔즈베리Salisbury 경은 이런 언급을 남겼다. "나는 상당히 시간을 들여 영국 동포들에게 청을 상대로 양동작전을 펴는 것은 위험한 유희라고 설득하려 했다. 하지만 위험한 유희라는 나의 견해가 이처럼 놀랍게도 현실로 확인되리라고는 예상하지 못했다." 서태후는 열강의 이런 행동에 격분했고, 전보다 더 강력하게 그들과 맞서기로 결심했다.

5년 전 재앙과도 같은 청일전쟁을 치르고 '평화조약'을 맺은 이래, 하나의 정형으로 굳어진 방식이 있었다. 그것은 열강이 먼저 요구를 하고 나서 그다음에 군대로 위협하면 청은 그 요구를 그대로 들어주는 방식이었다. 서태후는 이탈리아의 허세를 맞받아치면서 이런 정형을 깨뜨렸다. 그녀는 이제 다른 더 강성한 열강에도 같은 모습을 보여주기 위해 전념했다. 하지만 서태후의 도전이 전쟁으로 이어지면 그녀는 어떻게, 무엇으로 싸울 수 있는가? 해군은 무너졌고 육군은 허약했다. 이런 군대로 전쟁을 하면 패배는 필연적인 것이었다. 이 시점에서 거의 절망적인 상태에 빠져 서태후는 지푸라기라도 잡으려 했다. 그녀는 의화단이 침략자들에 대항해 일종의 '국민의 전쟁'을 펼칠 수 있지 않을까, 하고 생각했다. 서태후는 외세에 대한 증오를 품은 의화단이 용맹한 군인들이 될 수 있다고 여겼다.

서태후 주변의 실용주의자들, 예를 들어 영록 같은 이들은 서양과의 충돌이 임박했다고 보고, 이를 피하려면 열강 공사관과 협상을 해야 한다고 주장했다. 하지만 서태후는 이를 귀담아듣지 않았다. 최악의 상황을 염려한 영록은 병가를 신청해 황실에 60일 동안 출입하지 않았다. 그렇게 하여 서태후의 가장 가까운 충복이자 그녀에게 합리적인 조언을 해주던 신하는 가장 중요한 결정을 내릴 때 그녀의 곁에 없었다.

이제 서태후는 황태자 부준의 아버지인 단군왕 재의의 말에 귀를 기울였다. 서양인들이 부준을 무시한 탓에 증오심을 품은 그는 의화단을 전투 병력으로 활용해야 한다고 열심히 진언했다. 단군왕은 그와 비슷한 생각을 가진 친왕, 귀족 들과 함께 서태후에게 의화단이 충성스럽고 두려움을 모르는 '훈련된' 병력이라고 확신시키려 했다. 그들은 외세의 침략에 대비해 의화단을 전투조직으로 재편해야 한다고 제안했다. 서태후의 이성적인 면은 의화단이 이런 전쟁에 전혀 어울리지 않는 오합지졸이라고 판단했지만, 그녀의 감성적인 면은 절박하게도 정반대의 것을 믿고 싶어 했다. 의화단은 그녀가 가진 최후의 수단이었다. 서태후는 의화단이 침략자들에게 어느 정도는 피해를 줄 수 있을 것으로 생각했고, 그녀는 이를 바탕으로 배상에 관한 협상의 기회를 잡을 수 있을 거라고 판단했다. 그렇게 되면 일방적인 항복으로 인한 대규모의 피해는 피할 수 있었다.

의화단을 군대로 활용하자는 쪽으로 마음이 기울면서, 의화단을 단속하려는 서태후의 손은 멈칫하게 되었다. 비록 청의 군대가 계속해서 의화단을 해산하려고 시도했지만, 서태후의 망설이는 모습은 청군에 그대로 전해져 해산시키려는 의욕을 꺾었다. 의화단은 이에 더욱 대담해져 점점 그 수를 늘려갔고 북경 주변의 지역에서 들불처럼 번져나갔다.

◌⃰

1900년 봄, 산동 지역이 흠뻑 내리는 비로 안도하게 되었을 때 북경 주변 지역은 파괴적인 가뭄에 시달리고 있었다. 당시 한 선교사는 이런 글을 남겼다. "1878년 대기근 이래 처음으로 가을밀이라고 불릴 만한 것은 아무것도 심지 못했다. 가장 순조로운 상황에서도 봄비는 언제나 충분하지 못했지만, 올해에는 거의 한 방울도 비가 오지 않았다. 땅은 햇볕에 바싹 타들어가서 그 어떤 작물도 심을 수 없었다. 이런 때에는 할 일이 없어져 불안한 사람들이 어떤 짓을 할지 몰랐다……." 굶주림에 대한 두려움으로 고통 받던 의화단은 우사가 푸른 눈을 가진 잔혹한 '서양 놈들'에게 홀려 그들의 기원에 답하지 않는 것이라고 주장했다. 검은 눈을 가진 청나라 사람들 사이에서 외국인들이 눈 색깔은 두드러졌다. 항간에는 다채색 눈을 가진 외국인들이 땅속을 꿰뚫어보고 그 안에 묻힌 보물들을 훔쳐가서 청을 가난하게 만든다는 풍문이 떠돌았다.

5월이 되자 안 좋은 날씨로 심대한 타격을 입은 농부들로 구성된 의화단이 북경으로 들어왔다. 몇만 명에 달하는 이 부랑자들은 수도 거리를 가득 메웠다. 붉은 두건을 쓰고 붉은 상의를 입고 붉은 허리띠를 둘러맨 의화단원들은 고기를 자르는 데 쓰는 큰 칼도 함께 들고 있었다. 이들은 패거리로 돌아다니며 다양한 신을 섬기는 사당을 세웠다. 때때로 그 숭배를 받는 신들은 《서유기》 같은 유명한 소설을 바탕으로 한 경극의 등장인물이기도 했다. 의례를 치르는 동안 패거리의 우두머리는 마치 신성神性이 그의 몸에 깃든 듯이 행동했다. 이렇게 하여 그는 자신과 자신의 말을 성스러운 것으로 만들었다. 이 우두머리는 몽환에 빠진

듯이 펄쩍펄쩍 뛰며 미친 듯이 울부짖고 춤을 추었다. 이자가 보여주는 행동 역시 경극에서 그대로 가져온 것이었다. 의화단원들은 우두머리를 따라 아무런 의미 없는 주문을 외우며 무술을 연습했다. 그들은 자신의 몸에 수호신이 들어왔기 때문에 더 이상 총알과 무기에 상처 입지 않으며, 따라서 서양 놈들의 무기 앞에서도 끄덕 없다고 말했다.

의화단원 중에는 일부 젊은 여성들도 있었다. 이들은 스스로를 홍등조紅燈照라고 부르는 처녀 혹은 과부였다. 홍등조는 종종 붉은 등과 함께 붉은 술을 달아 장식한 창을 들고 다녔고, 짧은 소매의 붉은 상의와 꽉 끼는 바지를 입고 거리를 행진했다. 이 모든 행동은 전통에 위배되는 것이었다. 이들은 더 나아가 손에 붉은 손수건을 쥔 채 구경꾼들에게 흔들기도 했다. 그러면서 그 손수건이 마력을 가지고 있다고 외쳐댔다. 손수건을 땅에 두고 그 위를 밟으면 붉은 등을 든 여성이 하늘로 솟구쳐 (마치 경극에서 그런 것처럼) 그곳에서 서양 놈들의 머리를 알아보고 내려오면서 그자의 머리를 칼로 두 동강 낸다는 것이었다. 또한 홍등조는 자신들이 큰 건물(교회 같은)을 붉은 손수건으로 쓸어내면, 그 건물은 곧 불이 붙어 잿더미가 된다는 이야기도 했다. 대부분 혹사당하며 살아온 홍등조의 여성들은 이제 해방의 순간을 즐기고 있었다. 특히 큰 걸음으로 걷고 있을 때 남성들이 땅에 부복하며 경의를 표할 때는 더욱 득의만면했다.

북경 거리에 붙은 의화단 금지 칙명 바로 옆에, 의화단은 자신들이 작성한 눈길을 끄는 도전적인 방을 붙였다. 의화단은 이 방에서 '석 달 안에 모든 외국인들을 몰살시킬 것'을 촉구했다. 5월 31일, 상황이 통제 불능 수준이 되자 서태후는 천진에 있는 서양 군대 가운데 400명의 병력이 북경에 들어오는 것을 재가했다. 그러나 공사관들은 이를 충분치 않은 병력이라고 생각하여 6월 10일에 2천 명 이상의 부대가 재중在中 영국 해군 총사령관 에드워드 시모어Edward Seymour 제독의 지휘 아래 북경에서 120킬로미터 떨어진 천진에서 철도로 출발했다. 이 원정대는 서태후의 허락을 받지 않은 부대였으므로 그녀는 중국인 외교관들에게 공사관을 찾아가 원정대를 회군시킬 것을 요구하라고 지시했다. 하지만 총리아문의 수장인 경친왕은 이 원정대가 오는 것에 동조했다. 분노한 서태후는 그를 해고하고 대신 강경한 단군왕을 앉혔다. 한편 공사관들은 원정대의 회군을 거부했다.

승인받지 않은 외국 군대가 수도로 들어오는 것을 막아야 한다고 결심한 서태후는 접근 철도를 따라 일부 의화단원을 동원해 그들을 저지하는 작전을 승인했다. 의화단은 놀라울 정도로 효과적으로 그 작전을 수행하여 철도를 완전히 파괴했다. 시모어 제독의 참모장 젤리코Jellicoe 대령에 따르면, 의화단은 '극도로 용맹하게' 싸웠다. 파운스 러트렐 Fownes Luttrell 중위 역시 의화단의 '엄청난 용기'에 관해 언급했다. 이어 곧 근대화 무기를 가진 청군이 합류했고, 그들은 힘을 합쳐 시모어 원정대를 저지해냈다. 이런 성공은 의화단이 실제로 외세의 침략을 격퇴하는 데 도움이 된다는 서태후의 희망을 더욱 높여주었다.

⁂

이 싸움으로 북경에선 긴장이 고조되었다. 6월 11일, 수도를 방위하던 부대 가운데 대부분이 이슬람교도로 구성된 부대의 병사들이 거리에 나온 일본 공사관의 서기관 스기야마 아키라杉山彬를 살해했다. 서태후는 외국 외교관에게 벌어진 잔학 행위에 공개적으로 '깊은 유감'을 표시하며 범인에 대한 처벌을 약속했다. 하지만 서태후가 해당 부대의 지휘관인 동복상董福祥에게 범인의 처벌을 지시하자 그는 일본 외교관 살해 건으로 부대의 병사들 중 한 명이라도 처형을 당한다면 그의 군대는 반란을 일으키겠다고 답했다. 긴 침묵을 깨고 서태후는 이렇게 말했다. "지나간 일이니 어찌할 수 없다."

이슬람 군대의 지지를 받은 의화단은 철도, 기차, 전선을 파괴하기 시작했다. 지방에서 북경으로 전신 통신이 불가능해지자 남부의 총독들은 산동으로 전보를 보내 그곳에서 파발마로 북경에 전보를 전달했다. 북경에서는 의화단이 교회와 외국 시설을 불태우기 시작했는데, 이 행위는 많은 백성들의 응원을 받았다. 극도의 증오감을 품은 의화단 무리는 외국인 묘지를 습격해 묘비와 기념비를 부수고 무덤에서 외국인들의 주검을 꺼내 창으로 찌른 뒤 불태웠다.

외국인들은 종종 '털보[毛子]'라고 불렸다. 중국 사람들보다 몸에 털이 더 많았기 때문이다. 기독교로 개종한 청나라 사람들은 '털보의 종[二毛子]'이라 불렸다. 이들 역시 의화단의 흉포한 맹공격의 대상이 되었다. 희생자들의 시체가 찢겨지고 불태워지는 것을 보고, 외국인들과 기독교로 개종한 청나라 사람들은 공사관으로 도망쳐 보호를 요청했다. 학살 현장을 지켜본 한 경비병은 "살과 피를 가진 사람으로서는 지켜보기가 힘든 것이었다."고 말했다. 이들을 구명하기 위해 파견된 구조대는 군중들에게 발포하여 이틀 만에 의화단 100명과 다른 구경꾼들을 죽였다. 온 사방에서 증오심이 넘쳐흘렀다. 곧 붉은 허리띠를 매고 검, 칼, 창으로 무장한 광분한 이들이 공사관 구역에 몰려와 포위 공격을 시작했다.

11개국 외국 대표단이 입주한 공사관 구역은 약 3킬로미터 길이에 1.5킬로미터 폭 정도 되는 청 내의 외국 영토였다. 이 구역은 자금성을 싸안고 있는 외성의 동남쪽 성벽 바로 옆에 있었다. 공사관 구역의 남쪽은 만주족이 사는 내성內城과 한족이 사는 외성外城을 구분하는, 총안銃

眼이 달린 벽으로 둘러싸여 있었다. 공사관 구역의 북쪽과 남쪽 사이엔 얕은 운하가 흘러 남북을 양분했다. 공사관 구역 내엔 473명의 외국인들과 수천 명에 이르는 청의 기독교인이 400명의 경비 군인들에게 몸을 의탁하고 있었다. 군인들은 바리케이드를 미로처럼 세워놓고 공사관 구역을 방어했다. 몇만 명에 이르는 의화단은 방벽과 방어 저지선을 포위하고 "서양 놈들을 죽여라! 죽여라! 죽여라! 죽여라!"라고 소리쳤다. 이 소름 끼치는 야밤의 고함을 들은 이들은 '지옥 같은 아수라장을 결코 잊을 수 없다'고 스미스 목사는 썼다.

서태후는 '병가'에서 돌아온 친서방 성향의 영록에게 군대를 인솔해 공사관 구역을 보호하라고 지시했다. 그녀는 많은 칙명을 내려 의화단을 억제하고자 했고, 의화단이 신임하는 고관들을 파견해 그들을 설득해 해산하고 고향으로 돌아가게 하려 했다. 서태후는 의화단에 철도, 교회, 외국인 거주지를 파괴하는 것을 멈추고 외국인과 청나라 기독교인들을 살해하는 공격을 중단하지 않으면 군대를 파견해 진압하겠다는 뜻을 전했다. 한편 서태후는 이홍장에게 전보를 보내 북경으로 와서 서양 열강과 협상하라고 지시했다. 당시 이홍장은 양광兩廣 총독으로서 남부의 두 연안 지역인 광동성과 광서성을 통치하고 있었다. 의화단을 이용해보겠다는 서태후의 생각을 '상상조차 할 수 없는 비상식'이라고 여겼던 그는 매일 고관들과 전보를 주고받으며 어떻게 행동해야 할지를 의논했다. 도움을 주고자 하는 열의에 불타 있던 이홍장은 '날개만 있다면' 북경으로 당장이라도 날아가고 싶었다. 하지만 그가 북경으로 출발하기도 전에 사태의 도도한 흐름은 이런 협상 노력을 앞질러 나아가고 있었다. 서태후는 중국 연안에 서양의 군함 수십 척이 모여들고 수만에 달하는 군대가 몰려오고 있다는 것을 알게 되었다. 침략은 피할 수 없는 일처럼 보였다.

✿

전쟁은 왕조의 존망을 걸고 도박을 벌이는 것이었으므로 서태후는 그런 결단에 대하여 폭넓은 지지를 받아둘 필요가 있었다. 6월 16일, 그녀는 평소와는 다른 70명 이상이 참가하는 대규모 어전회의를 열었다. 참가자는 군기대신, 정부의 장관들이었으며 압도적인 수가 기인旗人들이었다. 꽉 들어찬 회장에서 모든 참석자들은 나란히 앉은 서태후와 광서제 앞에 무릎을 꿇었다. 단군왕이 먼저 의화단에 적법한 자격을 주어 전투 세력으로 활용하자고 촉구했다. 하지만 소수의 고관들은 이 주장에 반대했고, 오히려 의화단을 더 가혹한 수단으로 억압해야 한다고 진언했다. 그들 중 한 명이 반의화단 주장을 펴고 있을 때, 단군왕은 그 말을 끊으며 이렇게 빈정거렸다. "흥, 그건 백성들의 지지를 잃는 아주 좋은 방법이로군요." 그는 동시에 엄지손가락을 들어올리며 '아주 좋은 생각'이라는 역설적인 손짓을 해 보였다. 한 참석자가 의화단이 '보여주는 용기는, 총알의 피해를 입지 않는다고 속이는 마술에서 오는 것이기에' 전쟁에서 그들을 의존할 수는 없다고 주장하자, 서태후는 분개하며 말했다. "그런 마술 같은 것에 의존할 수 없다는 말은 맞습니다. 하지만 백성들의 마음과 정신에 의존할 수는 있지 않겠습니까? 청나라는 극도로 약해졌습니다. 이제 우리가 가진 것이라곤 백성들의 마음과 정신뿐입니다. 그것조차 내버리면 우리가 무엇으로 나라를 지탱할 수 있겠습니까?" 그녀는 계속해서 몹시 분개하는 표정으로 의화단에 대한 억압을 주장하는 자들을 노려보았다.

바로 그날, 불길한 일이 발생했다. 공사관 구역에 가까우면서 내성 바로 밖에 위치한 가장 분주한 상업 지구에서 의화단은 서양 약품을 파는 약국과 다른 양품점 들에 불을 질렀다. 불길은 이 가게에서 저 가게로 연이어 번지면서 진귀한 최고급 비단, 모피, 가구, 보석, 골동품, 예술품 및 다른 제국의 가장 아름다운 구조물들을 집어삼켰다. 이 불길은 이어 근처 자금성의 정양문으로 번졌다. 정양문은 땅에서 30미터 이상, 양쪽의 벽보다 약 15미터 이상 높은 구조물로서 북경의 성문 중 가장 높고 웅장한데, 자금성에서 이어지는 중심축의 남쪽에 있었다. 이 문은 황제가 기도를 올리러 천단이나 신농神農의 사당으로 갈 때만 열렸다. 정양문이 불길에 휩싸이자 이를 예상하지 못했던 의화단은 무릎을 꿇고 불을 다스리는 신 축융祝融에게 이 신성한 건물에 붙은 불을 사그라지게 해달라고 간청했다. 곧 정양문은 앙상한 몰골의 연기 나는 숯과 돌무더기가 되었다. 그것은 지난 200여 년 동안 수도에서 발생한 가장 큰 규모의 화재였다. 정양문의 파괴는 이를 알게 된 모든 이들을 두려움에 떨게 했다. 그들은 이 화재를 아주 치명적인 징조로 받아들였다.

서태후는 평소 이런 전조를 잘 믿는 사람이었지만 더 이상 물러날 곳이 없었다. 화재가 일어난 그날 밤, 8개국(러시아, 일본, 영국, 프랑스, 독일, 미국, 이탈리아, 오스트리아-헝가리) 연합군이 대고 포대를 공격했다. 맹렬한 여섯 시간의 전투 끝에 포대는 함락되었다. 그 함락은 서태후에게 오랫동안 남아 있던 심적 고통을 떠오르게 했다. 40년 전에 영국과 프랑스 연합군은 대고 포대를 점령한 뒤 북경을 함락시켰고, 서태후는 남편 함풍제와 함께 승덕의 피서산장으로 도망쳤다. 그리고 함풍제는 만리장성 밖의 승덕에서 비통한 죽음을 맞았다. 침략자들은 당시 원명원을 불태워 광대한 폐허로 만들었다. 이것은 서태후의 마음속에 큰 상처를 남겼다. 그 이래로 원명원의 작은 부분만이라도 원래대로 복원하는 것이 그녀의 꿈이 되었다. 그녀는 이화원 건설을 위해 해군 예산을 훔쳐서 하늘의 명령에 불복했으며, 그로 인해 맹렬한 비난을 받았다. 40년 전과 마찬가지로 대고 포대가 또다시 함락되자 그녀는 끝까지 싸우겠다는 전의를 더욱 다졌다.

온 세상이 전쟁을 예측하고 있었다. 영국에선 대고 포대가 함락되던 날 빅토리아 여왕이 솔즈베리 경에게 서신을 보내 이렇게 말했다. "청의 정세에 관한 경의 견해는 기쁘게 잘 들었습니다. 정말 심각한 문제인 것 같군요. 제안할 것이 있다면 무엇이든 말하도록 하세요." 그날부터 엄청난 분량의 '청에 관한 전보'가 여왕에게로 전해졌고, 여왕도 이에 답하여 많은 전보를 보냈다. 그중에는 이런 전보도 있었다. "클로드 맥도날드 경의 안전이 염려됩니다. 북경에서 외국 공사들을 철수시키는 일도 염두에 두도록 하세요. 그들 중 하나라도 살해된다면 전쟁은 피할 수 없을 겁니다."

서태후가 중용했던 모든 개혁가들(영록, 이홍장, 장지동 등)은 그녀의 전쟁 방침에 반대했다. 전에 청일전쟁이 벌어지고 있을 때, 열렬히 전쟁을 촉구하는 상소들이 수도 없이 황제에게 올라왔었다. 하지만 지금은 그런 상소가 없었다. 많은 사람들이 열강의 군대 파견에는 이유가 있다고 생각했다. 청나라 정부가 적절히 외국인들을 보호할 능력이 없기에 파병을 결정한 것이었다. 서태후조차 '우리가 잘못한 것이다'라고 했다. 지방의 관리들은 의화단을 진압하길 바랐다. 의화단은 이제 음식과 피난처를 노골적으로 요구하면서 과거의 불만과 관련해 보복하려는 심보로 관리들을 괴롭히고 위협했다. 하지만 서태후는 이미 전쟁을 결심했다. 고관들을 모아놓은 또 다른 어전회의에서 그녀는 목소리를 높여 이렇게 선언했다. "우리는 나라를 침략자들의 손에 넘겨주느냐, 끝까지 싸우느냐 선택의 기로에 서 있습니다. 하지만 싸우지 않는다면 저는 선조들을 뵐 면목이 없습니다. 저는 그래서 끝까지 싸울 것입니다……. 만약 종말이 다가온다면, 여기 계신 여러분이 증인이 되어 제가 최선을 다했다는 것을 증언해주세요." 서태후의 열정적인 발언과 비장한 호소는 회의에 나온 모든 참석자들에게 엄청난 영향을 미쳤다. 그들은 바닥에 머리를 조아리며 그녀의 명령에 따를 것을 맹세했다.

6월 20일, 독일 공사 케텔러Clemens von Ketteler 남작이 중국군 병사들의 총을 맞아 사망했다. 그가 바리케이드를 나와 총리아문으로 향하던 길에 벌어진 일이었다.*

다리는 불태워졌고 서태후는 이제 배수의 진을 칠 수밖에 없었다. 공사들 중 한 명이라도 '죽게 되면, 전쟁은 피할 수 없다'는 빅토리아 여왕의 말은 서태후도 예상한 것이었다. 독일 공사가 살해된 바로 다음 날인 6월 21일, 서태후는 중국을 침략해온 8개 연합국들에 전쟁을 선포했다.

---

* 솔즈베리 경의 전기 작가 앤드류 로버츠Andrew Roberts는 폰 케텔러의 죽음에 관해 솔즈베리 경이 베티 밸푸어Betty Balfour에게 '인과응보'라는 말을 했다고 전했다. 그는 이렇게 말했다. "이건 다 독일의 잘못이네. 이 모든 문제가 다 그들 때문에 시작된 거야."(베티 밸푸어는 솔즈베리 내각에서 재무장관을 지낸 아서 밸푸어Arthur Balfour의 아내이다. 솔즈베리 경은 아서 밸푸어의 외삼촌이다.─옮긴이)

23

죽기를 각오하고 싸우기
(1900)

서태후가 전쟁을 선포한 뒤, 의화단은 적법한 지위를 얻으며 그들에게 호의적인 친왕들의 지휘를 받는 조직으로 거듭났다. 수도엔 약 25만에 이르는 병력이 모였고, 단군왕 재의가 총지휘를 맡았다. 이 병력은 1400개의 조로 나뉘었고 각 조는 대략 200명으로 구성되었다. 10만 이상의 의화단이 정규군과 나란히 배치되어 북경으로 들어오는 길을 방어했다. 그들이 상대해야 할 연합군은 2만 명이 넘는 다국적군이었다. 중국의 정규군은 서양식 훈련을 받고 현대식 무기로 무장했다. 의화단은 자신들이 '털보의 종'이라고 부르던 서양식 제복을 입은 정규군 장교 및 병사들과 이젠 전우가 되었다. 세라 콩거는 이런 기록을 남겼다. "의화단과 정규군의 결합은 강력한 군대를 만들었다. 청을 가장 오래, 제일 잘 안다는 외국인들도 이런 모습은 여태껏 본 적이 없다고 했다. 천진에서의 전투는 대단했다. 청나라 사람들은 그들을 가장 잘 안다는 사람들의 예상을 초월하는 용기를 보여주었다. 그들은 단호하고 용맹하게 싸웠으며, 외국 군대에 쓰라린 경험을 안겼다." 스미스 목사도 이에 관해 이렇게 서술했다. "청의 군대가 절박하게 싸운다는 것은 의심할 여지가 없다……. 일본과 전쟁을 했을 때와는 비교도 할 수 없는 모습이었다."

서태후는 의화단에 감사를 표시하고 황실의 은으로 상금을 내렸다. 그녀는 자금성의 창고들을 열어 이제 근대화된 정규군이 쓰지 않는 낡은 무기들을 의화단에 배급했다. 다소 원시적인 배급 무기와 원래부터 가지고 있던 그보다 더 원시적인 칼과 창으로 무장한 채, 의화단은 광적인 열기만 믿고서 근대 기술에 대항해 몸을 던졌다. 연합군의 한 사람은 이런 기록을 남겼다. "햇빛에 번뜩이는 검과 창을 든 채, 그들은 소리를 지르며 천천히 다가왔다. 그러나 소총과 기관총에 의해 그들은 모두 일거에 도륙되었다." 스스로 초자연적인 힘을 가지고 있다고 믿은 의화단의 지도자들은 가장 먼저 전장에서 죽었다. 한 영국 병사는 이에 관해 글을 남겼다. "잘 차려입은 한 의화단 지도자가 인상 깊게도 혼자서 러시아 보병대 앞에 있는 부교浮橋 쪽으로 걸어왔다. 그는 허리에 두른 장식 띠를 풀어 흔들며 뭔가 의식이라도 하는 것 같았다……. 하지만 그는 몇 초 만에 주검이 되었다."

지도자의 마술이 소용없다는 것을 보고서 의화단 일부는 외국인이 알 수 없는 힘을 가진 것이 분명하다며 아주 원시적인 전략으로 오물을 동원해 연합군을 막으려고 했다. 그들은 중국에서 가장 지저분한 냄새가 난다고 여겨지는 두 가지 물건인 요강이나 여자들의 전족에 썼던 천을 도시 성벽의 총안에 내놓거나 매달았다. 의화단은 연합군이 지독한 냄새 때문에 물러날 것이라는 헛된 희망을 품고 있었다. 서태후 역시 이성을 잃고 흐트러진 모습을 보였다. 그녀는 두 개의 칙명을 내려 불교 승려들을 전선으로 보내며 법문을 외워 기적을 일으키고 군함을 물리치라고 지시했다. 하지만 연합군이 몰려오자 그 어떤 마술, 악취, 법력法力도 아무 쓸모가 없었다.

⌒

전쟁 수행에서 중요한 위치를 차지하게 되자 의화단은 무법자처럼 멋대로 행동하며 도시와 마을을 약탈했다. 외국의 침략자들에게 도시가 함락되기 전에, 천진의 한 부유한 거리에서 이미 약탈을 당한 것만 수천만 테일로 추정되었다. 의화단 무리는 백성들의 집도 약탈했는데 여기에는 일부 고관들의 집도 있었다. 북경에선 서태후가 양녀로 맞은 작고 한 공친왕의 딸 영수榮壽 공주의 저택이 약탈을 당하기도 했다.

자금성도 예외는 아니었다. 짧은 상의에 허리에 붉은 띠를 두른 의화단 복장을 한 중년의 친왕들은 공격적으로 자금성 주변을 성큼성큼 걸어다녔다. 서태후는 뒷날 이 당시를 이렇게 기억했다. "그들은 평소 모습과는 완전히 다르게 마구 뛰어다니면서 소리를 질렀다. 마치 정신이 돌았거나 술에 취한 것 같았다. 한 친왕은 나와 언쟁을 벌이면서 옥좌 앞의 단을 뒤집어엎을 뻔했다." 심지어 단군왕의 지휘 아래 있던 근위병들도 의화단에 가담했다. 의화단이 자금성으로 들어가 경친왕과 영록 같은 친서방 성향의 고관들을 죽인다는 말도 떠돌았다. 어느 날, 서태후에게 자금성에서 일하는 이들은 반드시 '털보의 종'이 아닌지 검증을 받아야만 한다는 제안이 들어왔다. 태후가 그걸 어떻게 알 수 있느냐고 묻자 의화단은 주문을 외우면 세례 받은 자들의 이마에서 십자가가 드러난다고 대답했다. 겁에 질린 환관들과 궁녀들은 서태후에게 보호를 간청했지만, 그녀는 이들에게 검증을 받으라고 할 수밖에 없었다. 이를 거절하면 의화단에 자금성을 습격할 구실을 주는 것이기 때문이었다. 하지만 결국 의화단은 황궁 내에 '털보의 종'이 있다는 고발을 하지 않았다. 그들은 황태후가 선뜻 그들의 요청을 받아들였다는 사실에 이미 충분히 만족하는 것 같았다. 서태후는 자신이 마치 '종이호랑이' 같다는 기분이 들었다. 황태후가 의화단을 다루는 방법이 잘못되었다고 반대하는 총독들에게 그녀는 이런 말을 전했다. "갑작스럽게 몇 달 사이에 수도엔 10만이 넘는 의화단이 들어왔습니다. 의화단에는 백성뿐만 아니라 군인에서 친왕, 고관까지 가담하고 있습니다……. 군대를 동원하여 그들을 무너뜨리려고 하면 수도는 상상조차 할 수 없는 위험한 상황에 빠질 겁니다. 일단은 그들에게 동조하는 수밖에 없습니다. 그들을 이끌어가면서 그들을 통제하고 이 상황을 조금이라도 좋게 풀어가야겠지요……."

실제로 서태후의 통제는 평소보다 덜 강력했다. 그녀의 지척에선 이슬람교도 군인들과 뒤섞인 몇만 명의 의화단이 공사관 구역을 포위 공격하고 있었다. 개전이 되었을 때, 그들은 공사관 구역에 공격을 시작했다. 서태후는 더 이상 외교관을 다치게 하면 자멸뿐이라는 사실을 알고 있었기에 공사관 구역을 공격하는 의화단엔 아무런 무기도 분배하지 않았다. 반 서양적인 맹렬한 이슬람교도 부대는 공사관 구역 중 단 한 곳에만 배치되었고, 나머지는 친서방 성향의 영록이 지휘했다. 영록이 지시하는 공격은 소리만 요란했을 뿐 실제적인 효과는 없는 것이었다. 영록은 대포로 공사관 구역을 공격하되 그 지역을 피해서 위협용으로만 쏘라고 지시했다. 공사관 구역 내부에 있던 세라 콩거는 청의 공격에 관해 이렇게 서술했다. "그들이 울리는 나팔 소리, 고함 소리, 총 소리는 내가 여태껏 들었던 소리 중 가장 두려운 것이었다." 그렇지만 그녀는 또 이런 얘기도 썼다. "중국인들은 종종 우리를 직접 공격하지 않으려고 하늘 높이 총을 쏘았는데, 우리는 그에 대해서 감사했다."

31. 1903~1904년 눈이 내린 겨울. 약간 뒤에 서 있는 사람은 서태후와 밀접한 관계를 맺은 조언자 루이자 피어슨(미국인과 중국인의 혼혈). 서태후의 양측은 피어슨의 딸인 유덕령과 유용령이다.

32. 루이자 피어슨(앉은 이)과 그녀의 남편 유경(맨 오른측), 청의 프랑스 파견 관리들, 부부의 두 딸과 아들 유경령(맨 왼측), 그리고 경친왕(중앙의 좌석). 파리의 레스토랑에서. 경친왕은 1902년 런던으로 가 에드워드 7세의 대관식에 참석하고 오는 길이었다.

33. 유용령. 파리에서 춤을 배운 그녀는 청나라에서 처음 현대무용을 공연한 여성으로 알려졌다.

34. 나폴레옹처럼 차려입은 유경령. 1901년 춘절을 기념하기 위해 부모가 마련한 화려한 가장무도회에서.

35. 1880년대 중반, 주 베를린 중국 공사 홍균의 첩이었던 새금화와 굉장히 흡사한 외모의 고위층 상대 기생.

36. 서태후는 근대화 계획의 일환으로 1870년대에 10대 청소년들을 미국으로 보내 종합적인 서양 교육을 받도록 했다.

37~38. 1889년, 광서제는 서태후의 은퇴로 제국을 친정하게 된다. 광서제가 아끼던 진비(위). 광서제에게 아버지와 같았던 옹동화(오른쪽).

39. 광서제는 서태후(중앙의 망토를 걸친 이)가 택한 황후를 혐오했다. 융유 황후(왼쪽에서 두 번째)는 황실에서 위축된 가련한 사람이었다. 맨 왼쪽은 최 환관, 맨 오른쪽은 루이자 피어슨이다.

서태후의 적

40~41. 장음환(위), 광서제와 밀접한 관계이자 아마도 일본의 제일 중요한 첩보원. 그는 강유위(왼쪽 위)가 광서제에게 영향을 미칠 수 있도록 도움을 줬다. 강유위는 서태후를 시해하려는 음모를 계획했다.

42. 양계초(왼쪽 아래), 강유위의 오른팔.

43. 일본의 초대 총리대신 이토 히로부미는 현대 지폐 속의 인물로 선정되었다. 그는 1894년 청일전쟁을 설계했다.

44. (위) 외세를 혐오한 의화단.
1900년 중국의 북부 지역을 아수라
장으로 만들었다. 서양 열강이 침공
하는 바람에 서태후는 북경에서 떠
나야만 했다.

45. (오른쪽)연합군이 자금성에 들
어오는 모습.

46~47. 1902년 북경으로 돌아온 서태후. 여행의 마지막 구간은 연합군이 제공한 황실 전용 기차(왼쪽)를 탔다. 성벽의 외국인이 찍은 서태후(위)의 사진. 서태후는 손수건을 들고 사진을 찍는 사람을 향해 손을 흔들었다.

48. (위) 전족을 한 소녀들. 북경으로 돌아와 서태후가 제일 먼저 내린 칙명은 전족을 금지한 것이었다.

49. (오른쪽) 칼을 쓴 죄수들. 서태후에 의해 시작된 법률 개혁에서 이와 같은 가추형(柯扭 페)이나 능지처참 같은 중세적 형벌은 폐지되었다.

그들은 우리 쪽으로 포탄을 쐈다. 포탄은 우리 위에서, 혹은 우리를 한참 지나서 터졌지만 어떤 파편도 우리 쪽으로 날아오지 않았다. 그들은 때로 우리에게 피해를 줄 수 있는 조준을 해서 몇 개의 포탄이 우리 건물에 피해를 입혔다. 그러고 나면 청의 공격이 잠시 멈추는 것처럼 보였다. 단 한 번도 그들의 계속된 발포가 우리의 건물이나 벽을 완전하게 파괴한 적은 없었다. 하느님께서 우리를 보호하지 않는다면 어떻게 이런 일이 벌어질 수 있겠는가? 그분의 사랑 가득한 손길이 바로 우리 주변에 머무르고 있었다.

그러나 이런 일이 벌어진 것은 서태후가 영록에게 특별히 지시를 내렸기 때문이다. 영록은 일부러 원래보다 상당히 포를 들어올려 발사하도록 지시한 것이었다. 나중에 서태후는 이렇게 말하기도 했다. "정말로 공사관들을 파괴할 생각이었다면 그들은 여태껏 살아 있지 못했을 겁니다."*

포위 공격을 시작한 지 한 달이 지나자, 서태후는 공사관 구역 내의 사람들이 먹을거리가 부족해서 굶어 죽을까 봐 염려했다. 그녀는 영록에게 공사관 구역에 과일과 채소를 들여보내라고 지시했다.

포위 공격은 6월 20일부터 연합군이 북경을 함락한 8월 14일까지 55

---

* 공사관 구역에 머물렀던 캐서린 칼은 이렇게 언급했다. "공사관 구역, 특히 모든 외국인이 모인 영국 공사관의 위치를 고려해볼 때, 청의 군대 내부에 억제하는 힘이 작용하지 않았더라면 일주일도 되지 않아 이곳의 모든 외국인들은 전멸했을 것이다. 그 포격이 공사관을 꼭 맞추려는 의도였는데 포수들의 오발 탓이었다면 약간 빗나가기만 했을 뿐이고 결국에는 공사관을 박살낼 수 있었을 것이다. 청 군대 내에 정밀 포격을 억제하는 권력자가 없었다면 그 어떤 유럽인도 살아남아 이런 진상을 알릴 수 없었을 것이다. 나는 이 억제하는 힘이 황제나 서태후에게서 나온 것이라고 확신했다."

일간 지속되었다. 공사관의 서양인 중 68명이 사망했고 159명이 부상을 입었다. 청나라 기독교인의 사상자 수는 밝혀지지 않았다. 실질적으로 맨손으로 공격을 퍼부었던 의화단에서는 수천 명의 사상자가 발생했다. 위기 상황에 처해 고난을 겪은 외국인들보다 훨씬 큰 피해였다.

거의 4천 명에 이르는 외국인과 청나라 기독교인이 피난해 들어간 북경의 천주교 교회인 북당北堂에도 포위 공격이 가해졌다. 이 포위 공격을 이끄는 단군왕에게 서태후는 '총이나 그 어떤 화기도 사용하지 말라'고 지시했다. 따라서 의화단이 원시적인 무기를 들고 월등한 무장으로 방비하고 있는 견고한 건물에 공격을 개시했을 때, 의화단은 무더기로 쓰러질 수밖에 없었다. 성당에 비축해둔 먹을거리가 줄어들자 탈출조가 때때로 먹을거리를 얻기 위해 북당 밖으로 뛰쳐나왔다. 이를 알게 된 서태후는 처음에는 구두로 '성당에서 나오는 자들을 진압하라'고 명령을 내렸으나, 그 후 생각을 바꿔 '만일 기독교로 개종한 자들이 도망쳐 나오면 해를 입히지 말고 군대를 보내 보호하라'는 칙명을 내렸다. 하지만 많은 기독교인들은 의화단의 손에 잡히느니 성당에서 굶어 죽는 것을 택했다. 성당 포위 작전 중에 생긴 400명의 사망자는 대부분 굶어 죽은 사람들이었다.

의화단에 대한 서태후의 이중적인 방침은 많은 의화단원들을 죽음으로 몰아넣었다. 반면 중국에 갇힌 외국인들(종종 살기등등한 무리에 포위되었던 많은 사람들)은 그녀의 방침 덕분에 목숨을 건질 수 있었다.

청의 일부 다른 지역에선 선교사들과 개종자들이 중국 관리들에게 살해되는 경우도 있었다. 최악의 잔혹 행위는 산서성山西省에서 일어났다. 그 지방의 순무 육현은 서태후에 의해 의화단에 대한 보호 성향이 있다고 판단되어 산동 지방에서 의화단이 없는 산서성으로 전보되었다. 산서성의 관리들과 대부분의 백성들은 선교사들에게 우호적인 편이었다. 하지만 육현은 서양에 대한 증오심을 간직한 채 산서로 부임했다. 육현은 주로 군인들을 동원해 178명의 선교사와 수천에 이르는 청나라 기독교 개종자들을 학살하면서 종종 섬뜩한 방법을 사용하기도 했다. 해머Hamer 신부는 "3일 동안 길거리로 끌려 다녔고, 모두가 아무렇지도 않게 그를 고문했다. 그의 머리카락은 전부 뽑히고, 손가락, 코, 귀가 잘려나갔다. 그런 다음에 기름을 흠뻑 적신 천으로 그의 몸을 싸맨 뒤 거꾸로 매달아 발에 불을 붙였다. 그의 심장은 주변에 있던 거지 두 명이 파내어 먹었다".

뒤늦게 서태후는 육현에게 잔혹 행위를 그만두라고 명령했다. 그녀는 또한 일부 고관들이 진언하는 전국 규모의 외국인 학살에 반대하면서 철저히 금지했다. 그런 진언을 하는 고관들 중에는 죽은 가순 황후의 아버지 숭기도 있었다. 숭기는 동치제가 죽은 뒤 자신의 딸 가순에게 아사하여 남편의 뒤를 따르라는 뜻을 전했으며, 북경이 외국 군대에 함락되자 일가와 함께 자살했다. 숭기와 기타 몇 명의 관리는 서태후에게 상소를 올려 '전국 모든 백성들이 외국인을 마주칠 때마다 살해해도 좋다는 칙명을 내려달라'고 요청했다. 상소에서 그들은 서태후에게 이런 조언을 했다.

백성들은 오랫동안 억눌러 온 불만에 대하여 보복하려는 생각이 있을 것입니다. 수십 년 동안 그들은 외국인들 때문에 아편에 중독되었습니다. 또한 기독교로 개종한 자들에게 괴롭힘을 당하고, 크고 작은 편파 판정을 하는 관리들에게 억눌려 왔습니다. 그야말로 기댈 곳이 아무 데도 없었습니다. 말씀드린 대로 칙명을 내려 주시면 백성들은 기쁨에 넘쳐 폐하께 감사드릴 것이고, 침략자들과 싸우기 위해 무장하고 일어날 것입니다. 그렇게 되면 마침내 제국은 외국인들을 몰아내고 백성들은 비탄에서 빠져나올 수 있을 것입니다.

서태후는 그 상소를 혼자 간직했을 뿐 이들이 원하는 칙명은 내리지 않았다.

서태후의 승인 하에 의화단이 일으킨 대혼란은 예전에 태후와 개혁 사상을 공유했던 이들을 두렵게 했고 또 그들을 돌아서게 했다. 특히 이홍장과 장지동이 그런 입장이었다. 그들은 서태후를 비난하는 글을 올렸다. "마마께서 계속 고집을 부리시고 화풀이에만 신경을 쓰신다면 이 나라는 무너지고 말 것입니다. 얼마나 깊은 구렁텅이에 빠져야 만족하시겠습니까?" 그들은 또한 서태후가 하는 일이 의화단에도 득이 되는 일이 아님을 지적했다. "의화단에도 이미 엄청난 수가 죽었고, 들판엔 그들의 시체가 널려 있습니다……. 그들의 어리석음에 딱하다는 생각을 금할 수 없습니다." 게다가 중국 북부는 이제 가뭄에 더하여 의화단의 소행 때문에 '황폐한 땅'이 되었다. 이제 서태후가 백성들의 고통스러운 삶에 신경을 쓸 때가 되었다고 그들은 간언했다.

전국의 총독들은 매일 전보를 주고받으며 황태후의 칙명에 "절대 복종해선 안 된다"고 상호 동의했다. 서태후가 통치한 이래 처음으로 제국의 기둥인 지역 총독들이 그녀에 대한 신뢰를 노골적으로 접었다. 그녀는 단 한 번도 이렇게 고독했던 적이 없었다. 스물다섯이라는 나이에 궁중 쿠데타를 일으켰을 때도, 독단적으로 세 살밖에 되지 않은 광서제를 옥좌에 앉혔을 때도, 수십 년간 천명 없이 통치를 해올 때도, 심지어 황제를 유폐했을 때도 늘 서태후를 지원하는 세력이 옆에 있었다. 그러나 이제 그녀는 홀로였다.

서태후는 그 고립을 두려워하지 않았다. 단호한 결심을 한 그녀는 단독으로 외세 침략을 처리할 수 있으리라고 도박을 걸었다. 하지만 서태후는 제국 전체를 끌어들이고 싶지는 않아서 총독들에게 자신의 도박에서 저만치 물러나 있으라고 말했다. 서태후는 총독들에게 반드시 관할 지역을 잘 지키고 있어야 하며 '철저히 현실적으로' 행동하라고 일렀다. 이는 서태후가 이홍장과 장지동이 이끈 대부분의 총독들이 서약한 '중립' 약속에 암묵적으로 동의하는 것이었다. 이로 인해 전쟁의 무대는 대고 포대와 북경 사이의 지역으로 제한되어 대부분의 중국 지역, 특히 남부에서는 평화가 보장되었다. 또 대부분의 성들은 의화단 같은 폭력 행위를 피할 수 있었다.

연합군이 북경에 가까이 진군해오자, 서태후는 할 수 없이 평화를 호소하게 되었다. 그녀는 광동에 있는 이홍장에게 수도로 와서 정부 대표로 협상하라고 하면서, 유인책으로 평소 그가 바라던 직례 총독을 주겠다고 했다. 이전부터 북경에 가고 싶어 했던 이홍장은 이제 북경 행을 망설였다. 그는 유일하게 남은 카드가 항복뿐이라는 사실을 알고 있었다. 하지만 황태후는 항복을 받아들일 생각이 없었고 더 나은 조건을 바라고 있었다. 이홍장 역시 이것을 잘 알고 있었다. 실제로 서태후는 심지어 연합군이 북경의 성벽 근처에 도착했을 때도 방위를 위해 탄약과 군대를 이동시켜 싸울 준비를 하고 있었다. 이홍장은 상해까지만 간 뒤 발걸음을 멈추고 병이 났다는 소식을 전했다. 그러는 동안 장지동은 제국의 총독 아홉 중 여섯과 많은 순무, 장군 들의 서명이 들어간 긴 연판장을 서태후에게 보내 이홍장이 상해에서 열강과 협상하는 것을 허락하라고 요청했다. 그렇게나 많은 지방의 유력 고관들의 서명이 들어간 연판장은 보기 드문 일이었다.

서태후는 자신이 직접 감독하지 않으면 협상 결과는 보나 마나라고 확신하면서 그 연판장의 제안을 거부했다. 이어 그녀는 특히 주동자인 장지동을 겨냥한 조치를 취해 연판장 관련자들에게 경고를 보냈다. 7월 28일, 서태후는 장지동 측근인 두 사람의 처형을 명령했다. 그들 중 하나는 총리아문의 고위직에 있던 원창袁昶이었는데, 북경에서 장지동의 눈과 귀로 알려진 자였다(장지동은 수도에 엄청난 정보망을 가지고 있었는데 서태후는 이를 눈감아주었다). 다른 하나는 독일이 청도를 장악할 준비를 하고 있을 동안 베를린에서 중국 공사를 지냈던 허경징許景澄이었다. 독일의 기록 보관소의 문서엔 다음과 같은 기록이 있다. 허경징은 독일 정부에 "극도로 은밀하게 '무력으로 위협'하는 것만이 청의 영토를 넘겨받는 유일한 방법"이라고 조언했다. 그런 다음 독일은 '일단 상륙하면 마음에 드는 항구를 점령'하면 된다는 것이었다. 이에 따라 빌헬름 2세는 좀 덜 공격적인 접근법을 구상했던 원래 계획을 폐기하고 허경징의 조언대로 행동했다. 독일 황제는 수상 호엔로에Hohenlohe 공에게 이렇게 말하기도 했다. "정말 부끄러운 일이 아니오? 우리 멍청한 독일인들이 중국에서 이득을 얻기 위해 어떻게 행동해야 하는지 중국 공사가 말해주어야 한다니 말이요." 허경징은 이 일로 양심의 가책을 느껴왔을 것이다. 처형장에서 그는 죽음을 기꺼이 받아들이는 것처럼 보였다. '관모와 관복을 조심스럽게 정리한 뒤, 그는 북쪽(옥좌의 방향)을 향해 무릎을 꿇고 이마가 땅에 닿게 절을 올렸다. 죽어가면서도 황제에게 감사를 표한 것이었다. 허경징의 얼굴엔 불만이나 항의의 기색이 없었다.'

서태후는 허경징의 배신행위에 대한 소문을 들은 것 같다. 황제의 칙명은 처형된 자들이 '외세와의 전쟁 중에 사익을 챙길 생각을 품었다'고 발표했다. 외세와 연관된 혐의는 모호하게 표현하는 것이 서태후의 방식이었다.

장지동은 원창과 허경징의 처형이 자신에게 보내는 경고임을 알았다. 그는 실제로도 외세, 특히 그를 높이 평가하던 영국 및 일본과 음모를 꾸며왔다. 장지동은 청렴결백한 사람으로 유명했다. 그는 좋은 모피와 비단보다는 조악한 면 옷을 선호했고 항상 뇌물을 거절해왔으며, 개인적인 부는 전혀 쌓지 않았다. 그가 죽었을 때, 그의 가족은 돈이 없어서 장례비도 제대로 대지 못할 정도였다. 장지동은 자연과 고양이를 열정적으로 좋아했다. 그는 수십 마리의 고양이를 거둬 돌보기도 했다. 장지동과 접촉한 서양인들은 그를 '대단히 정직하고 백성의 복지에 헌신적인 인물이자 진정한 애국자'라고 판단했다. 일본은 장지동을 매수할 수 없는 몇 안 되는 관리들 중 하나로 여겼고, 진정으로 그를 존중했다. 일본의 이토 히로부미는 장지동을 지난한 청나라 개혁 사업을 해낼 수 있는 '유일한 사람'이라고 말했다. 영국은 함께 일을 하려면 그가 가장 적임자라고 생각했다. 서태후에게 실망한 장지동은 그녀가 북경 밖으로 쫓겨나면 청 정부는 무너질 것이라고 생각했다. 많은 이들 역시 그런 생각을 하고 있었다. 이에 장지동은 자신이 그녀를 대신해 통치하는 것을 심각하게 고려했다. 중국 유학생들을 감독하기 위해 일본으로 파견된 장지동의 대리인은 일본 연락책에게 이렇게 말하기도 했다. "만약 폐하께서 북경을 떠나게 되면 아마 서안으로 천도하실 것이오. 그럼 제국은 정부가 없어지는 것이지. 그렇게 되면 총독께서는 기꺼이 전면에 등장해 다른 두세 명의 총독과 함께 남경에 새로운 정부를 만드실 거요." 같은 말은 영국에도 전해졌다. 만일의 사태를 대비하기 위해, 장지동은 일본에 군 장교들과 무기를 제공해달라고 요청했다. 서태후는 이런 음모의 정확한 세부 사항은 모르고 있었을지도 모른다. 하지만 그녀도 나름

대로 밀정을 운영하고 있었고, 게다가 그녀에게는 아주 잘 발달된 직감이 있었다.

❦

총독들에게 외세와 비밀 거래를 하지 말라고 경고한 서태후는 결전 의지를 끝까지 밀고 나갔다. 전략상 중요한 전투에서 패배해 북경을 위태롭게 만든 전선 사령관이 권총 자살을 하자, 서태후는 이병형 총독을 그 자리에 임명했다. 이병형은 전술했듯이 원명원 복구공사를 무리하게 요구한 서태후를 저지한 공로로 순무에서 총독으로 승진했다가 독일의 영토 이양 요구에 저항했다는 이유로 독일의 압력에 굴복한 황실의 명으로 총독 직에서 물러난 사람이었다. 진심으로 서양 침략자들을 증오한 그는 서태후에게 목숨을 바쳐 외세와 싸우겠다고 맹세했다. 하지만 그는 전쟁이 희망 없는 싸움이라는 것을 발견했다. 중국군은 완패하여 궤멸했다. 이병형은 자살하기 전 서태후에게 보낸 보고서에서 이런 말을 남겼다. "병사들은 싸워볼 생각도 하지 않고 도망칠 뿐입니다. 달아나는 자들 수만 명이 도로를 꽉 메울 정도입니다. 이들은 지나가는 마을이나 도시 어느 곳이나 약탈하고 불을 지르고 있습니다."

8월 11일 이병형이 자살함으로써 서태후의 모든 희망은 마침내 사라지고 말았다. 며칠 안에 북경도 열강에 점령될 터였다. 이 사이 더 많은 고관들이 '반역죄'로 처형되었다. 처형된 이들 중에는 서태후와 가까웠던 궁내 대신 입산立山도 있었다. 서태후는 외세에 비밀을 팔아넘기는 '상당한 수의 반역자'가 있을 것이라 생각했다. 환관들은 "궁에 틀림없이 밀정이 있는 거야. 그렇지 않고서야 우리가 결정을 내릴 때마다 어떻게 곧바로 밖에 알려질 수 있겠어."라고 중얼거리는 태후의 말을 듣기도 했다. 입산에 대한 그녀의 의심은 1898년부터 비롯되었다. 당시 서태후는 장음환이 일본과 밀통하고 있는 증거를 찾기 위해 그의 집을 급습하여 수색하라고 명령했는데, 입산은 이를 온 힘을 다해 막았다. 하지만 그의 처형은 과거보다는 지금 이 순간과 더 관련이 있었다. 서태후는 고관들이 북경 진격을 눈앞에 둔 연합군에 협력하는 것을 막고자 했다.

마침내 서태후의 마음은 도피하는 쪽으로 기울었다. 그녀는 운송 수단을 수배했으나 대기하던 200대의 마차와 말이 퇴각하던 군대에 징발되었음을 알게 되었다. 이제는 모두가 도망치기 바빴고, 서태후는 대체 수단을 마련하는 것조차 불가능했다. 이 200대의 생명 줄을 제대로 지키지 않았다는 것은 그녀가 도피를 아예 고려하지 않았음을 보여주는 것이다. 운송 수단을 강탈당했다는 소식을 들은 서태후는 한숨을 내쉬며 "그렇다면 남도록 합시다."라고 말했다. 실제로 그녀는 북경에 머물렀다. 서태후는 자금성에 남아 죽음을 준비하려는 것처럼 보였다. 하지만 최후의 순간에 마음을 바꿨다. 8월 15일 이른 새벽, 연합군이 자금성의 성문을 공격하고 있을 때 친왕 중 한 사람이 자신의 집에서 노새 마차를 가져와 서태후에게 떠날 것을 재촉했다.

하지만 노새 마차는 몇 대 준비되지 못했고, 황실의 대부분은 자금성에 남아야만 했다. 서태후는 광서제, 융유 황후, 황태자, 십 수 명의 친왕과 공주, 고관들 그리고 근비를 데려가기로 했다. 하지만 지난 2년 동안 가택 연금되었던 진비는 데려갈 생각이 없었다. 운송 수단은 구하기 힘들었고, 따라서 서태후는 미워하는 진비에게 자리를 내주고 싶지 않았다. 그렇다고 황제의 총희이며 공모자를 뒤에 남겨두고 싶지도 않았다. 서태후는 자신의 권위를 내세워 진비에게 자살을 명령했다. 하지만 진비는 서태후 앞에 무릎을 꿇고 눈물을 흘리며 살려달라고 간청했다. 서태후는 한시가 급했으므로 환관들에게 진비를 우물에 밀어 넣으라고 명령했다. 하지만 아무도 나서지 않자 그녀는 분노하여 소리를 질렀고, 이에 젊고 건장한 환관 최옥귀崔玉貴가 나서서 황태후의 명령을 수행했다. 최 환관은 진비를 우물가로 끌고 가 안으로 던져 넣었고, 진비는 헛되이 살려달라고 소리쳤다.

24.
도피
(1900~1901)

　서태후는 머리에 쪽을 찌고 궁중에서 자주 입던 면으로 된 수수한 푸른 겉옷을 걸친 뒤 노새 마차를 타고 도피를 시작했다. 한여름이라 그녀의 옷은 땀이 흐르는 몸에 찰싹 달라붙었다. 땀을 흘리는 노새와 짐 때문에 파리와 온갖 곤충이 떼를 지어 달려들었다. 곧 비가 내리기 시작했다. 비록 서태후는 1천 명에 이르는 수행원들처럼 온몸이 비에 흠뻑 젖지는 않았지만, 마차가 진창 위를 지나가면서 거세게 흔들리는 바람에 몸이 이리저리 흔들리는 것은 피할 수 없었다. 나중에 누군가 노새 두 마리가 신고 가던 의자를 가져와서 서태후는 조금 편안해졌지만 평탄치 않은 길에선 여전히 의자가 흔들렸다. 다리가 없는 범람한 강을 건널 때, 호위병들은 그녀가 앉은 의자를 어깨에 메고 건넜다. 하지만 물살이 빨라서 서태후는 거의 휩쓸릴 뻔했다.

　그녀는 서쪽 내륙으로 도피할 계획이었다. 그녀의 눈앞에는 의화단과 뿔뿔이 흩어진 청의 군대에 의해 약탈당하고 불타서 불모지가 된 마을

과 도시가 보였다. 문이건 창문이건 온전한 것은 거의 없었고 벽에도 총
탄 자국이 남아 있었다. 거주민은 보이지 않았다. 서태후가 목이 마르다
고 해서 환관들이 우물로 가서 물을 길어오려고 했으나 우물 속에 참수
된 사람의 머리가 떠 있는 것을 보게 되었다. 하는 수 없이 서태후는 식
물의 줄기를 씹으며 간신히 목을 축여야 했다. 그녀는 몹시 시장했지만
음식은 전혀 없었다. 침대 역시 없기는 마찬가지였다. 서태후와 광서제
는 도피 두 번째 날 밤에는 내내 의자에 앉아 서로 등을 기대고 지붕을
바라보며 새벽이 오기를 기다렸다. 여명이 가까워지자 땅에서 한기가
올라와 살을 에는 듯한 추위가 느껴졌다. 추위에 잘 견디는 것으로 유명
했지만, 나중에 서태후 자신이 회고했듯이 64세의 노인에게 그 추위는
여간 견디기 힘든 것이 아니었다. 도피 첫날 밤, 황제는 이슬람 사원에
서 묵었다. 기도 매트를 깔고 등나무 쓰레받기와 손잡이 없는 빗자루를
회색 의자 덮개로 감싸 만든 것을 베개로 삼아 잠을 청하는 아주 초라한
신세였다. 아침이 되자 황제는 자신의 소중한 침구를 말아 꾸러미를 만
들었는데, 그 침구를 환관들에게 맡기지 않고 직접 가슴에 품었다. 많은
환관들이 길에서 낙오하더니 결국에는 슬금슬금 사라졌다. 환관들은 장
거리를 걷는 데 익숙하지 않았고, 잔돌이 많은 흙길이어서 더욱 걷기 힘
들었던 것이다. 거기다 그들은 면 신발을 신고 걸어온 터라 신발에 진흙
이 잔뜩 달라붙어 걷는 것이 매 순간 고통이었다.

　순금 담뱃대를 꽉 붙잡고 있는 황제는 얇은 비단 겉옷을 입었기에 해
가 져서 기온이 크게 떨어지면 주체하지 못할 정도로 몸을 떨었다. 총관
태감 이연영은 눈물 범벅이 된 얼굴로 무릎을 꿇고서 자신의 솜저고리
를 황제에게 바쳤다. 광서제는 나중에 이연영이 없었더라면 도피 중에
살아남지 못했을 것이며, 이는 죽을 때까지 고마운 일이라고 종종 말했

다. 그 뒤로 황제는 총관 태감을 친구처럼 대했다.

악몽 같은 이틀 낮밤을 보내고 서태후는 지역 관리가 아직 남아 있는 회래현懷來縣에 도착했다. 그 현의 지현知縣(현의 일급 행정 수장) 오영吳永은 앞서 황제의 행차를 알리는 문서(봉투는 떨어져나가고 없는 구겨진 종이 쪼가리)를 받았기에 미리 나와서 도피 일행을 맞이했다. 황실의 문서는 제공해야 할 품목을 길게 적어놓았는데 참으로 거창한 것이었다. 황실의 화려한 모습에 맞춰 황태후와 황제에겐 만한전석滿漢全席(만주족의 요리와 한족의 요리를 함께 갖춘 호화 연회석)의 일품요리가 준비되어야 했고, 그들이 식사를 마친 뒤엔 십수 명의 친왕과 고관들에게 호화로운 진수성찬을 대접해야 했다. 그 문서는 관리와 황실에 속한 종들의 숫자는 알수 없지만 이들이 먹을 음식을 포함해 말의 사료까지 준비하라고 요구했다. 그것은 의화단과 군인들에게 약탈당해 아무것도 남지 않은 마을엔 무리한 요구였다. 오영의 부하들은 황실의 문서를 무시하고 받지 못한 척하거나, 아니면 황제가 행차하는 길의 다른 관리들이 그랬던 것처럼 마을을 떠나자고 조언했다. 하지만 오영은 충성스럽고 인정 많은 신하였다. 그는 황실의 사치스러운 요구를 일축하기보다는 어떻게 최대한 충족시킬 수 있을지를 노심초사했다.

오영이 최선을 다해 음식을 준비했지만 그 결과는 한심한 것이었다. 그의 요리사는 음식 재료를 좀 모았지만, 주방으로 조리하러 가던 중에 패잔병들에게 빼앗기고 말았다. 패잔병들은 당나귀를 끌고 와 식량을 빼앗아갔는데 요리사는 그 과정에서 저항하다가 오른팔을 베이고 말았다. 그래도 그는 녹두, 수수, 귀리를 끓인 죽이 담긴 큰 냄비 세 개를 가까스로 준비했다. 하지만 그중 두 개는 굶주린 병사들이 게걸스럽게 먹어치우고 말았다. 병사들은 나머지 하나도 먹어치우고 싶었지만 마지못해 황족과 고관들에게 양보했다. 오영은 남은 냄비 하나에 보초를 세우고 가까이 오는 자가 있으면 발포하라고 지시했다.

오영은 황태후가 쉴 수 있게 황폐한 여관의 방을 깨끗이 정돈했다. 의자에 쿠션을 놓고 문에 커튼을 달았으며, 벽에 그림도 걸고 탁자 위에는 장식품을 몇 가지 놓아두기도 했다. 서태후는 여관에 도착해서 깨끗한 방과 오영이 부복하고 있는 모습을 보자 왈칵 눈물이 솟았다. 그녀는 크게 소리를 내어 흐느끼면서 이런 어려운 상황에서 이렇게까지 준비했을 것이라곤 전혀 생각도 못했다고 오영에게 말했다. 여태까지의 비참한 여정을 말한 뒤, 서태후는 녹두와 수수, 귀리로 만든 죽이 있다는 소식을 듣고 얼굴이 밝아졌다. 그녀는 어서 죽을 가져오라는 명령을 내리려다 갑자기 황제가 생각났다. 서태후는 곧장 이연영에게 오영을 황제 앞에 데리고 가 인사를 올리게 하라고 지시했다. 오영은 곧 낡은 솜저고리를 걸치고, 수염이 아무렇게나 자란 씻지도 못한 초라한 모습의 황제를 보았다. 황제는 축 늘어진 채로 한 마디도 하지 않은 채 오영을 따라왔다. 여관에 도착하자 그는 죽을 먹기 위해 안으로 헐레벌떡 들어갔다. 황제가 젓가락을 가져오지 않은 것을 알게 된 서태후는 환관들에게 수수 줄기라도 대용으로 가져오라고 말했다. 오영이 방 밖으로 나왔을 때 그는 황제와 황태후가 정신없이 죽을 들이키는 소리를 들었다. 얼마 지나지 않아 이연영이 방 밖으로 나왔고 오영에게 만족스러운 표정을 지으며 엄지를 치켜들었다. 황태후가 대단히 기뻐했음을 말해주는 것이었다. 그는 오영에게 '노불야(서태후의 별칭)'께서 달걀을 몹시 드시고 싶어한다고 말했다. 이 말을 듣자마자 오영은 마을을 뒤진 끝에 버려진 가게의 빈 서랍에서 달걀 다섯 알을 찾아냈다. 그는 직접 불을 피워 달걀을 삶은 뒤 허름한 그릇에 소금과 함께 담아 내놓았다. 이연영은 이를 가져가 서태후에게 올린 뒤 몇 분 뒤에 웃는 얼굴로 나와서 오영에게 말했다. "노불야께서 아주 흡족해하셨네. 세 개를 드시곤 두 개를 폐하께 남겨주셨다네. 다른 사람들은 손도 대지 않았네. 이는 희소식일세. 그런데 노불야께서 담배를 태우고 싶어 하시네. 준비를 좀 해줄 수 있겠는가?" 이에 오영은 창틀의 거친 종이를 떼어내 즉석에서 담배를 말았다. 조금 뒤, 환관들이 문에 달린 커튼을 걷자 황태후가 방에서 나와 테라스로 올라섰다. 그녀는 담뱃대에 불을 붙이고 한 모금 들이킨 뒤, 아주 만족한 표정을 지었다.

주변을 둘러보다가 오영이 있는 것을 본 서태후는 그에게 말을 걸었고, 이에 오영은 진창 위에 무릎을 꿇었다. 그녀는 오영에게 옷을 좀 가져다줄 수 있겠느냐고 물었다. 그는 죽은 아내의 옷이 전부 북경에 있지만 어머니가 생전에 입던 옷이 이곳에 남아 있다고 답하며 조심스럽게 물었다. "마마껜 한없이 조악한 옷입니다만 그래도 괜찮으신지요?" 그러자 서태후는 웃으며 대답했다. "따뜻한 옷이라면 어떤 것이든 좋네. 그런데 황제와 공주들이 입을 만한 옷이 있다면 그것도 좀 가져오면 좋겠네. 이들도 갈아입을 옷을 가져오지 못했다네." 오영은 집으로 가서 어머니의 유품함을 열었다. 그는 황태후에게 건넬 양모 외투, 황제에게 건넬 긴 조끼, 공주들에게 건넬 몇 가지 외투를 챙긴 뒤 거울, 빗, 분 등이 든 제수弟嫂의 화장대도 함께 챙겼다. 그는 이 모든 것을 큰 보따리에 싸서 환관에게 전달했다. 나중에 황족들이 숙소에서 나왔을 때 그들은 모두 오영 가족의 옷을 입고 있었다. 서태후가 한족 복장을 입은 것은 이때가 처음이었다.

황제 일행은 오영의 마을에서 이틀을 보냈다. 서태후는 오영의 말을 듣고 의화단이 마을을 파괴했을 뿐만 아니라 그의 목숨도 거의 빼앗을 뻔했다는 사실을 알게 되었다. 의화단은 오영을 붙잡고 그가 '털보의 종'

이 아님을 확실히 알고 싶다고 말했다. 그들은 한 장의 종이를 불태워서 그 재가 위로 날아가느냐 혹은 가라앉느냐에 따라 '털보의 종' 여부를 결정했는데, 다행히 재에 의한 판결은 오영에게 유리하게 나왔다. 이 일이 있고 얼마 뒤에 오영은 친한 친구에게 의화단에 대해 불평하는 편지를 보냈다가 의화단에 가로채이고 말았는데, 오영은 자신의 필적이 아님을 강력하게 주장해 겨우 보복을 피할 수 있었다. 가장 최근의 일로는, 오영이 황제 일행을 맞이하러 마을을 나가려고 했을 때, 의화단은 문을 열어주지 않고 코웃음을 치며 말했다. "네놈들이 무슨 폐하를 맞이할 자격이 있나? 도망치려고 그러는 것일 뿐이지!" 하지만 황실의 근위병들이 접근하자 이들은 곧장 도망쳤다.

　오영은 서태후의 의화단 지원 정책에 불만을 품었지만 충심을 다해 황태후와 황제가 탈 가마를 준비했다. 서태후는 오영을 동행시켜 앞으로의 여정을 관리하라고 하면서 말했다. "자네는 아주 훌륭하게 일을 해냈어. 깊이 감사하네. 나는 자네의 충심을 잊지 않을 것이고, 또 사례할 것이네. 황상과 나는 자네가 우리를 맞기 위해 얼마나 어렵게 준비했는지 잘 아네. 우리는 자네에게 어렵거나 부담되는 일을 시킬 생각이 없어. 마음 편히 하게. 불안해하지 않아도 된다네." 이 말을 들은 오영은 눈물을 흘리며 관모를 벗고 땅에 이마를 대며 부복했다. 이어 서태후는 부드럽게 물었다. "자네의 요리사인 주복周福이란 자는 정말 솜씨가 좋았네. 국수와 잘게 썰어 볶은 돼지고기는 정말 맛있더군. 그자 역시 앞으로의 여정에 데려가고 싶은데 가려 할지 모르겠네." 이런 품위 있는 명령에 오영은 자연스럽게 요리사 역시 명예롭게 생각할 것이라며 그를 대신해 단번에 동의했다. 오영은 주복이 그날 저녁 황실 요리를 준비해야 하는 바람에 친구의 집에서 저녁을 먹어야 했다. 주복은 나중에 승격되어 황실 수라간으로 자리를 옮기고 훌륭한 직함도 얻게 되었다.

　⊘

　서태후가 피난을 떠나자 연합군은 곧 북경을 점령했다. 청의 방위는 산산조각이 났지만 그럼에도 불구하고 서태후의 통치는 대부분의 사람들이 예상한 것처럼 무너지 않고 굳건히 버티었다. 도피하는 어려운 처지였지만 서태후는 여전히 자신이 최고 지도자라는 것을 보여주었다. 목격자들은 황태후가 노새 수레에 올라타는 모습이 마치 옥좌에 오르는 것 같았다고 말했다. 이때부터 그녀가 가는 곳이 바로 제국의 중추가 되었다. 그녀가 내리는 명령은 한결같은 어조로 절대적인 권위를 가지고 지방으로 전해졌다. 청 전역에서 서태후에게 보고서가 올라왔다. 그녀가 황제 일행을 호위할 군대를 요청하자 이에 기병이든 보병이든 최대한 빠르게 달려와 합류했다. 또한 서태후가 자금, 음식, 운송 수단 등을 요청하면 전국 각지에서 빠르고 풍족하게 보내왔다. 두 달 넘게 1천 킬로미터 이상을 통과하는 여정 동안 그녀는 모든 자원을 충분히 공급받았다. 10월 말에 이르러 서태후는 중국 서부 지역에 도착해 기원전 1100년부터 수많은 중국 제국들의 수도였던 고대 도시 서안에 정착했다. 그 도시에 도착했을 때 제국 전역에서 그녀가 받은 돈은 600만 테일 이상이었다. 뒷날 황실이 북경으로 돌아갔을 때, 2천 대의 마차가 공물과 서류를 싣고 갔다. 유례가 없는 위기에서 이런 기적과도 같은 충성심의 발로는 안정을 희구하는 제국의 희망을 웅변적으로 말해주는 것이었다. 농민 지도자들과 지역 수장들은 서태후가 그런 안정의 바탕이라고 굳게 믿었다. 그들은 최근에 태후에 대하여 실망하기도 했지만 그것을 완전히 뛰어넘는 깊은 신뢰를 표시해주었다.

　서태후가 여전히 살아 있고 엄청난 통치력을 발휘하자, 배를 갈아탈 마음을 먹던 사람들은 그런 생각을 포기했다. 낙엽 하나로 천하의 가을을 아는 것처럼 이런 정계의 풍향도風向圖는 그녀의 숙적 장음환의 운명을 결정지었다. 서태후가 유배지 신강의 순무에게 장음환의 처형을 명령했을 때, 그는 즉각 집행하지 않았다. 신강 순무는 양다리를 걸치고 있었는데, 서양 침략자들이 북경으로 진격하고 있었고 장음환은 그들의 친구였기 때문이다. 하지만 그는 서태후가 수도를 벗어나 안전하다는 사실을 알게 되자 처형 명령이 내려진 지 50일 후인 8월 20일에 비로소 처형을 집행했다.

서태후가 아직도 통치권을 굳건히 쥐고 있으며 그녀의 정부가 무너지지 않았다는 것을 본 총독 장지동은 남경에 독립 정권을 세우려는 계획을 포기했다. 새로운 정권을 수립하면 가담할 것으로 예상한 자들은 ―물론 장 총독은 이들에게 그 계획을 말해주지 않았다― 전부 서태후에게 충성을 맹세했다. 이홍장 역시 상해에서 북경으로 출발하면서 서태후의 협상가로 나섰다. 영국이 장지동과 밀접한 관계인 총독 유곤일劉坤一에게 장지동과 함께 전권을 쥐고 연합군과 협상해야 한다고 말했을 때, 유 총독은 대경실색했다. 유곤일은 장지동에게 전보를 보내 그 역시 이런 기괴한 이야기를 들었는지 물었다. 그는 또한 영국인이 상대해야 할 사람은 황태후의 대표인 이홍장이라는 것을 말하기도 했다. 하지만 일본 동경에선 여전히 '새 정권을 세우는 것'에 관한 이야기가 오갔고, 이 과정에서 주역을 맡아야 할 사람은 장지동이라는 뜻을 은연중에 드러냈다. 이에 장지동은 엄청난 충격에 빠져서 즉시 일본의 대리인에게 '아주 다급하게' 전보를 보내 '무슨 수를 써서라도 새 정권 논의를 중단하라'고 지시했다. 그는 이 전보를 보낸 바로 다음 날 후속 전보를 보내 지금 그런 움직임을 보이는 것은 '노골적으로 내분을 부채질하는 것이며,

청 전체를 혼란스러운 전쟁으로 몰고 갈 것'이라고 설명했다.

장지동은 서양 열강에 서태후를 보호해달라고 막후교섭을 펼쳤다. 실제로 서태후의 안전은 늘 그의 우선순위 중 하나였으며, 심지어 그가 새로운 정권의 수립을 심사숙고했을 때도 마찬가지였다. 그와 유곤일은 상해의 영국 총영사 대리 페이엄 L. 워런Peiham L. Warren에게 이런 의사를 말했고 총영사는 본국의 솔즈베리 총리에게 다음과 같이 보고했다. "황태후의 안전이 보장되지 않으면 그들은 '중립 협정'을 이행하지 않겠다고 합니다"(두 총독은 자신이 통치하는 지방에서 평화를 유지하고 외국인을 보호하기로 열강과 협정을 맺고 있었다). 연합군이 북경에 진입했다는 소식을 들은 장지동은 서태후가 '조금도 피해를' 겪어서는 안 된다는 요구를 되풀이했다. 서태후가 도망쳤다는 소식을 듣자, 그는 런던의 청 공사에게 전보를 넣어 솔즈베리 경에게 '같은 확약을 한 번 더 받아줄 것'을 요구했다.

총독들의 명백한 서태후 지지는 그녀를 추격하여 실각시키겠다는 서양 열강의 희망을 꺾어놓았다. 많은 서양인들이 그녀를 대신해 광서제가 권좌에 앉는 것을 지지했다. 청의 영국 공사 클로드 맥도날드 경도 그중 하나였다. 하지만 솔즈베리 경은 공사에게 그런 생각은 하지 말라고 경고했다. "결국엔 성공하지 못할, 희생이 아주 큰 길고 위험한 여정이 될 거요." 솔즈베리 경은 이어서 점령한 중국 땅을 연합국이 합동 점유하자는 생각에도 반대했다. "중국 북부에서 질서유지를 하는 것은 우리가 일치단결한다고 하더라도 가망성 없는 일이오. 합동 점유를 하게되면 연합군 안에서 명백히 충돌이 일어나게 되어 있소. 이는 비참한 결과만 낳을 뿐이오." 청의 고위층 협력자 없이는 중국 땅 점유는 효율적일 수 없었다. 게다가 열강은 중국 고위층이 하나같이 황태후의 편에 '굳건히 서 있음'을 깨닫게 되었다. 이전까지 열강은 서태후에 맹렬히 반대하는 '총독들의 손에 제국이 놓여 있다'고 생각했다. 하지만 막상 결정적인 순간이 다가오자 총독들은 여전히 서태후에게 복종했다. 그들 중 누구도 앞장서서 그녀에게 맞서려 하지 않았다. 제국을 하나로 단결시킬 수 있는 유일한 사람은 서태후라는 것이 너무도 분명해졌다. 그녀가 죽게 되면 내전이 일어나고, 서양인들은 무역 붕괴, 채무 불이행, 더 많은 의화단의 발생을 겪게 될 터였다. 이런 중대한 이유들로 인해 연합군은 황태후를 추격하는 것을 포기하기로 했다. 1900년 10월 26일, 자신의 안전을 확신한 서태후는 서안에 거처를 마련했다. 그녀의 대표인 경친왕과 이홍장은 곧 열강과 협상을 시작했다.

⁂

한편 청 정부 내에서 유일하게 서태후를 대체할 생각을 품고 외세에 지원을 요청했던 장지동은 그녀에게 해명하고 싶어서 안달이 났다. 일전에 받은 경고로 인해 그는 역모라고 간주될 수 있는 자신의 계획을 서태후가 이미 알고 있다고 생각했다. 비록 그녀가 장 총독을 처벌하지는 않았지만, 총독은 황태후가 불쾌하게 여길 것이라는 점을 잘 알고 있었다. 그는 서태후와 직접 대면해 자신이 세운 계획은 그녀가 통치하던 정부가 무너질 경우를 대비한 긴급 대책이었으며, 결코 그녀를 타도하려는 뜻은 없었음을 해명하고 싶었다. 그는 10년 넘게 황태후를 뵙질 못해서 후회와 죄책감이 가득하니 도착하시는 곳에 미리 앞서가 '무릎을 꿇고 맞이하겠다'는 글을 태후에게 보내 알현을 청했다. 하지만 그녀는 퉁명스럽게 '그럴 필요 없습니다'라는 답을 보냈다. 그녀가 불쾌해하고 있다는 게 너무나 분명했다. 그러자 장지동은 자신과 친밀한 동료에게 황태후를 알현할 때 자신을 대신해 중재해달라고 요청했다. 그의 동료는 서태후를 알현하면서 이렇게 말했다. "장 총독은 마마를 뵙지 못한 지

18년이 되었다고 합니다. 마마께서 서쪽으로 거처를 옮기신 뒤 장 총독은 제대로 먹지도, 잠들지도 못할 정도로 마마를 염려하고 그리워하고 있습니다. 감히 소신이 왜 마마께서 그의 알현을 거절하는지 여쭤봐도 되겠습니까?" 서태후는 이에 적당히 둘러댔다. "지금같이 일이 진정되지 않은 때에 중책을 맡고 있는 총독이 자리를 비울 수는 없는 법입니다." 그러면서도 그녀는 이렇게 약속했다. "북경으로 돌아가게 되면 한 번 보도록 하지요." 하지만 1902년 초 결국 수도로 돌아가게 되었는데도 서태후는 다른 구실을 대며 장 총독 접견을 미뤘다. 그렇게 한 해가 더 흘렀고, 장지동은 더 이상 기다릴 수 없게 되어 1903년 봄 자신이 북경으로 올라간다는 글을 올렸다. 어쨌든 당시 그에겐 딱히 맡겨진 자리가 없었고 '20년 동안 뵙지 못한' 황태후를 만나고자 하는 바람이 간절했다. 이번에는 긍정적인 짧은 답변을 받았다. "알현을 하러 와도 됩니다."

　같은 해 5월, 장지동은 북경에 도착해 마침내 서태후를 알현했다. 이화원으로 그를 안내한 군기장경과 접견실 밖의 환관들에 의하면, 두 사람은 실제로 서로 한 마디도 하지 않았다. 장지동이 접견실로 들어서는 순간 서태후는 눈물을 흘렸고, 그 역시 따라서 눈물을 흘리기 시작했다. 서태후는 계속해서 흐느꼈고 총독에게 아무런 말도 꺼내지 못하게 했다. 따라서 장지동 역시 아무 말도 할 수 없었다. 알현 의전에 의하면 황태후가 말을 걸 때만 신하도 비로소 말을 할 수 있었다. 이렇게 서태후는 장지동에게 입을 열 기회조차 주지 않았다. 한동안 그들은 그렇게 흐느꼈고, 태후는 마침내 장지동에게 "물러나 쉬라."고 말했다. 그는 이 말을 듣고 접견실을 빠져나왔다. 이런 침묵의 접견은 계획된 것이었다. 서태후의 입장에선 총독이 계획했던 일은 무언의 상태로 놔두는 게 최선이었다. 장지동이 그 일을 거론하고 해명하면 서태후는 분노할 테고, 그렇게 되면 두 사람 사이는 서먹해질 수밖에 없었다. 그녀는 이미 장지동의 과거 행동을 묵과하기로 결정했던 것이다. 총독의 대책에 대하여 서태후 역시 그 동기가 훌륭하다고 생각했다. 그녀는 장 총독에게 악감정이 없다는 것을 더 확실히 보여주기 위해 자신이 직접 그린 그림을 만난 다음 날 전달했다. 그 그림엔 강직함의 상징인 푸른 소나무와 고결한 현자에 종종 비유되는 쯔즈[紫芝, 영지와 비슷한 검은 버섯]가 묘사되어 있었다. 그림의 뜻은 감동적이었고, 장 총독은 안도감을 느끼며 아주 기뻐했다. 그는 즉시 붓을 들어 종이에 이렇게 적었다. "시든 늙은 나무가 너무도 자애로운 바람을 맞이하는 것처럼 / 밤새 내 관자놀이의 백발엔 다시 검은빛이 돌아오는구나."

장지동은 비슷한 내용의 감은시感恩詩 열다섯 수를 더 지었다. 그 시들은 황태후와 함께 보낸 시간을 회고하면서 그녀를 생각나게 하는 물건들을 노래한 것이다. 시에 등장하는 물건은 황태후의 탁자에서 하사한 접시, 황태후의 과수원에서 나온 과일, 매혹적인 비단과 공단, 공식 행사에 걸라며 그녀가 내려준 기다란 산호 목걸이 등이었다. 하루는 장지동과 함께한 자리에서 서태후는 자금성에서 자란 달콤한 멜론을 몇 개 총독에게 가져오라고 말했다. 환관들이 멜론을 가져오자 그녀는 모양이 아름답지 못하다며 마을로 가서 아름다운 것을 다시 가져오라고 지시하기도 했다. 또 다른 날에 장지동은 황태후가 자신을 청 황조의 기둥이었던 다른 위대한 역사적 인물들과 비교한다는 이야기를 한 관리로부터 전해 들었다. 본인이 표현한 것처럼, 이런 '너무도 아름다운 말'을 들은 장지동은 넘쳐흐르는 기쁨을 주체하지 못했고, 그 어느 때보다 서태후에게 황송한 모습을 보이며 충성을 다짐했다. 근대적 학교를 개설하는 업무를 맡아 북경을 떠날 때, 서태후는 그에게 현금 5천 테일을 위시해 많은 작별 선물을 주었다. 장지동이 집에 도착하자 황태후의 선물 꾸러미 세 개가 먼저 와서 그를 기다리고 있었다. 그는 너무나 감복하여 또 다른 감은시를 지었다.

꿇

이렇게 서태후는 신하들의 마음을 얻었고, 그들은 경이로울 정도의 충성을 그녀에게 바치거나 맹세했다. 1900년 서태후가 북경에서 서안으로 도피할 때 또 다른 그녀의 충신 영록은 추적자들을 꾀어내기 위해 다른 방향으로 군을 인솔하는 책임을 맡기도 했다. 자발적으로 유인책 노릇을 한 이들 중엔 죽은 가순 황후의 아버지 숭기도 있었다. 추적자들이 자신이 있는 쪽으로 나타나지 않자, 유인책으로서 큰 도움이 되지 못했다고 절망한 그는 가슴 아픈 글을 남긴 채 관복에 두르는 허리띠로 목을 매어 자살했다. "폐하께 아무런 도움도 드릴 수 없을 정도로 무력하다니 통탄할 따름이다. 이제 내가 드릴 것은 목숨밖에 없으니 지금 이자리에서 드리고자 한다." 연합군이 수도에 진입했을 때, 숭기의 아내는 집 마당에 거대한 구덩이 두 개를 파고는 아이를 포함한 전 가족에게 질서정연하게 그 구덩이로 들어가라고 지시했다. 그런 뒤 그녀는 하인들에게 흙을 덮어 자신들을 생매장하라고 지시했다. 하인들은 이를 거절하고 겁에 질린 채 도망쳤고, 이에 숭기의 아들은 집에 불을 놓아 그들 열셋을 모두 죽게 했다. 이런 장렬한 죽음은 특이한 경우가 아니었다. 수많은 가문이 집에 불을 놓아 자살했고, 개인들이 익사하거나 목을 매어 죽는 경우도 무수히 많았다.*

* 어떤 가문은 집에 방화하고서 불이 자신들을 집어삼키기를 기다리고 있을 때, 마지막 순간에 마음이 변해 어린아이 둘을 탈출시키기도 했다.

하지만 서태후에게는 충직한 동지 못지않게 불구대천의 적들도 있었다. 그들은 1900년의 의화단사건 때 기회가 왔다고 생각했다. 강유위는 일본에서 지원받은 무기로 군대를 일으켜 많은 주요 도시를 점령하고자 했다. 강유위 본인은 정작 해외에 머물렀지만 많은 일본인들이 그의 모험에 동참했다. 30명 이상의 해적들로 구성된 암살단도 조직되었는데, 그들은 일본인의 지휘를 받는 홍콩 주변 남쪽 연안에서 온 자들이었다. 암살단은 북쪽으로 올라가서 서태후를 죽이고 광서제를 복위시키고자 했다. 영국과 다른 열강이 그런 목표를 달성할 수 있게 도와줬으면 하는 바람으로 강유위의 추종자들은 상해의 영국 총영사 대리 페이엄 L. 워런에게 편지를 보냈다. 워런은 이에 솔즈베리 경에게 전보를 보냈다. "이들은 광서제가 복위되지 않으면 청 전역에서 비밀결사를 봉기시킬 준비가 되었다고 합니다. 봉기의 목적은 서구 열강의 개입을 이끌어내려는 것입니다. 이들이 보낸 전보는 또한 민중 봉기는 피할 수 없는 일이며, 그렇게 되면 대외무역에 막대한 타격이 오고 선교 시설 역시 무사하지 못할 것이라고 주장합니다." 하지만 이런 논지는 별 설득력이 없었다. 영국이 볼 때 강유위의 세력은 의화단보다 나을 것이 없어서 영국은 아무런 지원도 하지 않았다. 강유위는 자신을 모시러 온 추종자들의 보호를 받으며 영국 군함을 타고 북경에 도착하는 미래를 꿈꿨으나 그 꿈은 깨지고 말았다. 장지동은 자신의 관할 지역인 무한에서 봉기를 일으킨 강유위의 추종자들을 체포하기 시작했고, 열강은 강유위 대신 장지동 총독을 전적으로 지원했다. 영국은 장지동이 봉기의 주동자를 처형하는 것을 도왔고, 현지의 영국 대표는 이에 관해 워런에게 보고했다 (워런 역시 솔즈베리 경에게 전보로 이를 보고했다).

노골적으로 반란을 획책하는 개혁의 무리들 때문에 위태로운 분위기가 조성되지 않았다면 양자강엔 평화가 보장되었을 것입니다. 그들은 우리 영국이 자신들을 지지한다고 주장하며, 일본에서 밀반입된 무기와 탄약으로 방화를 일삼고 있습니다. 소요를 일으키려는 목적을 가진 선동적인 선언문이 모든 곳에 붙어 있습니다. 이제 그들은 개혁에는 관심이 없고 무질서와 약탈에만 관심이 있을 뿐입니다. 강유위의 공모자들 중에는 많은 일본인이 있습니다. 장지동 총독은 일본인이 이런 소요에 가담하는 일은 없어야 된다며 영사님께 일본 총영사와 은밀하게 상의해달라고 요청했습니다.

일본은 강유위의 무리에 가담한 일본인들에게 제동을 걸었다. 황태후의 몰락과 그로 인한 청 전역에서의 내분은 이 당시 일본에 이익이 되는 일이 아니었다. 중국 땅에는 이미 그들 나름의 영토 야욕을 가진 다른 열강의 군대가 들어와 있었기 때문이다. 암살단을 이끌던 일본인은 병을 핑계로 빠져나갔고, 이 자리는 심진沈藎이라는 중국인이 대신하게 되었다. 하지만 암살단이 활동을 시작하기도 전에 강유위의 반란은 붕괴되었다.

서태후의 곤경을 이용하고자 하는 또 다른 사람으로는 초기 공화주의 지지자인 손문孫文이 있었다. 짙게 콧수염을 기른 이 광동 사람은 유럽식 모발과 의복을 지지했으므로 변발과 청나라 복장을 오래전에 버렸다. 손문은 무력으로 청을 전복시키고자 하였다. 청일전쟁의 여파가 미치던 1895년, 그는 광동에서 무장봉기를 일으켰다. 이 거사는 실패로 돌아갔지만 황실에 그의 이름을 알리는 계기가 되었다. 그는 해외로 도망쳐 결국엔 런던에 도착했는데, 이곳에서 청나라 사람에게 붙들려 포틀랜드 팰리스Portland Place에 있는 청 공사관에 억류되었다. 하지만 영국 정부는 그를 청으로 인도하는 것을 거절했고, 오히려 적극 개입해 그를 풀어주게 했다. 나중에 일본에 가게 된 손문은 강유위와 협력하고자 했지만 강유위는 그와 어떤 일도 같이하고 싶지 않다며 거절했다. 하지만 손문은 좌절하지 않았고 무장봉기를 통해 공화주의 이상을 실현하려는 목적을 위해 끈덕지게 투쟁했다. 이런 노력 덕분에 그는 일본 추종자들도 얻게 되었다. 1900년, 그의 일본인 동지들 가운데 하나가 일본에 보고한 바에 따르면, 그의 계획은 중국 남쪽 연안의 여섯 개 성에서 먼저 '공화국을 세운 뒤, 점차 청의 열여덟 개 성에 이르는 모든 지방으로 확대해나가 황실을 몰아내고 최종적으로 대동아 공화국Great East Asia Republic을 건설하는 것'이었다. 손문이 던지는 추파에도 불구하고, 일본은 오로지 제한되고 간헐적인 지원만 했다. 그래서 손문에겐 아무런 진전이 없었다.

서안으로 도피한 황태후는 여전히 청의 확고부동한 통치자였다. 그녀는 곤경을 이점으로 바꾸는 데 능숙했다. 서태후는 때로 관리들을 맞이하면서 눈물을 흘렸는데, 자신의 취약성을 드러내 남성들로 하여금 그녀를 보호하려는 너그러운 마음을 가지게 했다. 또한 이를 통해 그들이 기쁜 마음으로 위기에 대처하고 더불어 곤궁에 처한 자신에게 도움을 주게끔 하였다. 하지만 누구라도 일정한 선을 넘는 순간 서태후는 전혀 다른 사람이 되었고, 이는 오영도 목격한 바가 있었다. 가장 어려웠던 때에 중대한 도움을 제공한 만큼, 서태후는 오영에게 호의를 베푸는 것을 잊지 않았다. 워낙 황태후와 밀접하게 지내다 보니, 그는 태후에게 조언해도 된다는 대담한 생각을 하게 되었다. 어느 날 그는 서태후에게 북경을 빠져나오기 전에 고급 관리들을 처형한 것은 무리였다고 말했다.

특히 전 베를린 공사 허경징은 정말로 처형시켜서는 안 되었던 사람이라고도 했다. 물론 지방의 하급 관리인 오영은 허경징이 독일에 결정적인 조언을 해 청에 막대한 손실을 입혔다는 사실을 모르고 있었다. "말을 하는 도중에 황태후 마마의 표정이 갑자기 어두워지더니 눈빛이 검으로 찌르는 듯 날카로워졌다. 턱은 꽉 당겨졌고 이마의 핏줄이 불거졌으며, 이를 갈면서 아주 단호하게 쉿 하는 소리를 내셨다." 이어 서태후는 오영에게 방금 전의 비판은 부당하며 무슨 일이 일어났는지 아무것도 모르는 사람이나 할 수 있는 이야기라고 말했다. "나는 마마께서 그렇게나 분노하신 것을 처음 보았다. 불시에 그분의 분노가 아주 무섭게 전해졌으며, 나는 혼이 빠져나갈 정도로 겁에 질렸다. 등을 타고 식은땀이 줄줄 흘러내렸다." 그는 바닥에 머리를 조아리고 사죄를 올렸고, "황태후는 진정이 되었는지 즉시 노기 가득한 표정을 풀고, 느긋하고 밝은 얼굴로 되돌아왔다". 이런 변화는 마치 "벼락을 내리치던 사나운 폭풍우가 눈 깜박할 사이에 흔적도 없이 사라져 맑고 푸른 하늘로 바뀌는 것" 같았다. 오영은 이런 말을 남겼다. "황태후 마마께서 그런 기세로 분노하실 거라곤 상상도 못했다. 증기택이나 이홍장 같은 고관도 마마가 계신 자리에선 두려움에 평정심을 유지하지 못한다는 이야기를 들었는데 나는 이제야 그 말을 믿게 되었다." 서태후는 이렇듯 사람들에게 편안함과 두려움(증오가 아닌)을 동시에 일으키는 재능이 있었다.

도피 중이라 덜 엄격한 환경이 조성되었고, 이에 사람들은 더 자주 황태자와 황제를 접하게 되었다. 알현한 이들은 두 사람 사이의 현격한 대조를 눈치채지 않을 수 없었다. 긴 여정의 고난을 겪고서도 서태후는 피로하거나 허약한 모습이 없었지만, 광서제는 금방이라도 무너질 것처럼 보였다. 신하들을 접견할 때 황태후와 나란히 앉은 황제는 거북한 침묵이 아무리 길게 이어지더라도 입을 열지 않았다. 그는 서태후가 자신을 쳐다보며 "황상, 질문을 하세요."라고 말을 해야 겨우 입을 열었다. 입을 떼더라도 광서제가 두세 가지 이상 물어보는 경우가 드물었다. 오영은 황제를 자주 알현했지만 다음 두 가지 질문 말고는 거의 들어보지 못했다. "밖의 일은 전부 잘되고 있는가?", "작황은 좋은가?" 오영은 이렇게 말했다. "폐하의 목소리는 아주 작았다. 파리나 모기가 윙윙거리는 소리 정도였다. 폐하께서 말씀하시는 것을 알아듣는 건 참으로 힘든 일이었다." 오영에 따르면 황태후는 아주 대조적인 모습을 보였다. "마마께서는 정말 유창하게 말씀하셨다. 손쉽게 고전을 인용하셨고, 현실적으로 사람들과 사회의 방식에 익숙하셨다. 몇 마디를 나누면 바로 상대방의 심중을 읽어내어 고관들은 마마를 두려워했다. 마마께서 그렇게나 현명하시고 강건하신 데 비해 폐하께서는 괴상하고 나약하니 마마께서 폐하를 좌지우지하는 것은 당연한 일이었다……" 결국 황태후와 황제의 접견을 기록하는 사관들은 자주 서태후를 '상(上, 군주)'이란 호칭으로 기록했다. 이 호칭은 보통 황제에게 사용하는 것이었다. 서안에 있을 때 공식적인 접견을 할 경우에 서태후는 황제의 옥좌 뒤쪽 높은 자리에 마련된 자신의 자리에 앉았다. 이는 그야말로 그녀가 황제보다 우위에 있음을 명확하게 보여주는 것이었다. 북경으로 귀환했을 때도 서태후는 접견실에서 중앙에 위치한 자리에 앉았고, 광서제는 그녀의 왼쪽에 위치한 낮은 연단에 앉았다.

외세 침략과 도피의 시련은 서태후의 권위에 손상을 입히기는커녕 오히려 강화했고, 그녀에게 새로운 안정감과 자신감을 가져다주었다.

25

회한

(1900~1901)

　자금성에서 도피하기 전에 서태후가 마지막으로 했던 일은 황궁의 태감들에게 인장을 찍은 친필 서신을 준 것이었다. 그녀는 서신을 나눠주며 인장 찍힌 자신의 승인서를 가진 자만이 황궁 내부의 물건을 처리할 수 있다고 말했다. 도피를 떠나면서도 서태후는 황궁 안의 보물들에 관한 생각에 사로잡혀 있었다.

　며칠 뒤 그녀는 태감들에게 고무적인 소식을 듣고 힘을 얻었다. 침략자들은 제멋대로 황궁을 약탈하거나 불태우지 않고 오히려 경비병을 배치하여 철저히 보관하려는 자세를 보였다. 육중한 문은 닫혔고 문 위에는 '문을 열지 않는다고 청의 태감들을 폭행하는 일이 없길 정중히 부탁한다'고 점령군들에게 알리는 공지가 나붙었다. 커다란 안도감을 느끼면서 태감들은 서태후에게 보고했다. "외적의 군대는 수도와 그 내부를 보호하고 있습니다. 황궁과 청사는 모두 온전합니다. 사원 역시 안전합니다."

태감들은 계속해서 서태후에게 보고를 했다. 그녀는 외국인들이 자금성을 방문했지만 몇 가지 안 되는 물건들 외에는 대부분 온전한 상태라는 소식도 들었다. 이후 외국 군대가 철수했을 때 황궁의 모든 물건들에 대하여 재고 파악을 해보니, 비교적 소수의 귀중한 물건들만 사라진 상태였다. 가장 큰 손실은 수라간에서 68개의 금제, 54개의 은제 물건이 없어진 것이었다. 그 외에 자기磁器 창고에서 40개의 꽃병과 300개의 그릇을 도둑맞았다. 하지만 이는 외국인들의 소행이라기보다 땅굴을 파고 들어온 인근 도둑들의 소행일 가능성이 더 높았다. 이탈리아와 영국 군대가 머물렀던 이화원도 경미한 손상을 제외하곤 이전과 다를 바가 없었다(하지만 바로 옆 원명원 폐허는 주위의 도둑들에게 완전히 약탈당했다. 도둑들은 화재 후의 건물 잔해들을 해체하여 목재부터 벽돌까지 모든 것을 훔쳐갔다). 1860년 엘긴 경의 군대가 주둔했던 상황과는 전혀 다르게, 약탈은 엄격히 금지되었다. 많은 청의 황제가 안장된 청서릉淸西陵에서 금제, 은제, 청동제 의례 도구 일부가 사라졌을 때 프랑스 공사는 항의를 받았고, 그곳에 주둔했던 프랑스 군대는 자신들이 가져간 물건을 다시 돌려주었다.

정말로 많이 사라진 것은 은괴였다. 자금성과 수도 및 천진의 다양한 정부 청사에 있던 수백만 테일에 이르는 은괴가 약탈당해 해외로 빠져나갔다. 부유한 가정에서도 손실이 발생했다. 수도 점령이 시작되자 강압적으로 무단 침입한 외국 군인들은 은을 요구했다. 하지만 이런 사건은 며칠 가지 못했다. 황궁의 태감들이 로버트 하트를 만나 외국 군인들의 약탈을 막는 데 도움을 줬으면 좋겠다고 요청했기 때문이다. 서태후에게 보낸 보고서에 따르면, 태감들이 하트에게 "가장 시급하고 중요한 것은 동릉, 서릉 그리고 자금성을 포함한 모든 궁과 수도를 보호하는, 그

다음이 수백만 백성들의 목숨을 보호하는 것"이라고 말했다. 그러자 하트는 다소 비꼬듯 말했다. "서양에선 사람들의 목숨을 가장 중요한 것으로 여기고 왕조는 그다음입니다. 하지만 당신들의 요청은 들어주기 어려운 것은 아니오……." 하트는 그 후 두 개의 벽보를 만들었다. 하나는 다양한 외국어가 적힌 것이었고 다른 하나는 한자로 된 것이었다. 이어 그는 관리인들에게 이 벽보를 수천 장 복사해 수도 각 곳에 붙이라고 했다. 첫 번째 벽보는 외국 군인들에게 지역 주민들의 권리를 침해하지 말라는 내용이었고, 두 번째는 의화단과 다른 무법자들에게 귀가하여 원래의 생활로 돌아가지 않으면 '몰살'하겠다고 위협하는 것이었다. 의화단 대부분은 실제로 해산했다. 서태후는 이에 하트에게 감사 편지를 보냈다. "수십 년간 귀하는 당신의 조국도 아닌 땅에 당신의 재능을 빌려주었습니다. 오늘날 그대의 진심 어린 헌신은 모든 사람이 알고 있는 바입니다. 어떻게 감사의 말을 전해야 할지 모르겠습니다."

소수의 의화단원들은 외국군에 저항하려는 헛된 시도를 했다. 한 연합군 지휘관은 지역 기독교인들을 이끌고 은신처에 숨은 의화단 잔당을 체포하던 때를 이렇게 회상했다. "은신처는 단단히 대비되어 있었고 그들은 항복하려고 하지 않았다. 식칼, 철봉, 장대로 무장한 이 불한당 무리는 음산한 침묵을 지키며 최후의 일전을 기다리고 있었다. 참으로 기이한 광경이었다. 사람뿐만 아니라 모든 것이 너무도 조용했다……. 이런 일은 평생 두 번 다시 일어나지 않을 것이다."

북경은 곧 원상을 회복했다. '약탈, 방화, 강간, 살육'을 저지르려는 점령군에 대항해 단호한 결의를 다지던 사람들은 크게 안도했다. 서태후는 '살육'과 방화는 없었다는 보고를 받았다.*

강간 역시 보고된 바가 없었다. 하지만 귀족들은 굴욕을 당했다. 의화단에 살해된 사람들의 시신을 북경 밖으로 옮길 때 그들은 일반 백성들과 마찬가지로 노역을 해야 했다. 수도를 청소하는 과정에서 귀족들은 마치 역축役畜처럼 수레를 끌어야만 했고, 저항하면 외국인 감독이 휘두르는 채찍에 맞았다.

그래도 연합군은 의화단에 비하면 훨씬 나은 셈이었다. 그들은 거대한 공중변소 같았던 거리의 위생을 책임지기도 했다. 새로운 행정 당국은 모든 가게 주인과 세대주에게 즉시 주변을 청소할 것을 지시했다. 이렇게 하여 북경은 변했고 시민들은 이전보다 훨씬 만족하게 되었다. 서태후 역시 복귀하고 난 뒤 크게 만족했다. 자기 집 혹은 가게 주변에 대해 시민들이 직접 청소하는 책임을 지는 정책은 뒷날 중국 정부에서도 채용하게 된다.

북경이 점령된 지 두 달 후에 대규모의 독일 파견 부대가 도착했다. 이들이 독일에서 떠나기도 전에 전쟁은 이미 실질적으로 종결된 상황이었으므로 그런 파견은 의아한 일이었다. 육군 원수 알프레드 폰 발더제 Alfred von Waldersee 백작은 빌헬름 2세의 막후교섭 덕분에 연합군의 총사령관으로 임명되었다. 그는 '조국에 청의 정복자로 돌아가고' 싶어 했고, 이에 휘하 장병들에게 북경 밖으로 나가 가혹한 원정전을 펼치라고

---

* 수많은 귀중한 전적이 보관된 황실 도서관은 영국 공사관 옆에 있었는데, 의화단이 공사관 구역을 포위 공격할 때 영국 공사관을 태우려고 방화하면서 같이 불길에 휩쓸리고 말았다. 하지만 사실과 다르게 영국군이 도서관에 불을 질렀다는 풍문이 돌았고, 이것은 사실로 둔갑해 서태후에게 보고되었다. 《궁문초》에 풍문의 내용을 담은 기사가 실리자 영국 공사는 즉각 항의했다. 그는 서양인들은 공격을 피하느라 공사관 안에만 있었으며, 실제로 도서관에 불이 붙자 책을 보존하려고 진화에 나섰던 것이 바로 자신들이었다고 지적했다. 보고를 올린 관리는 잘못된 정보를 전달한 것에 관해 영국에 사과했고 이후 서태후에게도 공개적으로 사과했다.

명령했다. 이 과정에서 발더제 백작 본인이 기록한 대로 많은 청나라 백성들이 총에 맞아 죽었다. 백작은 그들이 의화단이었으며, '인과응보'일 뿐이라고 기록했다. 어떤 도시에선 독일 군대가 선교사를 학살했다는 소문이 나도는 여섯 명의 청나라 관리를 처형하기도 했다. 그중 한 사람의 수급首級은 청의 방식대로 장대에 꽂혀 효시되었는데 독일의 오만한 무력 과시가 아닐 수 없었다. 북경 주변의 지역에 계속해서 폭력을 행사하면서도 백작은 카이저에게 보고하는 것을 잊지 않았다. 그는 보고서에서 자신을 질서 회복자로 돋보이려고 도착하기 전에 연합군의 광대한 파괴와 약탈이 있었다고 과장한 후 자신이 그것을 종식시켰다고 보고했다. "감히 말씀드리자면 신이 이곳에 도착한 이래 몇 안 되는 개인의 일탈을 제외하곤 도를 넘는 행위가 없었사옵니다."

독일이 가한 전후戰後 폭력은 마침내 끝이 났고, 총사령관인 백작은 자신의 본부를 서원에 있는 서태후의 궁전에 마련했다. 북경을 '세계에서 가장 더러운 도시'라고 생각했던 그는 자금성과 서원의 아름다움에 매료되어 이런 글을 일기에 남겼다.

어제 저녁 늦게 내가 머무르던 궁전으로 돌아왔다. 평생 이때처럼 아름답게 별이 총총한 하늘은 본 적이 없다. 막 황궁의 드넓고 텅 빈 흰 뜰을 거쳐 연꽃 연못의 둑에 도착하니 음악 선율이 들려왔다. 동아시아 제1 보병연대의 군악대가 황제가 유폐되었던 영대에서 연주를 하고 있었다. 셀 수 없을 정도로 불교 사원이 넘쳐나는 이 거대한 이교도의 도시에서, 그들의 연주는 내게 아주 깊은 감동을 주었다. 나는 연주가 끝날 때까지 조용히 서 있었다.

다소 예의를 지키고자 했는지 발더제 백작은 '황태후의 침실과 거실은 사용하지 말라'고 지시했다. 하지만 어느 날 밤, 서태후가 수년에 걸쳐 정성껏 만든 화려한 건물 전체가 완전히 파괴되었다. 독일인들이 식료품 저장고에 설치한 거대한 철제 난로에서 불이 붙은 것이었다. 아끼던 궁전의 전소로 서태후는 가슴이 미어지는 것 같았지만, 나름의 위안거리가 있었다. 궁전들이나 북경 전체에 가해진 피해는 그녀가 걱정했던 것보다 훨씬 경미했던 것이다. 서태후는 그로 인해 한결 기분이 나아졌다. 북경 사람들은 그런 예기치 못한 상황에 대하여 그 공을 한 기녀妓女에게 돌렸다. 그녀의 베갯밑공사에 발더제 백작이 넘어간 덕분이라는 것이었다. 사람들이 말하는 기녀는 새금화였다. 첩이었던 그녀는 1880년대 베를린 공사로 부임한 남편 홍균을 따라 독일로 가서 정실부인 행세를 했다. 홍균의 정실 아내는 하인들을 제대로 부릴 수 없는 외국을 싫어하여 남편을 따라가지 않았다. 홍균이 귀국한 후 별세하자 새금화는 다시 기녀의 삶으로 돌아갔다. 연합군이 점령한 기간 동안, 그녀는 과거 베를린 공사의 배우자였다는 점과 약간 배운 독일어를 활용해 독일 관리들과 활발하게 교류했다. 사람들은 그녀가 종종 독일 관리들과 함께 북경 거리에서 마차를 타고 가는 모습을 보기도 했다. 새금화는 알고 지내는 독일 관리들에게 서원으로 자신을 데려가 발더제 백작을 만나게 해달라고 부탁했다. 백작에게 소개되어 사귈 수 있으면 좋고, 그것이 여의치 않다면 최소한 눈길이라도 끌자는 의도였다. 그녀가 유혹에 성공했는지 여부는 불분명하다. 하지만 독일 육군 원수를 매혹하여 '북경 사람들을 살려주게 했다'는 새금화의 주장은 대중들의 감상적인 상상력을 사로잡았다. 새금화는 곧 유명 인사가 되었고, 많은 이들은 그녀를 비극의 여주인공처럼 여겼다.*

전쟁을 종결짓는 문서인 신축조약辛丑條約은 연합군이 북경에 들어온 지 1년이 지난 1901년 9월 7일까지도 체결되지 않았다. 청의 협상 대표인 경친왕과 이홍장은 이렇다 할 협상을 해보지도 못한 채 열강 모두가 동의하는 요구 조항을 오랫동안 기다리기만 했다.

　열강은 서태후에게 의화단의 잔혹 행위에 관련한 책임을 지우지 않기로 했다. 대신 황태자의 아버지이자 의화단의 주요 후원자였던 단군왕 재의를 주범으로 지목하고 사형을 선고하라고 요구했다. 하지만 열강은 황제가 황실의 주요 인물인 그의 죽음을 바라지 않는다면 목숨만은 살려줄 수 있다고 물러섰다. 그리하여 단군왕은 신강으로 유배되어 평생 가택 연금 조치를 받았다. 여섯 명의 고관과 관리는 무조건 사형되었고, 다른 많은 관리들은 다른 방법으로 처벌을 받았다. 광서제는 외교관이 살해된 독일과 일본에 외교 사절을 파견해 '후회'를 표시했다. 대고 포대는 해체되었고, 외국인 혐오 단체의 조직 및 가담은 국법으로 금지했다.

　배상금 관련 조항은 청나라 백성들의 삶에 지극히 큰 영향을 미쳤다. 배상금은 4억 5천만 테일이라는 믿기 어려울 정도의 거액이었는데, 열강 각각의 군사 원정 비용, 자국민이 입은 피해 보상 비용 등 모든 요구를 합쳐서 나온 것이었다. 미국은 '청이 지불할 수 있는 한도 내에서 책정해야 한다'면서, 열강의 요구는 하향 조정해야 하고 배상금은 총액 4천만 테일로 책정해야 한다고 주장했다. 하지만 독일은 '열강이 그런 과도한 자비를 베풀 이유가 없다'며 일축했고, 대부분의 열강도 마찬가지

---

* 1930년대, 새금화에 관한 연극이 무대에 올려졌다. 뒷날 모택동의 부인이 되는 강청江靑은 새금화 역을 맡고 싶어 했지만 다른 여배우인 왕영王瑩이 그 역을 맡았다. 강청은 이에 깊은 원한을 품고 30년 뒤 문화대혁명이 일어날 때 왕영에게 사적인 복수를 했다. 왕영은 그로 인해 감옥에서 죽었다.

입장이었다. 발더제 백작은 황제가 "함대에 투자할 비용을 시급히 마련해야 하니 청에 되도록 많은 배상금을 부과하라"고 지시했다는 글을 남겼다. 제 각각인 보상금의 타당성을 검토할 권위 있는 주체도 없었고, 금액을 평가할 보편적인 원칙도 없었다. 얼마나 요구가 합당한지 검증하는 것은 오로지 열강 각국의 판단에 맡겨졌지만, 그들은 대부분 합리적인 생각을 하지 않았다. 가장 많은 배상금을 주장한 나라는 러시아였다. 의화단에 의해 파괴된 만주 철도 손실액을 포함한 그들의 배상금은 전체 배상금의 29퍼센트였다. 그다음은 20퍼센트의 독일이었고, 그뒤를 이어 프랑스와 영국이었다. 두 나라는 처음엔 미국의 제안에 동의하였으나 곧 입장을 바꿔 더 많은 배상금을 바랐다. 일본은 그 다음으로, 1895년에 비하면 상대적으로 자제력을 보였다. 심지어 미국도 입장을 바꿔 결국엔 과도한 요구를 한 것으로 후대의 연구에서 드러났다.*

총액 462,560,614테일은 4억 5천만으로 소폭 하향 조정되었다. 이는 당시 청의 인구와 거의 같은 수치였고, 청나라 백성들은 이 금액이 청의 모든 사람들에게 1테일씩 내리는 징벌을 상징한다고 오해했다(지금까지도 그렇게 생각하는 사람들이 있다).

로버트 하트와 기타 인사들은 '청이 그 정도의 배상금을 낼 수 있는 입장이 아니다'라고 주장했지만 일부는 감당 능력이 있다고 고집했다. 프

---

* 연합군의 일원이든 아니든, 배상금 요구를 했던 모든 나라와 그 금액은 다음과 같다(기준은 테일이며, 1테일은 영국의 3실링이나 미국의 0.742달러로 계산되었다).
러시아: 133,316,000, 독일: 91,287,043, 프랑스: 75,779,250, 영국: 51,664,029, 일본: 35,552,540, 미국: 34,072,500, 이탈리아: 27,113,927, 벨기에: 8,607,750, 오스트리아–헝가리: 3,979,520, 네덜란드: 800,000, 스페인: 278,055, 스웨덴: 110,000, 포르투갈: 요구액 없음, 총액: 462,538,116 [원문 그대로 인용]
(출처: H. B. 모스, 《청 제국의 국제 관계The International Relations of the Chinese Empire》, 3권, 352~353쪽)

랑스 주교 피에르마리알퐁스 파비에Pierre-Marie-Alphonse Favier는 '황족이 3억 마르크에 달하는 보물을 소유하고 있다'고 근거 없는 주장을 펼쳤다. 그리하여 발더제 백작조차 주교의 주장을 황당한 공상으로 여겼다. 자금성을 둘러본 그는 "과거의 영광을 보여주지만 동시에 점점 쇠락하는 인상을 준다."고 말했다. 황제에게 올리는 보고서에서 백작은 이렇게 말했다. "신은 이처럼 쇠락의 고통을 견디는 나라의 황실이 그런 엄청난 부를 소유했다는 주장을 믿을 수 없습니다. 그런 보물을 대체 어디에 보관했다는 건지 도무지 알 수 없습니다." 이런 상황에서 제시된 한 가지 해결책은 '모든 열강이 각자 자비로 배상 문제를 해결하고 그 대신 청의 영토를 나누어 점령하자'는 것이었다. 발더제 백작은 '산동 지역을 받아내길' 바랐다. 이는 빌헬름 2세가 실현하고 싶어 하는 꿈이기도 했다. 하지만 다른 열강, 특히 영국과 미국은 어떠한 영토 분할에도 반대한다는 입장을 보였다. 백작은 미국이 "그 누구도 중국에서 어떤 것도 가져가지 않길 바라는 것처럼 보였다."고 말했다. 세라 콩거는 애정 어린 이런 글을 남겼다.

나는 중국에 깊은 연민을 느낀다……. 중국은 중국 사람들의 것이다. 중국은 외국인이 영토를 가져가길 절대 바라지 않는다……. 중국 사람들은 국토를 지키기 위해 기꺼이 막대한 희생을 하기로 한 것처럼 보인다……. 연합국이 각자 이 나라를 분할 통치하겠다는 것은 전쟁을 계속하고 또 대규모의 강력한 상비군을 주둔시키겠다는 뜻이다. 중국 사람들이 품은 원통함은 점점 깊어지고 저항은 더욱 강해질 것이며, 상상도 할 수 없는 독을 외국인들에게 찔러 넣을 것이다.

그렇게 해서 영토를 분할하자는 생각은 보류되었다. 일부 열강은 강제적으로라도 청이 외국에서 더 많은 돈을 빌려오게 해야 한다고 주장했다. 로버트 하트는 거기에 이의를 제기했다. 그는 청이 이미 연간 세입의 4분의 1을 과거의 부채를 갚는 데 사용하고 있으며, 빚이 더 늘어나면 국가 부도를 맞을 수도 있다고 주장했다. 청나라 사람들의 고통에 깊은 연민을 느끼던 하트와 외국인 전문가들은 새로운 재원財源을 찾기 위해 동분서주했다. 결국 그들은 열강을 설득해 청이 수입품에 대한 관세율을 5퍼센트(종전 3.17퍼센트)로 올리는 데 동의하게 만들었다. 이에 더하여 종전엔 과세가 되지 않던 수입품에도 청이 과세를 할 수 있게 했다. 이렇게 해서 추가 과세 품목으로 유럽산 술, 담배 같은 소모품이 포함되었다. 이런 식으로 청은 신축조약으로 떠맡은 배상금의 일부를 서양인들과 나누게 되었다. 하트는 국고 수입이 매년 1800만 테일 정도 오를 것이라고 추정했다.

서태후 역시 이 새로운 재원을 생각하고 있었는데, 수입품에 대한 관세 인상으로 매년 대략 2천만 테일의 국고 수입을 올릴 수 있으리라고 보았다. 관세율 인상은 청 황실이 수년간 추구하던 목표였으며 1896년 이홍장이 미국과 유럽을 방문했을 때도 주요 의제 중 하나였다. 그는 서양 정부를 설득해 관세율을 인상하는 임무를 받았지만 결국 실패했다. 이번에도 서태후는 중국 측 협상자들에게 관세율 인상을 말하면서 영국의 도움을 받으라고 지시했다. 영국은 중국에서 가장 많은 상업적 이득을 보고 있었으므로 국가 부도라도 나면 가장 큰 손해를 볼 나라여서 적극 협조할 것으로 예상되었다. 서태후는 또한 영국은 온건하고 자제력이 있는 나라라고 믿었다. 어쩌면 그녀는 하트의 국고 수입 증가에 대한 제안을 전해 들었을지도 모른다. 영국에 더해 미국도 이 계획을 지지했다. 이는 국가 전반에 관한 황태후의 판단이 인사 정책 못지않게 날카

롭다는 것을 보여주었다. 그녀는 더 나아가 경친왕과 이홍장에게 적절한 상황 기간을 얻어내라고 지시했다. 그래야 새로운 수입으로 '충분히 배상금을 지불할 수 있을 것이고, 비록 충분하지 않더라도 배상금을 어렵지 않게 모을 수 있기' 때문이었다. 결국 상환 기간은 39년으로 확정되었고, 매년 지불해야 할 배상금은 약 2천만 테일이었다(배상금 원금에 이자까지 더한 금액).

새로운 관세는 실제로 신축조약의 배상금을 상환하는 데 큰 구실을 하며 청에 부과된 엄청난 부담을 줄이는 데 기여했다. 로버트 하트는 주로 외국인들의 협조를 얻어 부패한 관리를 정리하는 방식으로 새로운 재원을 마련했으며, 동시에 열강을 설득해 수입품에 대한 관세를 인상했다. 이는 정말로 훌륭한 업적이었다. 당시 그가 쓴 글엔 이렇게 적혀 있다. "나는 이 나라에 도움을 주었다고 생각하지만, 지금보다는 뒷날 나의 공적을 더욱 인정받게 될 것이다." 서태후는 하트의 공적을 대단히 높이 평가하여 그에게 제국의 최고위 고관 두 명, 즉 총독 장지동과 장군 원세개에만 주었던 '태자소보太子少保' 호칭을 부여했다. 하지만 그녀가 사망한 지 100년도 넘게 흘러간 지금, 대부분의 내국인보다 중국에 훨씬 더 큰 도움을 준 하트를 중국은 인정하지 않고 있다. 실제로 오늘날 로버트 하트에 관해 중국 사람들은 거의 모르고 있다. 모든 교과서는 신축조약이 부과한 엄청난 배상금을 거론하면서, '제국주의자'를 저주하고 나아가 나라를 저당 잡혔다며 서태후를 맹비난할 뿐이다.

미국은 하트보다는 나은 대접을 받았다. 그들의 행동이 충분히 인지되고 또 평가받았기 때문이다. 몇 년간 배상금을 받다가, 미국은 남은 부채를 전부 탕감해주는 대신 그 돈을 교육에 사용하라는 조건을 내걸었다. 이로 인해 중국 최고의 대학인 청화淸華 대학이 설립되었고, 많은 젊은이들이 장학금을 받아 미국에서 공부할 수 있게 되었다. 미국은 또한 약탈한 은괴를 중국에 돌려준 유일한 나라였다. 1901년, 미국 군인들은 천진의 염관鹽官 청사에서 약탈한 50만 테일을 그에 상응하는 금액인 미화 37만 6300달러로 6개월 뒤에 돌려주었다.

❧

1900년이 거의 끝나가던 무렵, 신축조약 초안을 받아든 서태후는 '복잡한 감정에 휩쓸리게' 되었는데, 그중 하나는 안도감이었다. 그녀가 가장 두려워하는 것은 권력을 잃는 것과 광서제를 지지하는 열강에 의해 강제로 은퇴하는 것이었다. 하지만 이 가운데 어떤 것도 구체화되지 않았다. 시모노세키조약에 비교하면 요구 조건도 전적으로 부당한 것은 아니었으며 배상금도 터무니없는 정도는 아니었다. 연합군이 황궁과 수도를 그런대로 잘 보호해준 것 때문에, 오히려 서태후는 결과적으로 서양에 호의를 갖게 되었다.

서안으로 피난을 가 있는 동안 그녀는 내내 과거사를 되돌아보았다. 그리고 선교사, 청의 기독교 개종자, 의화단, 군인, 평범한 백성 등 수십만에 이르는 사상자를 낸 전쟁과 잔혹 행위라는 결과를 가져온 자신의 정책도 심사숙고했다. 서태후는 처음 의화단과 손잡을 때만 해도 여전히 '외세가 우리를 너무도 괴롭혀왔다'는 생각을 했다. 하지만 곧 그녀는 자신의 잘못을 인정했다. "나라가 이렇게 된 것은 내 책임이다. 상황이 이토록 비참하게 되도록 놔둬서는 안 되는 것이었다. 내 잘못이다. 나는 선조와 백성들의 기대를 저버렸다." 이것이 바로 1901년에 그녀가 '죄기소罪己詔'라는 칙명을 선포했을 때 품고 있던 마음가짐이었다. 칙명에서 서태후는 스스로 "과거사를 곰곰이 생각해보니, 저질러진 잘못에 대해 수치심과 분노로 통렬한 괴로움을 느낀다."고 했다. 그녀는 '잔혹하고 무지한 무리'가 기독교 선교사들과 공사관을 공격한 것을 비난하고, 연합군이 분풀이로 복수를 하지 않은 것과 '자치권 침해 및 영토 분할'을 하지 않은 것에 감사를 표했다. 칙명의 거의 대부분에서 그녀는 자신이 입힌 손해를 깊이 명상했다. "제국은 벼랑으로 몰렸다. 선조들의 혼은 황폐해졌으며 수도는 파괴되었다. 수천에 이르는 사대부 집안사람들이 집 없이 밖으로 내몰렸으며 수십만에 이르는 군인과 백성들은 죽거나 다쳤다……." 비록 서태후는 자신에 관해 해명도 하고 의화단을 지지한 고관들에게 일부 비난을 돌렸으나 주로 자신을 책망했다. "아무리 나 자신을 책망해도 부족하거늘, 내 어찌 다른 이들을 책망할 수 있단 말인가?" 그녀는 이렇듯 대재앙을 자초한 자신을 후회했다.

서태후는 스스로 후회했고 이것을 여러 번 분명하게 표현했다. 의화단사건은 하나의 분수령이 되었다. 황실의 삶은 의화단사건 이전과 이후로 나뉘었다. 회한을 느끼며 서태후는 변화를 맹세했다. 1901년 1월 29일, 여전히 서안에 머물던 그녀는 새로운 통치의 시작을 알리는 칙명을 선포했다. 칙명의 본질은 '서양으로부터 배우자'는 것이었다. "황태후께서는 자신의 백성들에게 외국의 우월한 점을 채택하라고 명령을 내리셨다. 그래야 청의 부족한 점을 바로잡을 수 있다는 것이었다." 비슷한 정서가 과거에도 표출되었지만, 이번에 변화의 의제로 올라온 것은 '외국을 부유하고 강하게 만든 모든 근본'이었다. 즉 '군주의 통치, 국가적 전통, 통치 방법, 백성의 생계, 교육체계, 군사, 재무' 등을 망라하여 개혁하겠다는 것이었다. 서태후는 또 다른 칙명에서 이렇게 말하기도 했다. "이번 변화는 제국의 생사를 결정지을 문제이다. 변화로써 백성들은 더 나은 삶을 살 기회가 주어질 것이다. 황상과 나는 제국과 백성들을 위해 변화를 선택했다. 이외에 다른 길은 없다."

의화단사건에도 불구하고(혹은 그 덕분에) 서태후의 변화 주도안은 광범위한 지지를 받았다. 북경과 천진의 외세 점령은 북쪽의 중국인들에게, 또 홍콩과 상해의 외세 점령은 남쪽의 중국인들에게 서양식 통치로써 성취할 수 있는 것과 그로 인해 사람들의 삶이 어떻게 개선될 수 있는지를 명확하게 보여주었다. 1840년대 초 아편전쟁 이후 유럽이 점령한 습지대 어촌이었던 남쪽의 두 도시 상해와 홍콩은 서양의 영향이 훨씬 더 두드러졌다. 수백만의 거주민과 제국의 고관들이 집중된 대도시인 북경과 천진은 이제 모두 깨끗하고 효율적인 체제 아래 살아가게 되었다. 천진은 연합군이 점령하고 임시정부를 세운 지난 2년간 특히 혜택을 많이 본 도시로 일거에 중세에서 근대로 탈바꿈했다. 연합군의 점령 말기에 이르렀을 때 연합군 임시정부는 거둬들인 275만 8651테일 중 257만 8627테일을 지출해 중요한 성과를 이루었는데, 난생처음으로 천진의 주민들은 수돗물, 전차, 가로등, 전화를 향유하게 되었다. 도시는 효과적인 대청소가 실시되었고 공공 위생을 위한 사회 기반 시설이 설치되었다. 거리에선 쓰레기 더미가 사라졌고 새로운 공중변소가 설치되었다. 서양식 단속으로 도시의 치안은 더욱 확실하고 강력하게 유지되었다.*

이렇게 하여 서양식이 바람직한 행정 모델이라는 여론이 대두되었다. 걸출한 개혁가인 장지동은 이런 말을 남겼다.

---

* 근대화는 심리적 고통을 수반하기도 했다. 많은 이들에게 가장 고통스러웠을 일은 '군사 및 위생 목적'으로 도시를 둘러싼 장중한 성벽을 해체한 것이었다. 천진은 처음으로 성벽이 철거된 도시였는데, 대부분의 사람들은 우뚝 솟은 물결 모양의 성벽이 없다면 도시가 아니라고 말하기도 했다. 그렇지만 성벽의 철거로 인한 편리함과 이동의 자유는 널리 환영받았다.

30년 전과는 달리, 이제 사람들은 서양의 부유함에 감탄하고 청의 빈곤함에 한탄한다. 또한 서양 군대의 힘에 경외감을 품은 시선을 보내고, 청의 군대의 비겁함에는 경멸을 보낸다. 사람들은 로버트 하트가 관리하는 세관의 공정함과 편리함을 누리면서 흠이나 잡으려는 청의 세관 관리들을 혐오한다. 그들은 서양식 행정이 시행된 도시의 정연한 통치는 칭송하지만, 청 관리들의 크고 작은 괴롭힘에는 원망을 표시한다.

총독들은 서태후에게 전폭적인 지지를 보냈다. 중앙정부에는 이제 개혁가들이 중요 보직을 차지했고, 외국인을 혐오하는 고관들은 실각되거나 소외되었다. 여전히 서양을 증오하거나 개혁에 반대하는 이들이 있었지만, 그들은 침묵을 지킬 뿐 감히 서태후의 개혁을 방해하려 들지 못했다. 수십 년 동안 청에서 지낸 미국 선교사 마틴은 다음과 같이 소회를 적었다. "개혁 정신이 청 전역에 널리 퍼졌고, 백성들의 마음은 황태후와 함께하고 있었다."

서양 각국은 서태후를 명실상부한 지도자로 인식했고, 그녀를 러시아의 예카테리나 2세Yekaterina II, 영국의 엘리자베스 1세, 이집트의 하트셉수트Hatshepsut와 클레오파트라와 어깨를 겨룰 역사에 남을 위대한 여성 지도자로 보기 시작했다. 서양은 서태후와 협력하기로 했다. 이 폭넓은 지지에 고무된 서태후는 차후 광대하고 심원한 변화 과정에 착수하게 되고, 이는 '근대 중국의 진정한 혁명'으로 칭송될 만했다.

제 6 부

현대 중국의 진정한 혁명

| 1901~1908 |

26
북경으로의 귀환
(1901-1902)

20세기의 첫 십 년 동안 중국이 겪은 전면적인 거대한 변화는 서태후가 서안으로 도피 중이던 때에 시작되었다. 1901년 4월, 서안의 서태후는 독판정무처督辦政務處를 설치하고 자신의 지휘 아래 모든 계획을 관리하게끔 조치했다. 10월 6일, 그녀는 서안을 떠나 북경으로 오게 되었다. 이때는 신축조약이 체결되고 연합군이 철수한 뒤였다(여전히 그들은 천진에 주둔하고 있었다). 연합군이 수도에 주둔하는 한 서태후는 안심할 수가 없었고, 서양 공사관 또한 귀경 지연에 대하여 불안감을 느끼고 있었다. 그녀가 돌아오는 날이 발표되었을 때 각국 공사관에는 '약간의 불안감'이 감돌았다. 이와 관련해 로버트 하트는 이렇게 썼다. "공사관 경비대는 어떤 일이든 일어날 수 있다며 대비하고 있었다. 나는 청 황실이 쿠데타를 시도하는 어리석은 일을 할 거라고 생각하지 않지만, 그런 일이 일어난다면 우리는 모두 죽게 될 것이고 이 편지는 마지막 편지가 될지도 모른다!"

아침 7시 서안에서 황제 일행이 떠날 때, 지역 관리들은 황실이 머무르는 궁궐 문밖에 모여 작별 인사를 올렸다. 짐마차, 기마 호위병, 환관, 말을 탄 공주와 고관 들이 여정을 떠날 준비를 하고 나오다 잠시 멈췄다. 환관 하나가 앞으로 나와 10미터에 이르는 긴 채찍을 휘둘렀다. 채찍은 밀랍을 잔뜩 먹인 황색 비단을 단단히 꼬아 만든 것으로, 손잡이엔 황룡이 새겨져 있었다. 환관은 이어 땅에 채찍을 세 번 내리쳤다. 이는 군주의 등장을 알리는 것으로 모두에게 조용히 서 있으라는 뜻이었다. 곧 황태후와 황제가 탄 황색 가마가 등장했고 많은 수행단이 그 뒤를 따랐다. 황실의 거대한 행렬은 서안의 거리를 따라가다가 도시의 남문으로 빠져나가서 북경을 향해 동쪽으로 나아갔다. 행렬은 동문으로 곧장 나아갈 수도 있었지만, 풍수적인 이유로 황제는 일단 모든 여정을 남쪽에서 시작해야 했다.

행렬이 지나는 길가의 가게와 가옥들은 형형색색의 비단과 등롱으로 장식되었다. 행렬이 지나가면 주민들은 무릎을 꿇었다. 전통에 따르면 그 누구도 황태후와 황제의 얼굴을 대놓고 볼 수 없었다. 따라서 일부는 부복했고, 다른 이들은 고개를 숙여 눈을 감고 합장한 손을 앞으로 내밀었는데, 이는 불교에서 경의를 표하는 자세였다. 군중들 사이에선 진정으로 감사를 표시하는 분위기가 있었다. 서태후가 서안에 도착했을 때, 처참한 흉년으로 해당 지역은 고통을 겪었고 주민들은 굶주렸다. 이에 황태후는 다른 지방에서 보내온 물자를 풀어 굶주린 이들을 먹였다. 곧 날씨가 좋아지면서 그다음 해의 작황은 아주 좋았는데, 주민들은 이것을 황실의 체류 덕분이라고 여겼다. 그런 황실이 떠나자 거리의 군중들은 눈물을 흘리며 소리쳤다. "노불야 만세! 황제 폐하 만세!" 군중이 가장 많이 몰린 몇몇 장소에서 서태후는 전통적 절차에서 완전히 벗어나 백성들을 직접 보겠다며 가마의 휘장을 걷으라고 명령했다. 그녀는 서양을 여행한 이들에게 유럽에서는 군주가 백성들을 직접 본다는 이야기를 들은 적이 있었다. 태감들은 백성들에게 은전을 나눠주었는데, 노인들은 '수壽' 자가 들어간 은패를 받았다. 더 많은 은을 받기 위해 어떤 주민들은 서태후를 며칠이고 따라다녔다.

관리들은 황실에 작별 인사를 올리기 위해 깃발을 들고 나타났는데, 그것은 행차 장면을 더욱 다채롭게 만들었다. 이들 중엔 별로 나타나고 싶지 않은 이들도 있었지만, 모습을 보이지 않으면 앞으로 2년간 승진 기회가 없을 수도 있다는 말을 듣고 억지로 참가했다. 이와 비슷하게, 황제의 행렬이 지나가는 지방의 관리들은 밖으로 나와 황제를 맞이하라는 지시를 받았다. 이들은 그에 더하여 음식과 다과를 제공해야만 했다. 이런 의무를 지키고 나면 그들은 황실에서 주는 후한 상을 받았다. 하지만 황제 일행이 서안을 떠나 바로 그다음에 머문 곳의 수령은 2만 7천 테일의 준비금을 받고도 모든 면에서 이런 지시를 지키지 못했다. 수령은 후한 황실의 준비금을 받기 위해 지방 순무와의 연줄을 이용해 그 직책에 임명되었지만, 대규모 일행에 맞는 적절한 연회를 조직할 수 없었고 복잡한 황실 의전도 잘 모르는 자였다. 그는 어디론가 숨어서 자취를 감추어버렸다. 밤에 양초도 준비되지 않은 저택에서 이 이야기를 들은 서태후는 파면은커녕 용서해주라고 말했다. 이에 수행원들은 서로 노불야께서 정말로 온화해지셨다는 이야기들을 주고받았다.

여행 도중 서태후는 신성한 산들과 절경을 방문했으며, 우뚝 솟은 절벽 아래 계곡의 좁은 길을 지나가기도 했다. 지난 몇 년간 그녀는 무척이나 여행을 하고 싶었지만, 바쁜 나랏일 때문에 그렇게 할 수 없었다.

여행을 시작한 지 한 달쯤 지난 1901년 11월 7일에 이홍장이 80세 생일을 앞두고 죽었다는 소식이 들려왔다. 신축조약을 체결하고 한 달이 지난 시점이었다. 그의 죽음으로 서태후는 일급 외교관을 잃었지만 그녀가 주도하는 변혁에는 아무런 영향이 없었다. '청 최고의 개혁파'라는 이홍장의 명성은 과장된 것이었다.

　진솔한 감정을 드러낸 이홍장의 마지막 편지는 서태후에게 전보로 전달되었다. 편지에서 그는 자신이 황태후에게 '가장 먼저 가장 높이 평가받고 신뢰받은' 사람이었다는 것을 아주 감사한다고 말했다. 또한 다가올 개혁에 관한 칙명을 읽었으며, 이 개혁으로 제국이 더욱 튼튼해질 것이므로 이젠 '죽어도 여한이 없다'고 말했다. 서태후는 공식적인 칙명에 더해 사적인 칙명을 내리면서 '이홍장의 편지를 읽으며 슬픔을 주체할 수 없었다'고 말했다. 이홍장의 장례식 경야經夜는 수도에서 진행되었다. 수많은 흰색 깃발이 세워졌고, 흰색 천으로 가려진 거대한 추모식장에서는 슬픈 음악이 흘러나왔다. 거친 삼베옷을 입은 이들이 장례식장으로 줄을 지어 출입했다. 이홍장의 거대한 관대(장례식 전에 유명인의 시신을 안치해놓는 장식된 단)는 수십 명의 운구 인력에 의해 가족에게 인도되었고, 가족들은 이를 호송하여 남쪽으로 1천 킬로미터 이상 떨어진 안휘성에 있는 그의 고향으로 향했다. 서태후는 장례 행렬이 지나가는 곳의 관리들에게 명령해 사당과 유가족 쉼터를 세우고 유가족에게 편의를 제공하라고 지시했다. 세라 콩거는 장례 행렬의 규모와 화려함이 '상상을 아득히 뛰어넘는 것'이었다고 말했다. 서태후는 이홍장에게 합당한 예우를 하고 유가족을 잘 보살피는 것을 다시금 확인했다. 거기에 더하여 그녀는 이홍장이 지난 세월 황실로부터 받았던 모든 징계를 철회해주었다.

서태후는 이즈음 옛 왕조의 수도였던 개봉에 머물렀는데 그곳의 숙박 시설은 황실이 머무르기에 아주 적합했다. 그 도시에 도착한 지 한 달이 지났을 때 그녀는 이홍장의 마지막 편지 원본을 받았고, 곧 칙명을 내려 그와 유가족들에게 품계를 올려주었다. 이홍장은 분명 서태후에게 굉장히 중요한 사람이었다. 그들의 업무적인 협력 관계는 40년 전부터 시작되었고, 그는 오랫동안 황태후의 고굉지신股肱之臣으로 일해왔다. 그는 서태후의 의중을 가장 잘 이해하는 사람이기도 했다. 두 사람은 함께 많은 것을 이뤘고 제국을 고립 상태에서 탈피시켜 세계로 나아가게 했다. 그러나 두 사람은 나라에 상당한 피해를 주는 치명적인 실수를 하면서 소원해지게 되었다. 서태후는 청일전쟁에서 그가 소임을 다하지 못한 것을 용서할 수 없었다. 그 패전으로 인해 청이 쇠락의 길로 접어들었기 때문이다. 이홍장 역시 그녀가 의화단을 관리하는 방식에 대하여 무척이나 분노했다. 하지만 이제 서태후는 이홍장이 필요했다. 북경으로 돌아가면 서양인들(이홍장이 좋은 관계를 유지했던)은 황태후를 조롱하거나 심지어는 해를 입힐지도 몰랐다. 이런 일을 방지하려면 누구보다 그의 도움이 필요했다. 그런데 그가 정말 도움이 필요할 때에 그만 사망해버린 것이었다. 서태후는 주저하면서 개봉에 좀 더 머물렀다. 그러던 중 이홍장에 뒤이어 직례 총독과 북양 대신을 맡게 된 원세개의 전보가 도착했다. 그가 이런 지위로까지 출세하게 된 것은 1898년 서태후 암살의 음모자들을 밀고한 보상이었다. 게다가 원세개는 충성심에 걸맞은 능력을 갖고 있기도 했다. 그의 전보는 천진을 점령 중인 연합군이 서태후가 북경으로 돌아오지 않으면 철수하지 않으려 한다는 내용이었다. 서태후는 이에 즉시 개봉을 떠났다.

수도로 귀환할 것을 기다리며 개봉에 머물러 있는 동안, 서태후는 부준을 황태자로 임명한 결정을 철회하고 그를 황실에서 내쫓았다. 그의 아버지인 단군왕 재의가 의화단사건의 주범으로 지목되었기에 어쩔 수 없는 일이었다. 그녀는 의화단과 연관되어 단군왕이 벌인 모든 일이 자신의 승인 하에 이루어진 것을 통감하면서 무거운 책임감을 느끼고 있었다. 따라서 고관들이 황태자 임명을 철회하라고 촉구했음에도 불구하고 그녀는 빚을 갚는 기분으로 부준의 황태자 지위를 계속 유지해주었다. 그렇지만 서태후는 부준이 훌륭한 황제는 되지 못하리라고 보았다. 그는 국사를 처리할 소질을 보여주지 못했으며 차기 군주로서 갖춰야 할 자질도 부족했다. 부준의 관심은 자신이 키우는 개, 토끼, 비둘기, 귀뚜라미 같은 애완동물이나 곤충에 쏠려 있었다. 또한 그는 짓궂은 장난을 좋아했다. 어느 날 그는 삼촌이자 천자인 광서제를 쓰러뜨려 땅에 큰대자로 뻗게 했다. 황제는 울먹이며 불평했고 서태후는 부준에게 채찍 20대(대체로 상징적인 징벌)를 맞으라고 명령했다. 황태자와 함께 장난을 치던 환관들도 황태자를 경멸하고 조롱했다. 그들은 황태자를 우습게 보았다. 하지만 서태후는 임명을 철회하기 전까지 1년을 기다렸다. 그녀는 격언에도 있듯이 '설상가상雪上加霜'이 되는 일은 벌이고 싶지 않았다. 이젠 때가 되어 행동에 나섰지만 서태후는 칙명에서 부준의 결점에 관해선 언급하지 않았다. 칙명은 그저 부준이 신변에 문제가 많아 황태자 임명 철회를 간청했다고 발표했다. 젊은 부준은 보국공의 자격으로 늙은 유모와 함께 황실을 떠나 신강으로 가서 유배 중인 아버지 단군왕과 합류했다.

이제는 지현 오영에게도 작별 인사를 할 때가 되었다. 서태후는 그를 위해 연안 지방인 광동에 한자리를 내어줬다. 그녀는 오영에게 여태껏 황실을 섬기느라 사재를 쓴 것을 잘 알고 있다며 광동은 번영한 지역이니 그곳에 가서 잘해보라고 말했다. 이는 오영에게 광동으로 가서 한몫잡으라는 말이나 다름없었다. 이런 부패한 모습은 청의 생활 방식으로, 청 정부도 이런 관행이 문제라는 것을 알고 있었다. 서양은 특히 중국 관리들의 부패를 경멸했지만 중국인들은 이런 삶의 방식이 바뀐다면 큰 절망을 느낄 터였다. 과거에 급진적인 개혁을 추진했고 미래에도 역시 그럴 생각이었던 서태후 본인마저도 이런 생활 방식을 건드릴 생각은 없었다. 그녀는 일의 흐름을 타고 가는 태도를 취함으로써 결국 이런 생활 방식을 존속시켰다.

오영을 접견하는 자리에서 서태후는 연신 눈물을 닦으면서 정말 곤란할 때 큰 도움이 되어주었다며 어떻게 감사해야 할지 모르겠다고 말했다. 또한 헤어지더라도 늘 그리워하겠다고 했다. 황태후가 직접 쓴 '복福' 자와 은전을 가지고 접견실을 빠져나오면서, 오영은 감사하는 마음을 억누를 수가 없었다.

오영은 서태후가 개봉을 떠나 황하를 건너는 여정과 관련하여 세부 사항을 살피느라 밤낮없이 일했다. 서태후가 출발하기로 한 전날에 눈보라가 개봉을 휩쓸었지만, 막상 서태후가 황하를 건너기 위해 출발할 때가 되자 날은 맑게 갰고 도하는 아주 순조롭게 이루어졌다. 그녀를 전송하기 위해 무릎을 꿇은 개봉의 관리들과 주민들을 지나쳐서 서태후는 강가의 천막으로 가서 물을 다스리는 신 하백에게 경의를 표했다. 그런 뒤 그녀는 용 모양으로 장식된 배에 올라탔고, 형형색색으로 단장한 소함대는 거울처럼 잔잔한 강을 따라 북쪽으로 노를 저어갔다. 강은 너무도 잔잔해 노를 저을 때 말고는 물결이 흐트러지지 않았다. 서태후는 이 '예외적으로 순조로운' 도하가 하백의 보호 덕분이라고 생각하며 크게 기뻐했다. 그것은 또한 하백이 그녀가 선택한 경로를 인정했다는 뜻이기도 했다. 서태후는 사공들에게 후하게 보수를 지급하는 것도 잊지 않았다.

서태후의 석 달에 걸친 여행의 마지막 구간은 기차 여행이었다. 그녀는 간선철도인 북경-무한 선의 북쪽 구간을 이용하기로 한 것이다. 이 철도의 역사는 서태후의 이력만큼이나 파란만장했다. 바로 한 해 전, 북경 외곽의 철도는 의화단에 의해 완전히 파괴되었고, 수많은 기차역은 불에 탔다. 철도는 외국 침략자들에 의해 곧 복구되었다. 그들은 복구된 철도를 청 정부에 넘겨주며 황실의 수송 수단으로 쓰라고 했다. 1902년 1월 7일, 서태후는 북경으로 향하는 기차에 올랐다. 이어 그녀는 북경에 도착한 뒤 여태껏 그랬던 것처럼 황제를 위해서만 열리는 남문을 통해 안으로 들어갔다. 처음엔 의화단이 일으킨 혼란 속에서 전소됐다가 다시 재건된 탑문인 전문을 통해 들어갔고, 그다음엔 좀 더 북쪽에 있는 대청문大淸門을 거쳤다. 하지만 서태후는 자금성의 정문에 도착하자 걸음을 멈췄다. 이어 그녀는 벽을 돌아 뒷문으로 후궁 지역에 들어갔다. 여성이 자금성 정면으로 들어가는 것은 황제의 신성함에 대한 모독으로 간주되었고, 그것을 잘 아는 서태후는 그 금기를 깨고 싶지 않았던 것이다.

자금성에 들어가 서태후가 처음으로 한 일은 선조들에게 기도를 올리는 것이었다. 준비가 완료되자마자 그녀는 황실 사람들을 이끌고 청동릉淸東陵으로 가서 선조들에게 경의를 표하고 열성조의 보우를 간청했다. 능에서 머무르는 동안, 한 관리의 애완동물인 원숭이가 천막에서 뛰어노는 모습을 본 서태후는 호감을 표하며 '선물'을 건넸다. 원숭이는 곧 아름다운 황색 비단 조끼를 입고 뛰어놀게 되었다.

　북경으로 복귀한 다음 날 서태후가 제일 먼저 한 일은 서안으로 도피하기 직전 우물에 빠뜨려 익사시킨 진비를 기리는 것이었다. 그것은 회개의 행동이었다. 이는 또한 여러 해, 특히 도피 기간 동안 협조해준 광서제에게 보상하려는 것이기도 했다. 무엇보다 서태후는 진비의 죽음에 충격을 받은 서양 열강에 참회하는 표시를 내보이는 것일 수도 있었다. 그녀는 서양 열강의 호의를 얻어야겠다고 결심했다. 그들의 호의를 얻게 된다면 나라와 그들이 그녀를 대접하는 방식이 크게 달라질 수 있었다. 환율 때문에 지급해야 할 신축조약의 배상금은 매년 크게 달랐다. 호의를 얻으면 외세는 청에 유리한 계산 방식을 적용해줄 수도 있을 터였다. 게다가 그녀가 진행하는 청의 개혁은 우호적인 국제 공동체의 협력이 반드시 필요했다.

27

서양인들과의 친교

(1902~1907)

북경으로 돌아온 서태후는 전통에서 벗어나 외국인들이 황실의 행차를 지켜보는 것을 환영한다고 밝혔다. 외교관들은 황실 행렬을 제대로 볼 수 있는 특별한 건물로 초청되었다. 다른 외국인들은 성벽에서 이를 지켜보았다. 그들 중 한 명은 가마에서 내려 막 건물로 들어서려는 황태후의 모습을 사진에 담기도 했다. 그녀가 사진사를 향해 올려다보며 손수건을 흔들자, 자수로 장식된 겉옷이 펄럭거렸다. 관중들에게 손을 흔드는 것은 황실에서 전례가 없는 일이었다. 해외에 파견되었던 여행자들이 쓴 외국 군주들에 관한 글을 읽은 적이 있는 서태후는 그들이 이런 행동을 한다는 것을 알고 그대로 따라 한 것이었다.

북경으로 복귀한 지 20일 뒤인 1902년 1월 27일, 외교관들은 단체로 서태후와 광서제를 알현하게 되었다. 이번엔 황제와 황태후 사이를 가리는 비단 장막이 없어서 그들은 황태후가 옥좌에 앉은 모습을 그대로 볼 수 있었다. 이후 이어진 연회는 세라 콩거의 말을 빌리자면 '품위 있고 극히 정중한' 분위기였다. 며칠 뒤 서태후는 외교관 가족을 위해 또 다른 연회를 열었다. 남성들과 사교를 할 수는 없었으므로 그녀는 서양 여성들과 친분을 맺는 것에 주력했다. 하트는 아주 즐거워하며 이런 글을 남겼다. "청 황실은 지나치게 정중하게 나왔다. 황태후는 공사 부인들뿐만 아니라 공사관의 아이들까지 초청했던 것이다!"

연회가 개최된 날 하늘은 몹시 맑았고, 눈을 뜰 수 없을 정도로 자주 불어오던 모래바람도 가라앉았다. 알현 진, 공사 부인들 가운데 원로이며 경건하고 너그러운 기독교인이었던 세라 콩거는 부인들을 모아 예의 있게 행동해달라고 정중히 요청했다. 자금성 연회장에서 서태후는 산호로 만든 왕홀王笏을 올려둔 제단 같은 긴 탁자 뒤에 앉아 있었다. 그녀는 3년 전에 연회장에서 본 세라 콩거의 얼굴을 기억하고 미소를 지었다. 콩거 부인은 그때 이후 공사관 구역의 포위 공격에서 고생을 하기도 했다. 그러나 의화단사건이 일어난 기간 내내 미국은 청과 서태후의 입장을 가장 잘 이해해주는 모습을 보였다. 콩거 부인은 서태후에게 다정한 태도를 보였고, 태후도 이에 같은 모습으로 화답했다. 경친왕은 옥좌로 나아가 무릎을 꿇고 서태후에게 글을 넘겨받은 뒤 대독했다. 모든 부인과 아이들은 서태후에게 소개되었고, 그녀는 그들 모두와 악수하며 반겼다. 이어 그들은 광서제에게 소개되었고, 그 또한 모든 부인들과 악수를 나눴다.

격식을 갖춘 알현이 끝나자 모든 부인과 아이들은 편안한 분위기의 연회가 준비된 또 다른 회장으로 안내되었다. 서태후는 세라 콩거를 찾았는데, 그녀는 이에 관해 기록을 남겼다. "황태후는 격정에 사로잡힌 모습으로 내 양손을 잡았다. 말을 할 수 있을 정도로 진정이 되자 그녀는 이렇게 말했다. '지난 일들로 인해 나는 몹시 슬프며, 후회하고 있습니다. 심각한 실수였지요. 앞으로 우리 청나라는 외국인들과 친구로 지낼 것입니다. 지난 일과 같은 일은 다시 일어나지 않을 것입니다. 청은 외국인을 보호할 것이며, 앞으로는 서로 친구로 지내길 바랍니다." 그것은 의례적인 인사였지만 동시에 진심 어린 맹세였다. 알현이 끝나고 열린 연회에서는 화해 의식이 있었다. 콩거 부인은 이 장면에 관해 이렇게 서술했다. "황태후가 술잔을 들었고, 우리도 똑같이 따라 했다. 황태후는 자신의 잔을 내 왼손으로 잡게 하고, 정중하게 내 양손을 모아 두 잔이 닿게 한 다음, '화합'이라고 말했다. 그런 뒤 그녀는 내 술잔을 가져가고 자신의 술잔을 내 손에 남긴 뒤 모두를 향해 잔을 들어올렸다. 그러자 연회장의 모든 이들도 이에 화답했다." "황태후는 반복해서 지난 2년간 일어났던 일은 다시는 되풀이되지 않을 것이라고 장담했다. 그녀의 태도는 사려 깊고 모든 점에서 진지했으며, 초대한 손님들의 안락함과 즐거움을 늘 염두에 두었다. 황태후의 눈은 밝고, 예리하고, 주의 깊어서 그 어떤 것도 그녀의 관찰을 피해갈 수 없는 듯했다. 황태후의 얼굴에는 그 어떤 잔혹함이나 엄격함도 없었다. 그녀의 목소리는 낮고 부드럽고 매력적이었으며, 손길도 상냥하고 다정했다." 분명 서태후는 그런 좋은 인상을 남기려고 애를 썼다.

　서태후는 외국인 초대 손님을 자신과 함께 앉아 식사하게 했는데 그것은 이례적인 일이었다. 황실 예법에 따르면 그녀와 함께 식사하는 이들은 모두 선 채로 식사를 해야 했다. 하지만 태후의 친절한 배려는 불쾌한 부작용도 가져왔다. 서태후의 한쪽 옆에 앉은 부인은 영국 공사관의 '퍼스트레이디'인 수전 타운리Susan Townley 부인이었다. 당시 영국 공사인 어니스트 사토Ernest Satow 경은 미혼이어서 자연스럽게 차석인 제1 서기관의 부인이 퍼스트레이디가 되었다. 타운리 부인은 의화단사건의 여진이 가라앉지 않은 불안한 상황에서 임지에 오게 되어 중국에 대해 부정적인 생각을 가지고 있었다. "청의 하인들에게 둘러싸일 것을 생각하니 아주 혐오스러웠다. 나는 그들이 더럽고 냄새나고 또 혐오스러운 손을 가지고 있을 거라고 생각했다."[*]

타운리 부인은 서태후 쪽으로 몸을 기울이면서 드시고 계신 그릇을 선물로 줄 수 없느냐고 물었다. 그녀는 물론 아무도 통치자의 식기를 가질 수 없다는 궁중 예법을 잘 알고 있었다. 타운리 부인의 요청은 그야말로 모욕적인 것이었다. 나중에 서태후는 한 궁녀에게 이렇게 말하기도 했다. "외국인들은 청나라 사람들이 무지하다고 생각하는 모양이야. 그러니 유럽 사회에서 하는 것처럼 신경 써서 행동하지 않는 거겠지." 하지만 그녀는 많은 서양인들이 의화단사건으로 자신을 증오한다는 것을 잘 알고 있었다. 따라서 그런 모욕도 꾹 참으며 타운리 부인에게 그릇을 선물했다(서태후에게 이 '특별한 선물'을 받은 부인은 나중에 그것을 주변에 자랑하고 다녔다). 그녀는 한결같이 타운리 부인에게 상냥하게 대했고, 부인은 자신을 황태후가 '가장 총애하는 사람'이라고 말하고 다녔다. 서태후가 보인 상냥함은 타운리 부인이 궁궐에서 더 많은 보물을 마음대로 가지고 가려다가 적발된 뒤에도 변함이 없었다. 타운리 부인이 서태후에게 그릇을 요구한 모습을 본 한 서양인은 이런 글을 남겼다. "또 한 번, 앞서 말한 그 부인이 보관장에서 장식품을 꺼내 들고 가져가려고 했다. 이에 연회에서 시중을 들던 궁녀가, 자신이 이 방에 있는 모든 물건을

---

[*] 나중에 그녀는 생각을 바꿨다. "되돌아보니 내가 그들에 대해 그런 생각을 가졌던 것을 후회하지 않을 수 없다. 이젠 그들이 내 곁에 있었으면 좋겠다는 생각을 한다. 그들은 내가 아는 사람들 가운데 가장 청결했으며 일을 할 때도 정말 조용했다. 그들은 사소한 문제조차 일으킨 적이 없었으며 심지어 저녁이 되어도 쉬지 않고 일했다."

책임지고 있는데 물건이 없어지면 처벌을 받게 되니 부디 제자리에 다시 놓아달라고 요청했다." 물론 서태후는 이런 일이 있어도 전혀 불쾌감을 드러내지 않았다. 타운리 부인은 어쨌든 영국의 대표였기 때문이다.

서태후가 연회에 참석한 것은 그것이 마지막이었지만, 이 연회는 그녀와 서양 부인들 사이에 이루어진 빈번한 사교의 시작이었다. 연회의 마지막에서 그녀가 외교관 부인들에게 말한 그대로 우호 관계가 형성되었다. "나는 우리가 좀 더 자주 만나고 서로를 더 알아감으로써 친구가 되기를 희망합니다." 청나라에서는 선물을 주는 것(특히 개인의 특징이 드러나는 선물을 주는 것)이 호의를 표시하는 필수적인 방법이었으므로, 서태후는 공사 부인들에게 선물을 한 아름씩 안겼다. 선물을 하면서 그녀는 세라 콩거의 손을 붙잡고 자신의 손가락에서 우아한 진주가 박힌 육중한 금반지를 빼서 콩거의 손가락에 껴주었다. 이어 서태후는 손목에서 고급 팔찌를 풀어 콩거의 손목에 채워주었다. 그 외에 다른 부인들에게도 값진 선물을 안겼고 아이들과 통역사들도 상당한 선물을 받았다.

부인들과 아이들이 공사관으로 돌아오자, 공사관의 남성들은 서태후가 여성들에게 뇌물을 주려는 것으로 판단하고 황실에 앞으로는 선물을 주지 말 것을 요청했다. 로버트 하트는 이런 말을 남겼다. "알현은 아주 성공적이었다. 이를 비판적으로 바라보는 이들은 회합이 너무나 좋았기에 진정성이 의심된다고 말하기도 했다." 하트가 언급한 이들은 서태후가 '외국인들에게 감언이설로 비위를 맞춰 열강에 더 나은 대접을 받으려고 하는 것'이라며 비난했다. 그것도 확실히 서태후의 동기 가운데 하나였다. 하지만 세라 콩거는 이렇게 말하기도 했다. "해로운 것은 하나도 없는 역사적인 날이었다……."

이후로도 다른 호의의 표현이 잇따랐다. 서태후는 서릉과 동릉, 이화원은 물론 자금성에까지 공사 부인들을 초대했다. 서태후의 처소에 초청받아 온 그들은 본국에서 청으로 보낸 선물이 눈에 잘 띄게 전시되어 있는 것을 보았다. 러시아 공사의 부인이 초청되었을 때엔 탁자에 러시아 황제와 황후의 초상화가 올라와 있었다. 그리고 자녀와 손자들에게 둘러싸인 예복 차림의 빅토리아 여왕과 앨버트Albert 공의 모습이 강판 인화되어 처소의 벽에 걸려 있었고 또 그것과 나란히 배치된 여왕이 직접 보낸 오르골과 다른 장식품들이 영국인 부인들의 눈을 사로잡았다. 방문객이 올 때면 서태후는 평소 백옥으로 된 불상이 있던 자리에 수많은 유럽산 시계를 가져다 놓았다.

서태후가 외교관 부인들과 가진 두 번째 만남은 세라 콩거의 말에 의하면 '여성적인 의미가 가득한' 자리였다. 황태후는 극히 이례적으로 침실이라는 사적인 공간에 외국 부인들을 초대했다. "우리는 그녀가 침실로 쓰는 방으로 들어가게 되었는데, 긴 방 한쪽 끝에 풍성하게 천이 씌워지고 그 위로 방석이 놓인 캉이 있었다. 황태후는 몹시 즐거운 기색으로 우리에게 캉 쪽으로 모이라고 손짓했다." 캉 위에 앉은 서태후는 마치 장난을 치는 것처럼 부인들에게 또 선물을 건넸다.

황태후는 캉 위에 앉아 손짓을 하며 나와 다른 부인들도 앉으라고 했다. 이어 그녀는 선반에서 옥으로 만든 작은 아기 상을 하나 꺼내더니 내 손에 쥐어주었다. 말은 하지 않았지만, 그녀의 몸짓은 '다른 이에게는 말하지 말라'는 뜻이었다. 나는 그 귀중한 작은 선물을 집으로 가져와 소중히 간직했다. 황태후의 선물은 호의를 나타내는 것이었으며, 나는 그 호의를 소중히 간직하고 싶었다. 나는 세상이 그토록 격렬히 비난하는 그녀가 실은 선한 마음의 소유자라는 걸 알게 되어 진정으로 감사하는 마음이 들었다.

서태후는 이후에도 더 많은 선물을 안겼다. 세라 콩거가 페키니즈 견종을 좋아하는 것을 알고는 미국 공사관에 '아름다운 검은 털을 지닌 작은 개'를 '붉은 공단 깔개가 깔린 바구니'에 담아 보냈다. 여기엔 '긴 비단끈과 황금 갈고리로 만든 황금 장식의 개줄'도 함께 들어 있었다. 서태후는 세라 콩거의 손녀가 태어났다는 소식을 듣고 아름다운 비취 장식품이 든 황색 비단 상자 두 개를 보냈다. 그녀가 외국인 아이에게 선물을 보낸 것은 그때가 처음이었다.

때때로 황실 정원에서 나온 모란이나 난초를 심은 화분, 황실 과수원에서 나온 과일을 담은 바구니, 케이크와 찻잎을 담은 상자 등이 서태후의 호의를 담아 공사관에 보내졌다. 그리고 봄철이 되면 생선[魚]('풍요로움[餘]과 발음이 같아 가장 상서로운 상징)이 외교관 가족들에게 보내졌다. 한번은 미국 공사관에 크기는 거의 3미터, 무게는 164킬로그램이 나가는 거대한 생선을 보내기도 했다. 굉장히 청나라다운 방식으로 서태후는 좋은 관계를 구축하려고 노력했다. 그녀는 세라 콩거라는 아주 소중한 인연을 얻었다. 콩거는 의심할 여지없이 외국 열강과의 교섭을 용이하게 해주었다. 세라 콩거와의 친분은 미국에서 청나라에 대한 동정적인 여론을 조성하는 데 도움을 주었으며, 신축조약으로 인한 미국 측 배상금의 탕감이라는 결과를 가져왔다.

서태후는 이렇게 호의 공세를 펼치면서 다른 중국 여성들에게도 서양 부인들과 친분을 쌓으라고 장려했다. 첫 연회에 다녀오고 얼마 되지 않아 청에 동정적인 세라 콩거("청나라 사람들에겐 달갑지 않은 면도 많지만, 그만큼 감탄스러운 면도 있다. 나는 진정으로 그들을 알고 싶다. 나는 청나라 사람들을 좋아한다.")는 일부 황실의 여성들을 미국 공사관 만찬에 초대했다. 서태후의 양녀인 영수 공주는 그녀를 대신해 초대된 11명의 황실 여인들을 이끌고 미국 공사관으로 향했다. '외모는 평범하지만 태도는 품위 있다'고 알려졌고, '황실의 그 어떤 여성보다 우아한 예법을 보여준다'고 명성이 자자했던 영수 공주는 황실 전용 황색 가마를 타고 도착했다. 다른 공주들은 붉은 가마를, 그보다 품계가 낮은 여성들은 초록색 가마를, 통역관은 공무에 사용하는 노새 수레를 타고 도착했다. 그들은 481명의 하인을 데려왔는데, 여기엔 황실 여성 각자가 거느린 8명의 환관과 경비를 서는 60명의 군인이 포함되었다. 청나라에서는 지위가 높은 사람일수록 많은 하인을 대동했다. 세라 콩거는 이를 보고 소리쳤다. "참으로 장관이구나!" 영수 공주는 서태후가 보내는 안부 편지를 전달했다. 편지에서 그녀는 "지금처럼 청과 미국 간의 관계가 늘 즐겁게 이어지길 희망한다"고 말했다. 황실의 여인들이 떠날 때, "장대한 행렬은 성조기 아래를 지나 용의 깃발이 걸린 거리로 들어섰다. 모든 청나라 사람들은 행렬이 지나갈 때 거리에서 물러났지만, 수천에 이르는 사람들은 다른 곳에서 그 광경을 지켜보았다."

얼마 뒤 황실의 여인들은 답례로 외국 부인들을 초청했다. 세라 콩거는 '청의 관습에 부합하기 위해' 거의 100명에 이르는 하인들과 함께 자금성으로 향했다. 그 이후로 여성들은 서로 교우하며 친분을 쌓기 시작했다. 1903년 초, 세라 콩거는 이전에 청나라에서 함께 살았던 자신의 딸에게 최근의 생활에 관해 편지를 보냈다.

너도 중국이 옛 관습에서 벗어나 조금씩 닫힌 문을 열고 있는 것이 느껴지니? 엄마는 그게 눈에 보인다고 인정할 수밖에 없구나. 만주족이나 한족 고관 부인들은 우리한테 문을 열고 있단다. 엄마는 그 답례로 그 사람들을 즐겁게 해주고 있어. 예전에 품었던 중국 부인들에 관한 생각이 크게 바뀌고 있어. 엄마는 중국 부인들이 자국뿐 아니라 다른 나라의 일에도 관심이 있다는 것을 알게 되었어. 그 사람들은 칙명을 공부하고 신문을 읽더구나. 가끔은 그 사람들의 생각을 끌어내기 위해 내가 특정 주제나 사건을 언급하기도 한단다. 중국 부인들 역시 내게 줄 정보가 많았어.

"나와 중국 부인들이 공통적으로 생각하는 부분이 많다는 것을 알게 되었다." 세라 콩거는 이런 새로운 사실을 발견했다. 중국 부인들은 선교사가 번역한 책들을 읽었다. 그들은 '콜럼버스가 미국을 발견한 것, 청교도가 미국에 상륙한 것, 미국과 잉글랜드의 갈등, 분리 독립, 독립선언문'에 대하여 콩거와 이야기를 나눴다. 중국 부인들 중 하나는 '젠크스 교수의 통화제도에 큰 관심을 보였다.' 코넬 대학교 교수인 제레미아 젱크스Jeremiah Jenks는 그 당시 중국에 새로운 통화제도를 제안한 사람이었다. 미국 공사인 에드윈 H. 콩거Edwin H. Conger도 아내와 마찬가지로 중국인들의 변화에 깊은 인상을 받았다. 한 미국 장군이 세라 콩거에게 "부인들끼리는 무슨 이야기를 나누십니까? 옷이나 보석이겠죠?"라고 물어보자 에드윈 콩거는 이렇게 대답했다. "오히려 정반대지요. 부인들은 만주 문제나 정치적인 문제, 청 황실과 관련된 많은 현안에 관해 이야기를 나눈답니다." 최소한 일부 황실 여성들은 열심히 공부하라는 숙제를 받은 것이 분명했다. 서태후는 서양인들이 지식과 자기 의견을 가진 여성을 존중한다는 것을 알았기 때문에 그들에게 미리 공부를 해두라고 일렀던 것이다.

세라 콩거와 서태후는 자주 만나 긴 대화를 나눴다. 황태후는 콩거 부인에게 1900년 의화단사건 때 자신이 겪은 일을 들려줬다. 이에 세라 콩거는 이런 글을 남겼다. "그녀는 생생하게 자신과 황실의 도피에 관한 이야기를 했다. 그 과정에서 겪었던 고난과 궁핍함에 관해서도 들을 수 있었다. 나는 황태후가 전혀 모를 것이라고 생각했던 여러 분야에 대해 자세히 얘기하는 것을 듣고 상당히 놀랐다." 서태후는 말하는 것만큼 듣는 것도 잘했다. 세라 콩거는 "내가 실제로 바라본 중국 이야기를 황태후는 굉장한 관심을 가지고 들었다"고 말했다. 세라 콩거는 1905년 중국을 광범위하게 여행하고 온 뒤 서태후를 만난 자리에서 이렇게 그녀의 인상을 말했다. "중국 사람들은 이전과는 전혀 다른 모습으로 외국의 생각에 접근하고 있습니다……. 온 세상이 중국 내에 광범위한 지식이 출현하고 있다는 것을 깨닫고 있습니다……." 콩거 부인이 서태후에게 제공한 가장 귀중한 것은, 현재진행 중인 기념비적인 개혁에 관한 서양인의 반응이었다.

세라 콩거는 자신과 친밀한 관계인 서태후가 외국 신문에 끔찍하고 부당한 캐리커처로 등장하는 것에 분개했다. 세계에 서태후의 진면목을 보여주려는 그녀의 욕구는 점점 커져갔다. 그래서 세라 콩거는 미국 신문과 인터뷰를 하면서 서태후에 관하여 오랜 시간 동안 자신이 봐왔던 대로 이야기했다. 콩거 부인의 서태후에 관한 묘사와 그녀가 서태후와 쌓은 긴밀한 친분은 특히 미국에서 새롭고 동정적인 황태후의 이미지를 만들어냈다. 비록 '콩거 부인의 영향력을 통해 수많은 변화가 일어나다', '청의 여성 통치자가 제국을 미국화하다' 같은 기사 제목을 내걸며 언제나 콩거 부인의 공로만을 부각했지만, 마침내 미국 언론은 서태후의 개혁 작업을 인정하고 서태후를 진보적인 모습으로 서술하기 시작했다. 한 만평에선 심지어 어떤 남성과 싸우려는 자세를 취하는 서태후의 모습을 그려놓기까지 했다. 만평의 해설문은 이러했다. "그녀는 전족을 풀 것을 명령했다"(서안에서 북경으로 돌아왔을 때 서태후가 처음으로 내린 칙명들 중 하나가 전족을 금지하는 것이었다). 세라 콩거는 서양 언론에 서태후가 더 나은 모습으로 비춰지는 데 큰 도움을 주었다.

서태후는 이에 고마워했고 이 미국 여성에게 진정한 친밀감을 느꼈다. 1905년, 콩거 부부는 다른 부임지로 가기 위해 청을 떠나야 했다. 세라 콩거는 굉장히 높은 작위와 아름다운 작별 선물을 받았다. 떠나기 전, 세라는 황궁으로 가서 서태후에게 작별 인사를 올렸다. 격식에 맞춘 절차가 끝난 뒤, 그들은 여성 대 여성으로 앉아 대화를 나누었다. 그 만남에 관해 세라는 이런 글을 남겼다. "작별 인사를 나누고 황궁을 떠나려고 하는데 되돌아오라는 요청을 받았다. 황태후의 통역사가 내게 '행운석'이라고 하는 붉은빛이 도는 비취를 주며 말했다. '황태후 마마께서 지니고 계신 행운석을 주시며 부인께서 이 행운석을 차고 있길 바라셨습니다. 대양을 건너는 긴 여정에 행운석을 지니시면 명예로운 고국에 무사히 도착하실 수 있을 거라고 하셨습니다." 평범한 생김새의 이 비취 조각은 청 황실 대대로 전해진 것으로 서태후가 통치 기간 내내 고난으로부터 지켜주는 부적으로 여기며 몸에 지닌 물건이었다. 그런 면을 생각해볼 때 이 물건은 결코 사소한 것이 아니었다. 또한 이렇게 선뜻 건네주었다는 것 자체가 서태후의 감정이 진짜였음을 드러내는 것이었다. 콩거 부부는 중국을 떠난 이후에도 서태후의 메시지를 계속 받았다.

⁂

서양에서 서태후의 평판을 개선하려는 노력의 일환으로, 세라 콩거는 미국 화가가 그린 태후의 초상화를 1904년의 세인트루이스 세계박람회에 출품하자는 아이디어를 내놓았다. 서태후는 굉장한 심리적인 대가를 치러야 하는데도 이 요청을 승낙했다. 전통적으로 청 황실에서 초상화는 죽은 선조들의 것만 제작했다(비록 일상의 모습을 묘사한 수채화가 있기는 했지만 그건 예외적이었다). 서태후는 이제 관습에서 많이 벗어나 있기는 했지만 그래도 여전히 미신을 믿었다. 하지만 그녀는 친밀한 사람이 베푸는 친절을 거절하고 싶지 않았다. 거기다 자신의 이미지를 개선할 수 있는 기회이니 환영할 수밖에 없었다.

이에 오빠가 청의 세관에서 일하고 있는 캐서린 칼이 추천을 받아 1903년 8월에 황실로 오게 되었다. 서태후는 초상화를 위해 단 한 번만 자세를 취하기로 했다. 청의 황태후라는 입장에 걸맞은 화려한 치장을 하고 있어야 했기 때문이다. 그녀는 진주를 꿴 실로 등나무 무늬에 맞춰 화려하게 자수를 놓은 황실을 상징하는 황색 양단 겉옷을 입었다. 오른쪽 어깨 맨 위 단추에 매달린 18개의 거대한 진주들은 비취 조각으로 서로 구분되어 있었다. 그 단추에는 커다란 루비도 매달려 있었는데, 끝에 두 개의 거대한 배[梨] 모양의 진주가 매달린 황색 비단 술로 장식된 루비였다. 자수가 놓인 담청색 비단 손수건은 황태후의 한쪽 팔 밑에 끼워져 있었고 검은 긴 비단 술이 달린 향주머니는 다른 팔 밑에 끼워져 있었다. 머리 장식은 각기 다른 보석으로 가득했고 커다란 생화도 꽂혀 있었다. 황태후의 팔과 손은 팔찌와 반지로 장식되었고 마치 아직도 장식이 부족하다는 듯, 보석이 박힌 손톱 덮개가 양손 두 개의 손가락에 끼워져 있었다. 두 발 역시 장식이 빠지지 않았다. 앞부분에 각진 자수가 놓인 공단 신발은 작은 진주들로 덮여 있었고, 장식이 없는 곳은 몇 센티미터 정도 되는 밑창뿐이었다. 도저히 걸을 수 있을 것 같지 않은 신발을 신고 서태후는 활발하게 캐서린 칼 쪽으로 걸어와서 자신이 앉을 한 쌍의 용이 그려진 옥좌는 어디에 놓아야 하느냐고 물었다. 미국 화가는 85개까지 세어보고 그만둔 수많은 시계들이 똑딱거리는 방 안에서 작업을 시작했다. 앞에 앉아 있는 황태후의 눈매는 '꿰뚫어보기라도 하듯 화가에게 고정되어 있었다.

그 꿰뚫어보는 눈은 캐서린 칼을 개방적이고 굳건한 성격에 솔직한 여자로 판단했다. 그녀는 이 미국 화가가 마음에 들었다. 자세를 한 차례 취하고 난 뒤의 일에 대해 칼 양은 이런 글을 남겼다. "황태후는 잠시 내 눈을 똑바로 바라보며 형편이 좋을 때 자세를 다시 취해줄 테니 며칠간 황궁에 남지 않겠느냐고 물었다." 금세 서태후에게 호감을 가지게 된 이 미국 화가는 그 제안을 크게 반겼다. "황태후가 외국인을 증오한다는 기존에 내가 들은 이야기는 이 첫 번째 만남에서 내가 본 것만으로도 거짓임이 드러났다. 아무리 연기를 잘한다고 해도 인품은 속일 수 없는 법이다……."

캐서린 칼은 거의 1년을 자금성에 머물렀다. 그녀를 통해 서태후는 신비스런 청의 황실에 외부의 세계를 들여놓았다. 서태후는 칼 양과 어울리는 것을 좋아했다. 이 미국 화가는 황궁에 살면서 거의 매일 서태후를 봤고 황실의 사람들과도 어울렸다. 관찰력 있고 세심한 칼 양은 누구보다 서태후와 가까워졌다. 그녀는 서태후가 지닌 엄청난 권위를 곧 알게 되었다. 특히 그녀의 초상화가 '경건한 사제가 교회의 성구聖具를 다루는 수준의 경의'로 다루어지는 것을 보고서는 더욱 그랬다. 심지어 자신의 화구들조차 절반쯤 종교적인 관리를 받았다. "황태후가 지쳐서 자세를 취하는 일을 그만두면 내 붓과 팔레트는 환관이 가져갔다. 환관은 경건한 모습으로 초상화를 이젤에서 떼어내 별도의 보관실로 가져갔다." 붓과 팔레트는 조심스럽게 다뤄져 특별히 제작된 크고 납작한 상자에 보관되었다. 상자엔 자물쇠가 채워졌고 열쇠는 우두머리 환관이 맡았다.

캐서린 칼은 서태후가 어떻게 자신의 뜻을 상대방에게 이해시키는지 알게 되었다. 초상화의 경우에는 마치 부탁이라도 하듯이 조심스럽게 요청하는 것이 그녀의 방식이었다. "황태후는 내 손을 쥐고 거의 애원하듯 이렇게 말했다. '잘 마무리가 안 된 부분은 조금 더 손질을 하도록 합시다. 날 위해서 그렇게 해줄 수 있죠?'" 서태후는 요청을 하면서도 사과하는 것을 잊지 않았다. "내가 많이 곤란하게 했군요. 당신은 참 상냥한 사람입니다." 황태후가 또 굉장히 망설이고 걱정하며 부탁했던 것은 그림이 완성되는 날짜였다. 그림은 반드시 상서로운 길일에 완성되어야 했다. 화가는 자신이 좋을 대로 그림을 끝내서는 안 되는 것이었다. 이어 완성 날짜에 관한 논의가 있었고, 결국 1904년 4월 19일 오후 4시가 이상적인 시간으로 결정되었다. 캐서린 칼이 우려와는 다르게 기꺼이 이 날짜를 받아들이자 서태후는 크게 안도했다.

이 미국 화가는 정원 관리에 쏟는 서태후의 열정에도 감명을 받았다. "아무리 근심 걱정에 시달리고 아주 지쳤더라도 황태후는 꽃을 보면 위안을 얻는 듯했다. 그녀는 얼굴 쪽으로 꽃을 가져가 향을 맡았고 마치 꽃이 지각知覺 있는 존재인 양 소중하게 어루만졌다. 황태후는 자신의 방이나 공간을 채운 꽃들 사이로 걸어가며 빛을 잘 받아 예쁘게 피어난 꽃을 오랫동안 어루만지거나 자라나는 식물이 좀 더 빛을 잘 받을 수 있도록 화분을 돌려놓기도 했다."

캐서린 칼은 자신처럼 개를 아끼는 서태후의 모습도 지켜봤다. 태후는 거대하고 호화로운 견사犬舍를 가지고 있어서, 화가는 이곳을 자주 방문했다. 이를 알게 된 서태후는 칼 양에게 자신이 기르던 애견을 한 마리 주었다. 칼은 이런 글을 남겼다. "어느 날 환관들이 황태후 앞에 강아지 몇 마리를 데려왔다. 그녀는 어미 개를 어루만지면서 강아지들이 가진 특징을 세밀하게 살펴보았다. 그런 뒤 황태후는 나를 불러 강아지들을 보여주며 어떤 것이 제일 마음에 드느냐고 물었다. 그녀는 내게 각 강아지의 좋은 점을 말해주면서 강아지들을 일일이 한번 들어보라고 권했다. 내가 강아지를 선택하지 못하고 난감해하자 황태후는 흰색과 호박색 털을 지닌 아름다운 페키니즈 한 마리를 손수 골라 선물로 주었다." 이 강아지는 실은 칼 양이 제일 좋아하던 강아지였다. 견사에 들를 때마다 그녀는 이 강아지에게 특별한 관심을 보였다. 서태후는 분명 사람을 시켜 그것을 알아냈던 것이다.

　캐서린 칼은 개인적이고 여성스러운 방식으로 드러나는 서태후의 아주 사려 깊은 측면을 보았다. 그녀는 이런 기록을 남겼다. "어느 날 우리는 산책을 하고 있었다. 날이 저무는데 얇은 옷을 입고 있는 나를 본 황태후는 내가 추울 것이라 생각했다. 내가 보온용 숄도 없는 것을 알게 된 그녀는 우두머리 환관을 불러 자신이 쓰던 것을 하나 가져오라고 지시했다. 환관은 황태후가 늘 산책로를 걸을 때 쓰던 숄들 중에서 하나를 골라 가져와 황태후에게 넘겨주었다. 그녀는 이를 받자마자 내 어깨에 걸쳐주고는 가지라고 말하며 다음부터 더욱 몸조심하는 것을 잊지 말라고 했다." 추운 계절이 다가오자 서태후는 궁녀를 칼 양의 거처로 보내 그녀의 유럽산 맞춤옷을 하나 가져오라고 한 뒤 황궁 재단사들에게 솜을 넣은 비단으로 똑같은 옷을 하나 만들라고 지시했다. 서태후는 옷 옆에 길고 부드러운 허리끈을 달아 묶을 수 있게 했고, 칼 양은 그 덕분에 옷이 한결 우아해 보인다고 말했다. 날이 더 추워지자 서태후는 유럽과 중국 스타일이 섞인 안에 털가죽을 댄 긴 옷을 직접 고안해 미국 화가에게 선물했다. 화가는 그 옷을 보고 아름답다고 생각했을 뿐 아니라, 직접 입고서 그림을 그릴 때도 편안하게 여겼다. 황태후는 이후에도 캐서린 칼에게 흑담비 털로 만든 모자를 선물하기도 했다. 그녀는 모자의 검은색이 칼 양의 금발을 더욱 돋보이게 하고 또 모자의 형태가 화가의 굳건한 성격을 잘 드러낼 것 같아 선물한다고 말해주었다.

이런 유럽식이 아닌 복장은 신중한 절차를 거쳐 미국 화가에게 전달되었다. 서태후가 캐서린 칼이 다른 문화의 복장을 좋아하지 않을지도 모른다고 염려한 것이다. 서태후의 옷은 그녀의 민족 정체성을 드러냈다. 한족인 오영의 어머니 옷을 입은 때를 제외하고 그녀가 만주 옷을 입지 않은 적은 한 번도 없었다. 서태후는 칼 양에게 그저 실용적인 목적으로 옷을 선물한 것일 뿐 정체성을 훼손하려고 한 것은 아니라고 은근하게 말했다. 서태후의 이런 세심함은 공사관 부인들을 초청한 정원 파티에서도 드러났다. 그녀는 자신의 수행원으로 모습을 드러내게 되면 칼 양이 당황할까 염려했다. 결국 서태후는 칼 양을 황궁 밖으로 내보내 콩거 부인과 만나서 미국 공사관 부인들과 함께 다시 황궁으로 들어오게 배려했다. 함께 정원을 산책하면서 황태후는 작은 꽃을 뽑아 화가의 귀 뒤에 꽂아주며 친밀감을 표시하기도 했다. 그러자 화가는 서태후가 '부인들과 환관들이 곁에 있어도 자신을 대하는 모습이 이전과 다르지 않다'는 것을 깨닫게 되었다. 황태후는 이 미국 화가를 모든 즐거운 활동에 끼워주려고 했다. 봄에 연날리기를 할 때가 좋은 사례였다. 이때가 되면 고관들과 지식인들은 아이처럼 연을 날리며 뛰어다녔다. 황태후가 가장 먼저 연을 날리는 것은 하나의 관습이었다. 서태후는 화가를 정원에 초대해 줄을 풀고 능숙하게 연을 다룬 뒤 그 연을 화가에게 넘겨주면서 어떻게 날리는지 가르쳐주었다.

서태후는 이 미국인 화가를 친구처럼 대했다. 둘은 공통점이 많았다. 이 화가처럼 빈틈없이 황태후 정원의 아름다움을 알아본 사람은 이전엔 없었다. "눈부시게 아름다운 광경을 바라보는 것은 강렬한 즐거움이었으며, 나는 기쁨으로 몸을 떨었다." 두 사람은 함께 웃었다. 어느 날 서태후는 캐서린 칼이 그림을 그리는 동안 활짝 핀 국화를 보러 갔다. 그녀는 돌아와서 새로운 국화 품종을 보여주고는 이렇게 말했다. "내가 이 꽃에 어떤 이름을 붙였는지 알아맞추면 좋은 선물을 드리지요." 미국인 화가는 이 흥미로운 꽃이 오밀조밀한 중심과 머리카락 같은 꽃잎을 가진 것이 마치 대머리 노인 같다고 대답했다. 그러자 서태후는 기쁜 표정으로 외쳤다. "맞췄군요. 나는 이 꽃에 산중수山中叟(산속의 늙은 남자)라는 이름을 막 붙였답니다!" 둘 사이에는 격식에 얽매이지 않는 친밀감이 있었다. 한 번은 정원 파티에서 서태후가 화가의 회색 옷을 살핀 뒤 색깔이 조금 더 있으면 좋겠다며 분홍색 모란을 화병에서 뽑아 칼 양의 옷에 매달아주기도 했다. 서태후와 화가는 옷에 관해서도 이야기를 나눴다. 서태후는 유럽의 옷이 '아름다운 색'을 지녔다며 칭찬했지만, "날씬하고 균형이 잘 잡힌 사람들에게만 잘 어울린다."고도 말했다. 반면 만주 복장에 관해서는 이렇게 말했다. "어깨부터 곧게 선이 떨어져 풍채가 좋은 사람에게 잘 어울린다. 많은 결점을 가려주기 때문이다"(황태후는 캐서린 칼에게 서양의 코르셋을 비판하는 일을 삼갔다. 외국에서 살다 온 어떤 중국 부인이 황실에 들어와 있었는데 그녀는 이 여자 속옷에 관해 과장을 섞어 서태후에게 말해준 적이 있었다. 이때 그녀는 겉으로 이런 반응을 보였다. "그런 옷을 입고 견뎌야만 하는 서양 여성들은 정말로 딱하구려. 거의 숨을 쉬지 못할 정도로 허리를 쇠로 조이다니, 참으로 딱하도다!").

　거의 1년간 서태후와 함께 보내며, 캐서린 칼은 그녀를 실질적으로 매일 보며 지냈다. 이 미국인 화가는 서태후를 '정말로 좋아하게' 되었다. 이 감정은 서태후도 마찬가지였다. 황태후는 화가에게 원하는 만큼 머물러도 좋으며, 머무는 동안 황궁의 다른 부인들도 그려달라고 했다. 심지어 태후는 이 화가에게 여생을 북경에서 보내도 좋다고 말하기도 했다. 하지만 화가는 '황궁 문 너머의 세계가 자신을 부르고 있다며' 정중하게 거절했다.

캐서린 칼이 그린 서태후의 초상화는 평범했다. 서양의 초상화는 얼굴에 음영이 들어가 있지만, 청의 전통에서 그런 얼굴은 배신자의 상징인 '음양陰陽의 얼굴'이라서 기피했다. 미국 화가에게는 얼굴을 평평하게 그리라는 교묘하면서도 심각한 압박이 들어왔다. "황태후가 지닌 굉장히 매력적인 용모를 평범한 전통적 방식으로 그려야 하는 상황이라는 것을 나는 깨닫게 되었다. 나는 당초 작업에 임했던 열렬한 흥분을 느낄 수가 없게 되었다. 나는 많은 심적 고통과 내면의 갈등을 겪은 후에야 비로소 그 불가피한 사실을 받아들일 수 있었다." 하지만 그녀는 자신의 독특한 경험을 담은 《중국 황태후와 함께With the Empress Dowager of China》라는 책을 1906년에 출판했고, 이 책에서 인상적인 서태후의 모습을 묘사하고 있다.

그러는 사이에 서태후의 초상화는 세인트루이스 세계박람회가 끝난 후 미국 정부에 증정되었다. 1905년 2월 18일, 백악관의 블루 룸(백악관 2층에 있는 대통령 접견실)에서 청나라 공사는 대통령 시어도어 루스벨트Theodore Roosevelt와 내각에 황태후의 선물은 미국이 청에 보내준 우정에 감사를 표시하는 것이라고 설명하면서, '미국 국민들의 안녕과 번영에 대해 서태후가 보내는 변치 않는 관심'이기도 하다고 덧붙였다. '미국 정부와 국민의 이름으로' 초상화를 받아들이며 루스벨트 대통령은 이렇게 말했다. "국제 관계라는 거대한 장에서나, 오늘 우리를 함께하게 한 이 즐거운 일에서나, 양국 상호 간의 우호는 모든 실행 가능한 방식에서 존재하고, 유지되고, 강화되어야만 할 것입니다. 이 선물은 그에 아주 적합합니다." 초상화에 관해서 루스벨트는 이렇게 말했다. "초상화는 국립 박물관에 전시해두겠습니다. 두 나라를 결속시킨 호의와 서로의 행복과 발전을 빌어주고자 하는 양국의 강렬한 관심을 증언하는 영속적인 기념품이 될 것입니다."

※

　서양과의 우호적 관계를 형성하기 위한 서태후의 노력에 관련된 세 번째 여성은 1903년부터 서태후와 가까워졌다. 그녀는 루이자 피어슨 Louisa Pierson인데 상해를 무대로 활동하는 보스턴 출신의 미국 상인과 중국 여성 사이에서 태어났다. 1870년대 당시 유럽과 아시아인들 사이엔 많은 교제가 있었는데, 그들 사이에서 태어난 아이들은 언제나 혼혈이라고 멸시를 당했다. 본인이 기록한 대로, 로버트 하트도 '동거하던 청나라 여성'이 있었다. 그는 몇 년간 그녀와 살았고, 영국 여성과 결혼할 때가 되자 그녀를 버렸다. 그들 사이에서 태어난 세 명의 아이들은 잉글랜드로 보내져 어떤 회계사의 아내에게 맡겼는데, 생부와 생모 어느 쪽도 그 아이들을 다시 만나지 않았다. 하트의 조치는 당시 기준으로 '터무니없을 정도로 아주 자비로운' 것이었다. 다른 외국인들은 자신의 혼혈 자식들을 그냥 내버리는 경우가 많았기 때문이다. 루이자 피어슨이 상해에서 사망한 미국 아버지에게 어떤 대우를 받았는지는 알 수 없다. 하지만 그녀는 비범한 중국 관리 유경裕庚의 정실부인으로 살게 되었다. 유경은 피어슨을 첩으로 간주하거나 대우하지 않았다. 이들의 결혼 생활은 쉽지 않았다. 청나라 사람들은 루이자를 '서양 튀기(鬼子六)'라 불렀고, 외국인 사회는 유경 부부를 경원시했다. 하지만 두 부부는 아이들과 함께 행복하게 살았다. 자신들의 결합을 당당하게 여겼고 전혀 거리낌이 없었다. 하트는 다소 인색하게 말했다. "두 사람의 결혼은 연애결혼이라고 생각한다." 그러면서 이런 말도 했다. "유경 가족은 어디서든 좋은 시선을 받지 못한다. 어쨌든 그 노인은 강력한 배경이 있는 사람이다. 대체 왜 그런 짓을 했는지 모르겠다."

유경의 강력한 배경은 편견 없는 후원자들이었고, 특히 서태후가 있었다. 유경은 장지동 총독 밑에서 일하면서 지역 주민과 기독교 선교사들 사이의 충돌을 처리하는 연락 임무를 맡았다. 그의 아내 루이자 피어슨은 두 나라 말이 능통하여 양쪽 모두와 대화할 수 있었고, 오해를 풀고 논쟁을 해결하는 데 도움을 주었다. 장지동은 유경 부부를 높이 평가하면서 그들을 황실에 추천했다. 유경은 이후 빠르게 승진하여 초대 주일 청 공사가 되었다가 프랑스 공사로 부임하기도 했다. 하트가 투덜거리는('나는 그 임명 건이 썩 마음에 들지 않는다!') 와중에도, 유경 부부는 "영어를 말할 수 있는 떠들썩한 아이들"과 함께 유럽의 중심부로 갔다.

파리에서 유경 가족은 세계인의 삶을 살았다. 유경 부부에 매료된 서양 신문은 다음과 같이 보도했다. "루이자 피어슨은 보스턴 억양과 희미한 청나라 억양이 드러나는 프랑스어와 영어를 완벽하게 구사했다. 그녀는 또한 정말 훌륭한 예술가였다. 숙련되고 능숙한 청나라 장인들처럼 비단에 그림을 그렸으며, 이 모습에 프랑스 화가들은 깜짝 놀라 입을 다물지 못했다". 피어슨은 "굉장한 매력과 교양으로 공사관 연회의 사회를 보기도 했다." 1901년 춘절을 기념하기 위해 유경 부부가 개최한 가장무도회에서 그들의 아들인 경령醫齡은 나폴레옹 복장으로 차려입었다. 가톨릭 신자였던 아들은 프랑스인 피아노 교사와 파리의 한 성당에서 결혼식을 올렸다. 결혼식에서 신랑은 붉은 산호 버튼이 달린 하늘색 만주식 외투를 입었다. 재불 미국 대사 호레이스 포터Horace Porter 장군도 참석해 이 결혼식을 지켜보았으며, 신문들은 '최근 이곳에서 본 결혼

식 중 가장 기발하고 흥미로운 결혼식', '새로운 사건'이라며 대대적으로
보도했다(하지만 두 사람의 결혼은 이후 경령이 가족과 함께 중국으로 귀국하면서
끝나버렸다). 《뉴욕 타임스》는 유경 부부의 두 딸인 덕령과 용령容齡에 관
해 이런 기사를 냈다. "유경 부부의 딸들은 반할 만큼 외모가 수려하다.
그들은 유럽식 옷을 입었으며 그들의 교양과 재능에는 동양적 매력이
더해졌다. 유경 부부의 두 딸이 응접실로 들어오면 사람들은 그들을 주
목하게 된다." 루이자와 유경은 두 딸에게 완전히 파리를 즐길 수 있도
록 전례가 없는 자유를 주었다. 덕령과 용령은 사람들을 만나고 극장에
자주 다녔으며(여기서 그들은 연극배우 세라 베르나르Sarah Bernhardt에 매료되
었다), 그 유명한 이사도라 덩컨Isadora Duncan과 함께 무용 수업도 받았
다. 두 딸은 부모님의 파티에서 무용 솜씨를 뽐냈으며 유럽식 무도회장
에서 외국 남성과 몸을 밀착해 춤을 추기도 했다. 루이자가 손등에 프랑
스인의 키스를 받아들이는 것을 포함해 유경 가족의 생활 방식은 청나
라 사람들의 눈살을 찌푸리게 했을 뿐만 아니라 더 나아가 적개심마저
품게 했다. 격노한 공사관 관리들은 황제에게 유경 가족을 비난하는 글
을 올렸다.

하지만 서태후는 유경 가족의 행동거지를 좋아했고 그들이 귀환하기
만을 초조하게 기다렸다. 유경은 임기를 마치고 황급히 유럽의 주요 도
시들을 둘러본 다음 가족과 함께 1903년 초 북경에 도착했다. 그 즉시
서태후는 루이자 피어슨과 그녀의 두 딸을 황궁으로 초대해 자신의 궁
녀로 임명하고 대부분의 황실 궁녀들보다 높은 서열을 부여했다. 서태
후는 갈수록 서양인과 접촉할 일이 늘었기에 영어와 프랑스어를 잘하
는 피어슨의 두 딸을 내세워 통역을 시켰다. 황태후는 피어슨의 작은딸
용령이 파리에서 음악과 무용을 공부했다는 말을 듣고 열광적인 반응

을 보였다. 그녀는 청나라의 무용이 거의 사멸되었는데도 아직 황실의 기록을 연구해 그것을 되살릴 사람을 찾아내지 못한 것이 늘 유감스러웠다고 말했다. "이제 용령이 그 일을 해낼 수 있겠구려."라고 서태후는 말했다. 이렇게 하여 용령은 '청에서 현대무용을 선보인 첫 여성'이라는 명성을 쌓아올리게 되었다. 서태후의 응원을 받으며 용령은 황실과 민간 무용을 연구했고 그것을 발레나 다른 서양 무용과 결합하는 일련의 안무를 만들어냈다. 용령의 연구 결과에 서태후는 크게 기뻐했다. 용령의 공연은 원세개가 설립한 서양식 관현악단과 황실 합창단이 적극 지원했다.

루이자 피어슨은 서태후에게 외부 세계를 알려주는 소중한 상담역이었다. 그녀는 마침내 유럽과 일본을 직접 경험하여 풍부한 지식을 가진 사람을 곁에 두게 되었다. 서태후는 매일 피어슨의 조언을 구했고 또 그녀의 의견을 존중했다. 공사관 수행원인 아버지를 따라 독일에 다녀왔던 한 소녀가 초기에 서태후의 통역을 담당한 적이 있었는데, 이때 그녀는 태후에게 독일의 궁궐이 '무척 소박하다'고 말했다. 국제적인 기준에 비교해 자신의 궁궐이 얼마나 사치스러운지 알아내기 위해 서태후는 루이자를 불러 물었다. 그러자 그녀는 독일 궁궐에 가본 적은 없지만 실제로는 웅장한 것으로 알고 있다고 답했다. 서태후는 이 대답을 듣고 안심했다. 지적이고 유능한 루이자 피어슨은 외교적 의전 정보의 원천 혹은 조언자 수준에 머물지 않고 그 이상의 역할을 했다. 심지어 국제정치도 피어슨의 활동 범위 안에 있었다. 1903년 말, 일본과 러시아는 만주 문제로 전쟁을 향해 달려가고 있었다. 이때 서태후는 초대 주일 중국 공사였던 유경과 함께 일본에 살았던 피어슨과 일본 얘기를 자주 나눴다. 어느 날 일본 공사인 우치다 고사이內田康哉의 부인이 서태후에게 알현을 청했다. 서태후는 공사 부인을 반기며 콩거 부인에게 그랬던 것처럼 페키니즈 강아지를 선물로 주었다. 이런 친밀한 행동은 일본의 호의를 얻으려는 뜻이었다. 서태후는 이 시점에서 일본 공사 부인의 방문은 정치적인 의도를 담고 있다고 생각했다. 일본은 자국에 관한 서태후의 진짜 의중을 알고 싶어 했지만 그녀는 알려줄 생각이 없었다. 루이자 피어슨은 용령을 통역으로 세워 서태후를 돕기로 했다. 용령은 어머니의 지침을 받아 일본 공사 부인이 태후의 속을 떠보거나 정치적인 의도를 담은 질문을 해오면 일부러 무의미한 잡담으로 적당히 통역했다. 피어슨은 때때로 병중인 남편을 보살피러 떠났는데, 서태후는 그녀를 없어서는 안 될 사람으로 생각했기에 은근한 어조로 서둘러 돌아올 것을 촉구했다. 1907년 피어슨이 위중한(실은 죽어가던) 남편을 보살피기 위해 황실에서 완전히 떠나려고 하자 서태후는 할 수 없이 그녀를 보내주었다.

서태후의 개혁

[1902~1908]

1902년 초 북경으로 돌아와 1908년 말 사망할 때까지의 생애 마지막 7년 동안 서태후는 일련의 개혁을 수행했다. 이 시기에는 청이 근대화의 문턱을 분명 넘어서고 있었고 획기적인 변화가 일어났다. 근대화로 인해 제국의 연간 세입은 1억 테일에서 2억 3500만 테일로 갑절 이상 늘어났다. 세입이 증가하면서 진보된 근대화의 단계로 진입할 수 있게 되었다. 이 시기의 개혁은 급진적이고 진보적이었으며 또한 인도적이었다. 개혁은 중세의 야만성을 근절하고 백성들의 삶을 개선하는 방향으로 추진되었다. 서태후의 신중한 관리 아래, 중국 사회는 근본적인 변화를 겪었다. 서태후가 주도하는 변화는 사려 깊고 피를 흘리지 않았으며, 근본은 주의 깊게 보존하되 최소한의 충격을 주어 더 나은 방향으로 나아가려는 것이었다.

1902년 2월 1일, 서태후가 처음으로 선포한 개혁 칙명 중에는 만주족과 한족 간의 통혼 금지를 철폐하는 것이 있었다. 이 조항은 청 제국만큼이나 오래된 것이었다. 혈족 지향적이었던 청 사회에서 통혼 금지는 두 민족 사이에 사회적인 교류가 거의 없었음을 뜻했다. 심지어 만한滿 漢 관리들이 서로 가깝더라도 그들의 가족은 거의 만날 일이 없었다. 미국 의사 헤들랜드 여사는 자신의 집에서 두 만주족 공주와 한족 군기대신의 손녀가 만났던 일을 이렇게 서술했다. "잠시였지만, 그들끼리 대화를 하게 하는 건 '물과 기름을 섞으려는 일처럼' 느껴졌다." 하지만 이제 만한 분리 정책은 사라지게 되었다.

같은 칙명에서 서태후는 한족 여인들에게 강제로 부과되어온 전족의 전통을 그만둘 것을 지시했다. 그녀는 칙명에서 전족이 '사람에게 해를 입히고 자연의 섭리를 거스르는 것'이라고 지적했다. 이는 자연적인 것을 존중해야 한다는, 중국인의 뿌리 깊은 신념에 호소하는 주장이었다. 전족이 1천 년 동안 지속된 끈질긴 관습이라는 것과, 칙명에 대한 저항으로 과격한 충돌이 일어날 수 있다는 것을 잘 알던 서태후는 칙명 시행에 있어서 특유의 신중함을 보였다. 그녀는 지방 관리들에게 모든 가구家口가 자신의 칙명을 사례와 설득을 통해 확신해야 하며, 이 과정에서 폭력을 사용해 강요해서는 안 된다고 지시했다. 서태후의 방식은 급격한 변화를 강제하는 것이 아니라, 인내를 통해 점진적 변화를 지향하는 것이었다. 친밀한 관계였던 미국인 세라 콩거가 칙명이 제국 전체에 즉시 효력을 가져오리라 생각하느냐고 질문하자 서태후는 이렇게 대답했다. "아니요, 청나라는 천천히 나아갑니다. 이 관습은 너무 굳어져서 변화하려면 상당히 시간이 걸릴 거예요." 서태후는 기다릴 준비가 되어 있었다. 그녀는 점진적인 변화를 강조했고, 이 때문에 10년 뒤에도 많은 어린 소녀들(이 중엔 저자의 할머니도 있었다)의 발은 여전히 전족이 되었다. 하지만 그 소녀들은 전족의 고통을 받는 마지막 세대가 될 것이었다.

다시 한 번 서태후는 강압보다는 설득과 홍보를 통해 여자들을 가정과 남녀 구분으로부터 해방시킴으로써 근본적인 유교 전통에서 벗어나고자 했다. 그리하여 여성들이 대중 앞에 나타나기 시작하고 극장에 가기도 하며, 전례 없던 즐거움을 누리게 되었다. 서태후는 특히 여성들도 현대식 교육을 받아야 한다고 주장했다. 그녀는 총독, 고관, 귀족 들이 솔선하여 여학교를 세우고 기금을 낼 것을 지속적으로 촉구했다. 이어 황태후는 귀족 여성을 위한 학교를 개별적으로 설립함으로써 그녀 자신이 앞장서서 모범을 보였다. 그녀가 세운 학교의 교장은 영수 공주가 맡았다. 황태후의 또 다른 계획은 여성을 위한 고등교육기관을 설립하는 것이었다. 고등교육기관에 입학해 졸업하는 여성은 황태후의 학생이라는 호칭을 부여받는 영광과 특전이 주어졌다. 1905년 한 여학교의 후원자인 혜흥惠興이라는 부인은 정기적인 학교 후원금이 필요하다고 호소하면서, 대중의 관심을 끌 목적으로 가끔 벌어지는 방식인 자결을 감행했다. 당시 많이 생겨난 언론들은 혜흥을 국가적 영웅으로 만들었다. 그녀의 추도식엔 남녀를 불문하고 많은 사람들이 모였으며, 그녀의 삶을 주제로 한 경극이 만들어지기도 했다. 서태후는 이화원에서 공연되는 혜흥 주제로 한 경극에 당대 유명 배우들을 공개적으로 선정하면서 전폭적인 지지를 보냈다. 서태후는 또한 같은 시기에 〈여성도 애국자가 될 수 있다(女子愛國)〉는 새로운 경극을 공연하도록 후원했다. 이는 여성의 정치의식을 일깨우려는 목적이었다. 1907년 봄, 여성 교육에 관한 규정을 담은 칙명이 선포되면서 여성에 대한 의무교육이 공식적으로 시행되었다.

여성 교육의 대변자로는 단방端方 총독이 있었다. 서태후는 서안에 가 있던 동안 그곳의 현역 순무로 있던 단방의 개혁적인 생각과 능력에 깊은 인상을 받았다. 그 후 요직으로 진급한 이 새로운 정치 주역은 청나라 최초의 유치원을 포함한 많은 근대화 계획을 추진했다. 1905년 처음으로 여학생들을 외국으로 보낸 것도 그였다. 여학생들은 처음에는 일본으로 건너가서 교원敎員 교육을 받았으나 나중에는 미국 유학을 떠나는 여학생들도 생겨났다. 국가 장학금을 받고서 조지아 주 메이컨의 웨즐리언Wesleyan 대학으로 간 10대 소녀들 중엔 뒷날 중화인민공화국의 명예 대통령이 된 손문의 부인 송경령宋慶齡도 있었다. 당시 아이였던 그녀의 여동생 송미령宋美齡은 나중에 매사추세츠 주의 웰즐리Wellesley 대학을 졸업했고, 이어 장개석蔣介石의 아내가 되어 국민당 정부 수반의 영부인이 되었다.

뒷날 많은 주요 여성들이 서태후가 제공한 기회의 수혜자가 되었다. 서태후가 추진한 여성 교육 덕분에 여벽성呂碧城이라는 여성은 1904년 주요 신문인《대공보大公報》의 첫 여성 편집자가 되었다. 능력이 출중한 그녀는 많은 청년들의 구애를 받기도 했다. 교육받은 여성들은 여성의 자유를 촉진하는 약 30개의 잡지를 출판했다. 그중 하나인《부녀일보婦女日報》는 명백히 그 당시의 유일한 여성 신문이었다(비록 오래 유지되지는 못했지만).

중국에서 20세기 첫 10년간 '여권女權'이라는 표현이 유행했다. 1903년 초, 한 영향력 있던 소책자는 이렇게 선언했다. "20세기는 여권 혁명의 시대가 될 것이다." 여성을 비길 데 없이 잔혹하게 대우하던 사회에서 이런 획기적인 해방이 시작되었다.

중국 사회의 또 다른 핵심 요소는 제국을 통치하는 엘리트를 선발하는 교육체계(과거)인데 이마저도 결국 폐기되었다. 과거의 교육체계는 근대화를 방해하는 것이었고, 중국의 전반적 사상 체계에도 방해가 되는 요소였다. 교육개혁은 몇 년 동안 서태후의 의제이기도 했다. 그사이에 그녀는 점진적으로 대안 교육체계를 설립했다. 이렇게 하여 정부는 물론 민간 영역에서도 경력을 쌓을 수 있는 우회로가 생겨났다. 1905년에 최종적으로 과거가 폐지되었을 때 1천 년을 넘게 중국의 정치 기반을 형성하던 거대한 기둥은 놀라울 정도로 쉽게 붕괴되었다. 새로운 교육체계는 서양식 교육체계에 기반을 두었다. 전반적인 교육 과목이 도입되는 가운데 비록 교과과정으로 전락하긴 했지만 중국의 고전도 살아남게 되었다. 1905년, 유럽식 교실, 도서관, 체육관을 갖춘 신식 학교에서 교복을 입은 학생들이 영어를 말하는 교사들의 수업을 듣는 모습을 본 세라 콩거는 놀라워하며 이렇게 생각했다. '수만 명의 교육받은 청년들이 졸업한 뒤 광대한 인구 속으로 스며들면 장래 중국엔 어떤 일이 생기게 될까?' 3년이 흐른 뒤, 모두가 위의 학교처럼 잘 정비되지는 않았지만 신식 학교들의 개수는 다섯 자리 수에 이르게 되었다.

유학을 간 청년들이 충분한 자격을 갖추고 귀국하면 장학금을 받거나 선망하는 일자리를 보장받는 등 혜택을 받았다. 처음엔 많은 청년들이 유학을 꺼렸는데, 이런 기피 현상은 특히 지위가 높은 가문의 자제들 사이에서 심했다. 부릴 하인이 없는 생활이란 그들에겐 상상조차 할 수 없는 일이었기 때문이다. 하지만 관직에 오르고자 열망하는 청년들은 외국에 가려고 했고, 유학이 아니라면 여행이라도 하려고 했다. 1903년이 되자 적어도 몇 달간 해외에 나가서 여행을 하고 오는 것이 장래의 취업에 필수 조건이 되었다. 서태후는 칙명을 내려 기존 관리들도 해외에 나가라고 지시했다. 그녀는 칙명에서 '불이익은 없고 오로지 이득만 있을 것'이라고 말했다. 유학하는 학생들의 수는 치솟았다. 20세기 초반 일본에 유학하는 학생 수만 따지더라도 약 1만 명에 이르렀다.

∞

새로운 교육과 사상을 받아들인 한족 청년들은 이제 만주족의 통치에 의문을 품고 이를 거부하기 시작했다. 이들의 출판물은 다음과 같은 격렬한 항의로 가득했다. "만주인들은 260년간 중국을 침략해 한족을 지배해온 외지인이다! 그들은 학살로 이 땅을 정복했고, 우리는 재앙과도 같은 대가를 치렀다! 만주인들은 우리에게 '변발'을 강요하여 우리를 런던과 동경의 웃음거리로 만들었다." 길고 긴 불만을 폭발시킨 뒤 한족은 반드시 저항해야 한다는 함성을 내질렀다. "만주인들을 몰아내자! 중국은 한족의 것이다!" 1903년, 추용鄒容은 무척 충격적인 반만反滿 논문인 '혁명군革命軍'을 상해의 신문에 실었다. 서태후를 '창녀'라고 비난한 이 논문은 만주족 정부의 전복을 열렬히 호소했다. "중국에 사는 모든 만주인들을 축출하자. 아니면 복수를 위해 죽여버리자." 추용은 이렇게 소리치는 것도 모자라 이런 주장까지 했다. "만주인 황제를 죽이자!" 이 논문에 만주족 고관들이 격분한 것은 물론이고, 개혁을 지지하는 가장 개방적인 관리들조차 분노했으며 서태후도 예외는 아니었다. 청의 국법으로는 이런 선동은 대역죄에 해당하는 것이어서 끔찍하게 죽는 처벌을 받게 되어 있었다. 심지어 가장 헌신적인 개혁 관리인 단방 총독도(그 역시 만주족이었다) 추용을 상해(상해는 조약항이라 서양 법의 영향 아래에 있었다)에서 '인도 받아' 죽이지 못하면 평생 구금해야 한다고 주장했다. 하지만 상해는 추용의 인도를 거부했다. 그는 상해에서 서양인들이 대부분 배심원으로 참석한 재판을 받았다. 청 정부는 변호사를 내세웠다. 추용이 행동이 아닌 글로써 폭동 선동을 했기 때문에, 판사는 서양 법에 따라 1904년 중순경 그에게 2년의 징역과 노동 교화를 선고했다. 그는 서양식 교도소에 갇혔고 그의 글을 실은 신문은 폐간되었다.

이 유명한 재판은 모두에게 교훈이 되었다. 극단적인 내용의 글을 기고하던 이들은 수위를 낮출 필요를 느꼈다. 상해의 교도소는 대부분 중국 교도소처럼 마굴은 아니었지만 결코 쾌적한 곳은 아니었다. 추용은 원래 건강이 좋지 않은 데다 잠을 제대로 자지 못해 1년도 되지 않아 옥중에서 사망했다. 서태후에게 이번 사례는 깊이 생각할 거리를 제공했다. 그녀는 급격히 늘어나는 언론의 불경不敬 사상 등 상상조차 할 수 없는 언론 자유를 어떻게 처리하느냐는 새로운 문제에 직면했다. 하지만 이를 역모로 간주하고 옛 국법으로 주모자를 처리하는 것은 과거로 돌아가자는 것이었으므로 서태후는 그 방식을 선택하지 않았다. 학생들이 유학을 가서 온갖 불경스러운 사상을 배워 오니 유학을 중단하거나 억제하자는 주장도 나왔으나 그녀는 이를 듣는 것조차 거부했다. 서태후는 대신 서양과 일본식의 법률과 규정으로 언론을 통제하기로 했고, 이런 시도는 점진적으로 도입되었다. 그 결과, 새로운 20세기에 들어서자 중국어로 된 신문과 잡지 발행이 크게 증가했다. 제국 전역의 60군데 이상에서 수백 개의 신문과 잡지가 생겨났다. 자금만 있다면 누구든 신문을 낼 수 있었고, 아무도 그들에게 재갈을 물리려 하지 않았다. 천진을 근거지로 둔 직례 총독 원세개는 그곳에서 가장 영향력 있는 신문《대공보》의 무자비한 공격을 받았다. 원 총독은 몹시《대공보》를 싫어했지만 결국 그들에게 재갈을 물릴 수 없었다. 그가 할 수 있는 것은 정부 관리들에게《대공보》를 사지 말고, 우체국에서는 그 신문을 배달하지 말라고 지시하는 것뿐이었다. 하지만 원세개의 이 두 가지 조치는 성공을 거두지 못했고 오히려《대공보》의 유통 부수만 더 늘려줬다. 서태후가 보인 자신의 정부와 자신에 대한 공격에 인내하는 모습과 다양한 관점을 기꺼이 허용하는 모습은 전임자들과 비교조차 되지 않을 정도로 파격적인 것이었다. 또 후임자들과 비교해서도 틀림없이 관대한 것이었다.

상상도 할 수 없던 자유를 허용함과 동시에 서태후는 중국의 법체계에 혁신을 불러일으켰다. 1902년 5월, 그녀는 칙명을 내려 이렇게 말했다. "다른 나라의 법을 참조하여 모든 기존의 법을 전면적으로 검토하라. 청조의 법이 외국의 법과 반드시 호환될 수 있게 하라." 법의 개혁을 연구하는 조직은 비범한 지성의 소유자인 심가본沈家本이 수장이 되어 이끌었다. 그는 청의 전통적인 법을 잘 알고 있었을 뿐만 아니라 여러 다른 서양의 법규를 연구했다. 그렇게 서양 법에 기반을 둔 완전히 새로운 법체계가 10년 사이에 만들어졌고, 이는 상업, 민사, 형사, 법률 절차의 모든 범위를 포괄했다. 서태후는 위 조직의 권고를 모두 승인했고 개인적으로도 많은 획기적인 변화를 담은 칙명을 내렸다. 1905년 4월 24일, 악명 높은 '능지처참' 형이 폐지되었고, 이런 끔찍한 처형 방식은 처음부터 만주족의 것은 아니었다는 다소 자위적인 서태후의 해명도 함께 나왔다. 별도의 칙명을 통하여 심문하는 동안에는 고문도 금지되었다. 그때까지 고문은 자백을 받아내는 데 필수적인 수단으로 널리 받아들여졌다. 이제 고문은 '사형선고를 내릴 수 있을 정도로 충분한 증거가 있지만 여전히 죄를 인정하지 않는 자에 한해서만 허용'되었다. 서태후는 고문을 즐기는 자들에 대해 '혐오감'을 표시해왔기에, 새로 생긴 제약을 준수하지 않을 경우 엄중 처벌하겠다고 경고하기도 했다. 교도소와 소년원은 인도적으로 운영되었고, 수감자를 학대하는 것도 용납되지 않았다. 수도와 지방엔 법과대학이 설립되었고, 법은 일반 교과과정의 한 과목으로 지정되었다. 서태후의 통치 아래 이렇게 법체계가 구축되기 시작했다.

덜 획기적이긴 하지만 또 하나의 발전은 상업에 대한 평판이 좋아졌다는 것이다. 비록 청나라 사람들은 돈 버는 것을 좋아하긴 했지만, 역설적으로 중국 문화는 상업을 혐오해왔고 직업 중에서도 가장 하위로 여겼다(사농공상士農工商이라고 하여 관료, 농업, 공업, 상업의 순이었다). 1903년, 중국 역사상 최초로 청나라는 상부商部를 설립했다. 일련의 황실 칙명은 '회사를 설립하고자' 열의를 불태우는 기업가들에 명확한 유인책을 보여주었다. 칙명은 지방정부가 '지연 없이 즉시' 회사 설립을 승인하라고 지시했다. 포상 중 하나는 '5천만 위안[元] 이상의 주식을 가진 회사를 키운 사람은 상부의 일급 고문으로 지명되며, 일급 관리 지위를 얻게 됨과 동시에 쌍룡이 새겨진 특별한 금메달을 상으로 받게 되었다. 이들은 또한 남성 후손이 있다면 3대에 걸쳐 상부의 3급 고문 자리를 세습할 수 있었다'. 그리고 해외 박람회에 참가하거나 수출할 새로운 상품을 만들어낸 상인들에겐 더 많은 포상이 주어졌다.

1905년 중앙은행을 설립하는 것 말고도 많은 다른 발전이 있었다. 중앙은행 설립 이후에 국가의 새로운 통화 단위는 '위안'이 되었다. 이 체계는 오늘날에도 여전히 사용되고 있다. 북부와 남부를 잇는 거대한 동맥인 북경-무한 철도는 1906년에 완공되었다. 이제 초기 철도망이 준비가 된 것이었다. 육군과 해군은 새로운 본부를 얻었다. 세기가 바뀔 때 지어진, 동양의 특징을 가진 두 개의 웅장한 유럽식 건물이었다. 중국인 건축가가 설계한 이 건물은 북경에서도 가장 주목을 받았는데, 들리는 이야기로는 서태후가 이 두 건물의 비용을 댔다고 했다. 실제로 그랬다면, 과거 해군 기금을 가져간 것에 대한 속죄였을지도 모른다.

청이 전면에서 새로운 삶의 방식을 받아들이는 동안 아편을 피우는 오래된 습관은 서서히 줄어들었다. 외세의 강요로 아편을 합법화한 지 50년이 지난 뒤 청의 인구 대부분(공식적인 추정치는 30~40퍼센트였다)은 아편을 피우고 있었다. 서양인들이 청나라 사람들에 대하여 갖고 있는 전형적인 인상은, 아편에 중독되고 더러운 치아를 가진 추잡하고 멸시할 만한 얼굴의 소유자라는 것이었다. 중국 사람들이 왜 중독이 되었는지 근원을 따져보면 이는 정말 부당한 편견이었다. 이런 나라 형편을 걱정하는 중국 사람들은 아편 금지를 줄곧 옹호했고, 이는 서양 선교사들도 마찬가지였다. 청으로 수입되는 외국 아편은 주로 영국령 인도에서 생산된 것으로 영국이 점령한 항구를 통해서만 들어왔다. 중국이건 영국이건 여론은 압도적으로 아편 무역 금지를 지지했다. 1906년 중순, 영국 의회는 이 문제를 놓고 논쟁을 벌였다. 논쟁의 분위기가 아주 활발해지자 런던의 청 공사는 고국으로 즉시 서신을 보냈다. "우리 역시 아편 금지를 진정으로 바란다는 모습을 보이면, 영국도 깊이 동감하고 우리와 함께 협력하는 모습을 보일 거라고 확신합니다." 기회를 놓치지 않기 위해 서태후는 10년 내로 청에서 아편 생산과 소비를 근절하겠다는 의도를 널리 선포했다. 칙명에서 그녀는 아편이 백성들에게 얼마나 많은 해를 입혔는지 지적하고 아편에 대한 혐오감을 표시했다. 상세한 10가지 사항을 담은 계획이 세워졌고, 이로 인해 60세 이하 제국의 모든 사람들은 아편을 끊어야만 했다(60이 넘은 사람들은 금단 과정을 견뎌낼 체력이 없다고 간주되었다). '제국 전역에 퍼진' 칙명 효과는 당시 청에 있던 역사가 모스에 의하면 '감동적'이었다. 아편을 재배하던 농부들은 거의 저항 없이 재배를 포기했다. "아편을 피우는 습관을 버린 사람들은 수백만에 이르렀다. 대중들 사이에서 아편 흡연자를 보는 것은 옛일이 되었다. 청년들은 아편에 중독되지 않도록 계도되었다. 물론 아직도 수백만 명이 아편을 피우고 있지만, 자라나는 세대 중엔 아편 중독자가 거의 없는 수준이 되었다……."

이후 아편 무역을 끝내자는 제안이 영국에 보내졌고, 영국 정부도 이에 선뜻 화답했다. 서태후의 10년 계획에 발맞추어 영국 정부는 매년 인도에서 수출하는 아편을 기존의 10분의 1로 제한하기로 결정했다. 영국과 중국 모두 이 조치를 '대단히 도덕적인 움직임'으로 여겼으며, 각자 기꺼이 상당한 세입 손해를 감수했다. 10년 계획의 말기에 이르자 중국에서 아편 소비와 생산 근절은 놀라울 정도의 진척을 보였고, 영국은 완전히 아편 수출을 중단하게 되었다.

거대한 변화가 마치 대양의 파도처럼 줄을 이었다. 조약항에 살지 않는 청나라 사람들은 일상생활에서 '처음'에 해당하는 많은 것들을 누렸다. 그들이 누린 것으로는 첫 거리 조명, 첫 수돗물, 첫 전화, 첫 서양식 의과 대학들(서태후는 이 중 한 대학에 1만 테일을 기부했다), 첫 스포츠 대회, 첫 박물관, 첫 극장, 첫 동물원과 공원(북경의 황실 공원이었다), 첫 정부 운영 시험 농장 등이 있었다. 많은 이들이 첫 신문과 잡지를 읽었고, 곧 사람들 사이에서는 날마다 일간신문을 읽는 즐거운 습관이 생겨났다.

서태후 스스로도 상당히 많은 '최초'를 경험했다. 1903년 어느 날, 그녀는 루이자 피어슨에게 그녀의 딸들이 사진을 찍을 줄 아느냐고 물었다. 남성 사진가를 황궁으로 들였다가는 소동이 일어날 것이기 때문이었다. 피어슨은 이에 자신의 아들인 유훈령裕勛齡을 서태후에게 소개했다. 그는 해외에 있을 때 사진을 공부했고 유럽에서 좋은 사진 장비를 가져오기도 했다. 그러니 충분히 서태후의 사진을 찍을 수 있을 터였다. 비록 남성이긴 하지만, 그는 피어슨의 아들이라서 '가족'으로 대접받았다. 결국 유훈령은 정식으로 서태후의 사진을 찍은 유일한 사진사가 되었다.

이후 네덜란드계 미국인 화가 휴버트 보스Hubert Vos가 서태후의 사진을 찍고 그림도 그렸다는 주장을 펼쳤다. 이 주장은 널리 사실일 것으로 추정된다. 하지만 그의 모호한 이야기를 뒷받침해줄 어떤 기록도 남아 있지 않다. 보스의 주장이 사실이 아닐지도 모르는데, 그는 남성인 데다 외국인이었기 때문이다. 심지어 수십 년 동안 황태후를 도운 로버트 하트조차 정식으로 그녀를 알현한 것은 몇 번밖에 되지 않았다. 가장 길게 알현한 것은 1902년의 일인데 고작 20분 정도였다. 하지만 그 만남은 하트에겐 잊을 수 없는 일이었고 그와 관련하여 이런 기록을 남겼다.

> 황태후께서는 맑은 여성적인 목소리로 나와 이야기를 나누었고 아주 듣기 좋은 말씀만 들려주셨다. 내 자리를 대체할 사람은 얼마든지 있다고 말하자 황태후께서는 내가 계속 그 자리에 있었으면 한다고 답하셨다. 무엇보다도 황태후께서는 국왕 전하(에드워드 7세)의 대관식을 언급하며 전하께서 모든 행복을 누리길 바란다고 말씀하셨다. 내가 철도 여행은 어떠셨는지 묻자 황태후께서는 웃음을 지으시며 이제 외국 여행도 고려해봐야겠다고 하시기도 했다!

여행을 사랑하고 강렬한 호기심을 지닌 서태후는 외국 여행을 정말 좋아했을 것이다. 하지만 그녀는 한 번도 그것을 진지하게 고려해본 적이 없다. 실행할 수 없는 일이었기 때문이다. 비슷하게, 제국의 최고 통치자였는데도 서태후는 한 번도 자금성의 정면에 가거나 정문을 통해 자금성 안으로 들어온 적이 없었다. 자신의 욕구를 충족시키려면 관습을 깨야 하고, 그렇게 되면 큰 논란이 일어날 것이기 때문이다. 분명 그녀도 자유롭게 남성들과 어울리고 싶었고 또 외국 남성이 자신의 그림을 그리고 사진을 찍는 것을 개의치 않았겠지만, 예법에 따라 그것을 거부할 수밖에 없었다.*

서태후의 자제력과 판별력은 제국을 통치하고 변화하게 만드는 중요한 자질이었다. 무엇이 변해야만 하는지, 변한다면 언제 어떻게 변해야만 하는지를 판단하는 서태후의 능력 덕분에 중국은 개혁을 하면서도 거의 소동이 일어나지 않게 할 수 있었다.

유훈령은 서태후의 사진을 찍게 되었을 때 처음엔 무릎을 꿇어야만 했다. 황태후를 알현하는 사람은 예외 없이 궤배跪拜해야 했기 때문이다. 하지만 이런 자세로는 삼각대에 달린 카메라를 만질 수가 없었다. 이에 총태감 이연영은 의자를 가져와 사진사에게 그 위에 무릎을 꿇게 했지만 그는 카메라를 조작하면서 균형을 잡을 수가 없었다. 상황이 이렇게 되자 서태후는 말했다. "괜찮네. 훈령은 사진을 찍을 때는 무릎을 꿇지 않아도 된다."

이제 곧 70세가 되는 서태후는 사진에서도 세월의 흔적이 드러났다. 이런 사실적인 사진은 황태후의 심기를 불편하게 할 수 있으므로 그녀에게 전달하기 전에 보정 작업을 거쳤다. 당시에 이런 보정 작업은 그리 이례적인 것은 아니었다. 얼굴은 에어브러시로 수정되었고, 주름살은 지워졌으며 눈 밑 두덩은 매끄럽게 다듬어졌다. 이렇게 많은 세월의 흔적이 지워지자, 한창때의 아름다운 여성의 상像만이 남았다. 이 '성형' 사진들은 원래 그대로의 유훈령 사진 모음집(현재 워싱턴 D. C.의 프리어 갤러

* 휴버트 보스가 그린 서태후의 초상화는 캐서린 칼의 그림보다 훨씬 그녀의 특성을 잘 드러내고 있다. 보스의 초상화는 유훈령이 찍은 사진을 토대로 그려졌을 가능성이 높다.

리에 소장되어 있다)에 든 사진들과 비교하면 명백히 차이가 있다. 보정을 거친 서태후 사진들은 자금성의 기록 보관소에도 남아 있다.

이 보정된 사진들은 오랫동안 서태후가 거울을 통해 봐왔던 자신의 모습이 아니었다. 그녀는 사진을 보고 감격했고, 이후 열광적으로 사진을 찍게 되었다. 서태후는 다양한 자세로 사진을 찍었는데 한 번은 교태를 부리는 소녀처럼 머리에 꽃을 꽂고 찍기도 했다. 사진을 찍으면서 그녀는 옷을 갈아입고 보석을 바꿔 달았으며 촬영 장소도 바꿨다. 서태후는 마치 무대를 꾸미듯이 복잡한 배경을 만들어냈다. 그녀는 오래전부터 경극에서 연기를 하고 싶어 했다. 그녀가 아무도 없다고 생각하며 궁궐에서 노래를 부르고 춤추는 모습을 궁중 신하들이 직접 보기도 했다. 이제 그녀는 자비의 여신인 관음보살처럼 옷을 차려입고 황실 여인들과 환관들을 자신과 어울리게 옷을 입힌 다음 무대에서 함께 자세를 취하고 사진을 찍기도 했다. 서태후가 특히 좋아한 사진은 가로 75센티미터, 세로 60센티미터로 확대해 우아한 틀에 넣어 그녀의 처소 벽에 걸렸다. 그녀는 사진 속 자신의 어리고 아름다운 모습에 크게 만족했다.

일부 액자에 넣은 확대 사진은 훗날 1904년에 서태후의 70세 생일을 축하하는 글을 보낸 외국 국가원수들에게 전달되기도 했다. 중국의 해외 공사관들은 이 사진들을 아주 엄숙한 분위기 속에서 접수했다. 미국 신문들은 이렇게 논평했다. "사진은 서태후가 70세가 아닌 40세로 보이게 했다."

보정과 확대 그리고 틀에 사진을 집어넣는 작업은 북경에서 가장 오래되고 유명한 사진 작업실이 맡았다. 이 작업실은 일본에서 사진을 공부한 임경풍任京豊의 소유였다. 임경풍은 곧 황실의 초청을 받았고, 그곳에서 위대한 경극 배우이자 황실 악단의 일원인 담흠배譚鑫培를 알게 되었다. 담흡배의 열렬한 지지자였던 서태후는 이 경극 배우에게 후한 상을 내렸을 뿐만 아니라 그가 황실 외부 공연을 하게 되었을 때 올린 엄청난 수익을 그대로 챙길 수 있게 했다. 이런 인연을 통해 담흡배는 임경풍이 감독을 맡은 중국 최초의 영화 〈정군산定軍山〉에 출연했다. 이 영화는 같은 이름의 경극 중 한 부분을 소재로 한 것으로 1905년에 촬영되었다. 이렇게 볼 때 서태후는 중국 최초 영화의 '제작 책임자'라고 해도 무방할 것이다.

전에 영화 관람과 관련하여 사고가 있었지만 그래도 〈정군산〉은 예정대로 촬영되었다. 영국은 몇 년 전 서태후의 생일에 영사기와 함께 몇 편의 무성영화를 선물한 적이 있었다. 그런데 첫 상영에서 영화 세 편을 돌린 뒤, 영사기가 갑자기 폭발했다. 아무튼 서태후는 영화에는 별 취미가 없었던 것 같다. 일단 음악이 없어서 별다른 매력을 느끼지 못했던 것이다. 하지만 임경풍과 다른 이들은 계속해서 다른 영화를 찍었고, 그들의 작품뿐 아니라 짧은 탐정 영화를 포함한 외국 영화들을 상영했다. 영화는 청나라에서 점점 발전하면서 서서히 사람들 사이로 스며들어갔다.

서태후가 경극 복장을 하고 환관들과 함께 사진을 찍었다는 소식(당시엔 그 어떤 여성도 무대에 등장할 수 없었고, 더욱이 황궁의 여성이 환관들과 함께 어울리는 것은 '부적절한' 일이었다)은 그녀의 평판을 해치려고 호시탐탐 기회를 노리던 적들의 귀에 들어갔다. 1904년 말부터 1905년 말까지, 강유위가 창간한(양계초와 함께 창간했는데 강유위는 주요 기고자였으며 일본에서 글을 썼다) 《시보時報》는 매일 서태후의 사진을 판매한다는 광고를 내보냈다. 그 광고는 일본인 다카노 분지로高野文次郎가 소유한 신문의 자매 출판사 이름으로 실렸는데, 서태후가 경극 복장을 하고 이연영 등 두 명의 총애하는 환관과 '나란히 앉아 있다'는 사실을 강조했다. 이는 대중의 혐오감을 이끌어내려는 것이었다. 이에 더하여 서태후의 사진이 아주 헐값으로 파는 할인 품목이라는 점을 강조하여 태후에 대한 모욕을 극대화하고 있었다.

서태후는 광고와 출판사에 아무런 대응도 하지 않았다. 그 출판사가 자금성 가까운 곳에 사무실을 두고 있고 또 상해에도 지점을 운영하고 있는데도 모르는 체했다. 오히려 그녀는 일본 외교관에 이연영과 함께 찍은 사진을 선물로 주면서 적들에게 역공을 가했다.

그 광고는 아무런 효력을 발휘하지 못했다. 서태후는 엄청난 인기를 누리고 있었다. 노벨 문학상을 받은 펄 벅Pearl Buck은 당시 농부들과 평범하게 살고 있었다(그녀의 부모는 공사관에서 근무했다). 따라서 벅은 그들이 '서태후를 얼마나 사랑하는지' 지켜볼 수 있었다. 70세 생일에 황태후는 칙명을 내려 축하연은 하지 않는다고 공표했다. 하지만 많은 이들이 여전히 이날을 축하했다. 전문 밖 북경에는 온갖 모양과 색깔의 수많은 등롱이 불을 밝혔고, 이 광경은 많은 구경꾼과 흥에 겨운 사람들을 끌어들였다. 상해의 상황에 대하여 세라 콩거가 다음과 같은 글을 남겼다.

마차에 타고 상해의 조계를 지나가는 동안 우리는 황태후의 생일을 축하하는 수많은 아름다운 장식을 보게 되었다. 상점들은 화려한 색으로 빛났고 국기가 나부끼고 있었다. 이는 굉장히 이례적인 일이었다. 중국에서 국기는 오로지 공식적인 상황에서만 사용할 수 있기 때문이다. 나는 중국이 이렇게 구습에서 벗어난 모습을 처음 보았다. 무수히 매달린 가지각색의 아름다운 등롱은 다른 많은 장식들을 더욱 빛나게 했다. 청나라 사람들은 나라와 통치자를 향한 충성심을 그런 식으로 표시했고, 그런 마음은 외국인들도 느낄 수 있었다······.

극적인 개혁이 청나라 전역에서 일어났지만 서태후는 황실에는 별로 개혁을 도입하지 않았다. 그러나 환관들이 지켜야 할 법도가 완화되어, 이젠 그들도 황궁 밖의 주점과 극장에 출입할 수 있었다. 하지만 환관을 황궁에 유지하는 중세적인 관행은 그대로 유지되었고, 환관이 되려면 거세해야 하는 관행도 남아 있었다. 한때 서태후는 환관제의 철폐를 고려했지만 당사자들이 읍소해오자 마음을 바꿔 계획을 보류했다. 전반적으로 황실은 옛 법도에 따라 엄격한 예법과 형식을 고수했다. 때마다 정해진 복장을 차려입는 것은 신성불가침의 규칙으로 남았다. 서태후는 황궁에 사람들이 모이면 그들이 착용한 복장을 세세하게 살피며 잘못된 점을 지적했다. 그녀가 있는 자리에선 누구라도 무릎을 꿇거나 서 있어야만 했다. 태후가 공사관 부인들과 함께한 만찬은 유일한 예외로서 그 부인들은 앉아서 식사를 했지만 청나라 공주들은 이전과 다를 바 없이 서 있어야 했다. 만찬이 진행되는 동안 세라 콩거가 서태후에게 공주들도 함께 앉으면 안 되겠느냐고 묻자, 서태후는 어쩔 수 없이 공주들을 향해 손짓해 앉게 했다. 황제를 제외한 청나라 사람이 황태후와 함께 앉아 식사한 것은 이때가 유일했다. 하지만 공주들은 음식을 먹지 않았다. 이 광경을 본 사람은 이런 글을 남겼다. "공주들은 불편한 기색이 역력했으며 의자 가장자리에 새침하게 앉아 있었다. 그들은 음식에는 손도 대지 않았다." 만찬 중엔 영국 주재 청 공사가 무릎을 꿇고 통역을 담당했다.

서태후는 특히 관리들이 예법을 준수하는지 엄하게 지켜봤다. 그녀가 궁을 이동할 때마다 지정된 관리들은 반드시 무릎을 꿇고 궁 앞에서 마중을 해야 했다. 비가 내리더라도 이 절차는 변하지 않았다. 어느 비 오는 날에 한 관리는 몸에서 빗물이 뚝뚝 떨어지는 채로 무릎을 꿇고 대기했다. 특이하게 관복에서 떨어지는 물은 붉은색과 초록색이 섞여 있었다. 자초지종을 들어보니 이 관리는 너무 가난하여 격식에 맞춘 관복을 살 수가 없어 색종이로 만든 관복을 입고 있었다. 한 번은 서태후가 많은 관리들에게 선물을 내린 적이 있었다. 이에 관리들은 모여서 무릎을 꿇고 감사 인사를 올리기 위해 기다렸다. 워낙 많은 수였던지라 그들은 황궁 뜰에 가득 모였다. 비가 심하게 내리고 있었지만 관리들은 무릎을 꿇은 채로 한 시간 이상 기다렸다. 그동안 서태후는 휘장 뒤에서 비 내리는 광경을 지켜보기만 했다. 비가 그치자 그녀는 관리들을 만나겠다고 신호했다. 관리들은 빗물에 튄 진흙을 덮어쓰고 흠뻑 젖은 채로 여전히 무릎을 꿇고 있었다.

무릎을 꿇어야만 하는 일은 모두에게 성가신 것이었다. 알현이 오래 가면 고관들은 견디기 힘든 모습을 보였다. 환관들은 아예 무릎 보호용 솜을 바지에 덧대놓았다. 돌바닥이든 바위든 상관없이 황태후가 부르면 어디에서건 무릎을 꿇어야만 했기 때문이다. 무릎 관절염은 환관들에게는 흔한 질병이었다.

서태후는 무릎 꿇는 일이 고통스러운 것을 이해하여 대체로 그 시간을 줄여주려고 배려했다. 한 번은 캐서린 칼을 위해 몇몇 황궁의 화공들을 불러 국화를 그리라고 했다. 황태후가 옆에서 보고 있었기에 화공들은 그림을 그릴 때 당연하게 무릎을 꿇었다. 하지만 이들이 불편해하는 모습을 본 서태후는 국화꽃을 몇 송이 뽑아주더니 그들에게 집에 가서 그림을 그려오라고 했다. 한 번은 총리아문에 근무하던 오정방이 무릎을 꿇은 채 외국 외교관을 소개한 적이 있었다. 소개하는 외교관들은 전부 서 있는데 혼자 무릎을 꿇고 있자니 그는 아주 당혹스러웠다. 나중에 오정방은 루이자 피어슨에게 이렇게 불평했다. "외국인들 옆에서 무릎

大清當今慈禧端佑康頤昭豫莊誠恭欽獻崇熙聖母皇太后

光緒癸卯年

50. 만주식 머리 모양에 꽃을 꽂은 모습. 서태후는 외모에 굉장히 신경을 썼다. 자신의 옷과 보석을 직접 골랐으며 자신이 쓸 연지, 향수, 비누 같은 화장품을 만드는 과정을 감독하기도 했다. 배경의 사과는 그녀의 과수원에서 난 것으로 좋은 향을 내뿜어 진설되었다.

51. (위) 서태후가 미소 짓는 유일한 사진. 그녀는 실제로 자주 웃었지만 업무를 보거나 카메라를 마주하면 미소를 거두고 진중한 모습을 보였다.

52~53. 연꽃이 피어난 서원 호수 한복판에 띄운 거룻배 위에서. (위) 황실 여인들 및 환관들과 함께. 루이자 피어슨이 맨 오른편에, 오른쪽에서 다섯 번째엔 진비의 언니 근비가 있다. 서태후만이 앉을 수 있었고 나머지는 모두 서 있어야 했다. (아래) 경극 복장을 한 서태후. 그녀는 음악을 매우 사랑했으며, 경극이 청의 공식 연극이 되는 데 도움을 주었다.

54. (위) 서태후의 양녀로서 그녀를 대신하여 황실 여인들을 이끌고 1902년 미국 공사관 만찬에 참가한 영수 공주(중앙). 바로 옆은 세라 콩거이다.

55. (아래) 콩거 부부의 식당 바깥의 뜰. 여름이 되면 이 탁 트인 뜰과 건물 전체는 재주 많은 환관들이 갈대로 만든 거대한 '방충망'에 뒤덮였다. 세라 콩거는 이런 글을 남겼다. "공기는 신선했다. 아름다운 나무와 화분에 심은 식물, 관목, 많은 꽃들 그리고 유쾌한 손님들은 진정으로 행복한 하루를 보내게 해줬다."

56. 잘생긴 4명의 환관들 사이의 서태후. 옆의 여자는 유덕령이다. 이와 같은 신체적인 친밀함은 젊은 시절의 서태후를 욕정에 사로잡히게 했다. 실제로 그녀는 30대 초반에 환관 안덕해와 사랑에 빠지기도 했다. 그는 1869년 참수형에 처해졌고 서태후는 이에 상심하여 신경쇠약을 앓았다.

57. (왼쪽) 1908년 임종의 자리에서 서태후
는 순친왕 재풍(載灃)의 두 살 난 아들 부의
(溥儀, 서 있는 아이)를 차기 황제로 지정했
다. 순친왕은 섭정이 되었다.

58. 손문(중앙), 중화민국의 '아버지'로 알려진 그는 군사적인 수단을 사용해 만주 황실을 무너뜨리려 했다.

59. 서태후의 장례식. 미국인 자선가 브룩 애스터(Brooke Astor)는 당시 아이였고 가족과 함께 북경의 성벽에서 장례 행렬을 지켜 봤다. "온 종일 행렬이 우리 밑의 문을 통해 지나갔다. 흰옷을 입은 도교 선사들과 황색 옷에 붉은색 장식 띠를 허리에 두른 불교 승려들도 대열에 있었다. 상복을 입은 환관들이 끊임없이 지나갔고, 공중에 종이로 만든 돈을 부렸다(황태후의 노잣돈이었다) ……. 24마리의 흰 낙타는 등에 황색 양단으로 된 텐트를 지고 지나갔다……. 그리고 흰 조랑말 무리들이…… 황태후의 궁전들을 본뜬 종이 반죽 모형을 지고 지나갔다……. 장례 행렬을 따라가는 조문객들은 징이 울릴 때마다 머리를 쥐어뜯고 가슴을 치며 울부짖었 다." 거대한 상여는 봉황을 수놓은 황색 공단으로 뒤덮였다. 상여가 지나갈 때 모든 서양인들은 일어서서 모자를 벗었다.

60. 북경 교외의 청동릉(清東陵). 서태후는 남편, 아들과 함께 이곳에 묻혔다. 1928년 광포한 국민당 군대는 서태후의 능묘에 침입해 부장된 보석들을 약탈했다. 그녀의 유해는 노출된 채로 방치되었다.

을 꿇고 있으니 난쟁이가 따로 없소." 이에 피어슨이 서태후에게 조언을 했는데, 그녀는 오정방에게 무릎을 꿇는 일을 면제하며 말했다. "그런 경우에 한해서는 앞으로 무릎을 꿇는 일은 없을 것이오."

　오정방은 이후 주미 대사로 부임했다. 들뜬 기분으로 자유를 즐기던 그는 '만찬에서 신랄하게 말하기를 좋아하는 사람'이라는 평판을 얻었다. 미국 대통령 시어도어 루스벨트의 딸 앨리스Alice가 1905년 중국을 방문해 서태후를 알현하자 오정방은 북경에 돌아와 통역을 담당하게 되었다. 모두를 동등하게 대하는 미국식 생활이 몸에 익어 황태후 앞에서 무릎을 꿇는 것을 잊은 것인지, 아니면 앞서 허락을 받은 것인지는 몰라도 그는 너무도 편안하게 서서 오가는 말을 통역했다. 앨리스는 이렇게 썼다.

> 오정방은 옆으로 살짝 물러나 나와 황태후 사이에 섰다. 그런데 대화를 하는 도중 갑자기 황태후가 낮고 사나운 소리로 뭔가 말하자, 그는 안색이 창백하게 변해 부복하면서 이마를 바닥에 조아렸다. 곧 황태후가 무슨 말을 하자 그는 고개를 들고 내게 영어로 말해줬다. 내가 말하는 동안 그는 다시 이마를 바닥에 대고 있었다. 말을 마치자 그는 다시 고개를 들어 황태후에게 중국 말로 이야기했다. 그런 뒤 그는 다시 이마를 바닥에 가져다 댔다. 문자 그대로 황태후가 어느 때든 '저자의 목을 쳐라'라고 하면 곧장 그 목이 달아날 분위기였다.

　오정방은 당시 제국의 법률 개혁을 공동으로 책임졌고 또 서태후의 높은 평가를 받았는데도 이처럼 꼼짝도 하지 못했던 것이다. 그러나 태후는 가능하면 부복을 철폐하라고 지시하여, 상당히 보수적인 순무들조차 자신들의 관할 지역에서 부하 직원들이 그들에게 무릎 꿇는 인사를 금지했다. 그렇지만 정작 황실에서는 무릎을 꿇는 예법이 그대로 유지되었다. 서태후는 옥좌의 신성함이 광대한 제국을 다스리는 요소 중 하나라고 보았기에 이것이 위협받는 것을 용납하지 않았다. 궤배는 옥좌의 신성함을 분명하게 보여주고 또 강화하는 예법이었다. 이것 없이는 옥좌는 물론이고 심지어 제국까지도 흔들릴 수 있었다.

갈수록 더 계몽되는 제국에서 완전 복종의 상징을 고수하기 위해 서태후는 자신의 왕성한 호기심을 희생하면서까지 자동차를 타지 않았다. 이홍장의 후임인 원세개는 직례 총독 자리를 인수했을 뿐만 아니라 황태후의 밀접한 조언자 역할도 맡고 있었다. 거기다 원 총독은 상급자에게 선물을 주는 데 상당한 재능이 있었다. 이런 그가 어느 날 서태후에게 자동차를 선물했다. 총독이 보낸 자동차는 황실의 상징인 황색으로 도색되고 용무늬가 그려졌으며, 옥좌 같은 좌석이 내부에 장착되어 있었다. 서태후는 원세개의 선물이기도 하고 특히 삼륜 자전거를 탔을 때의 즐거움을 기억하면서 그 자동차를 몹시 타고 싶어 했다. 하지만 자동차는 극복할 수 없는 문제가 있었다. 운전사가 무릎을 꿇거나 선 채로 자동차를 모는 것은 불가능한 일이었다. 그는 반드시 좌석에, 그것도 황태후 앞쪽에 있는 좌석에 앉아야만 했다. 자동차는 흥미로운 현대식 수송 도구였고 얼마든지 타볼 수 있는 것이었지만 서태후는 결코 타려 하지 않았다.

29
투표!
(1905~1908)

서태후는 공허한 상징들만으로는 옥좌가 오래갈 수 없다는 것을 알고 있었다. 황실의 생존을 보장하기 위해선 뭔가 더 굳건한 것이 필요했다. 개혁을 철폐하고 과거로 돌아가는 선택지도 있었지만 그녀는 이를 거부하고 개혁하며 전진하는 쪽을 선택했다. 1905년, 서태후는 계획했던 모든 개혁 중 가장 근본적인 것을 실행에 옮겼다. 청 제국의 정체政體를 선출된 의회와 함께하는 입헌군주제로 바꾸려는 것이었다. 서태후는 이런 정치제도가 청 제국의 합법성을 공고히 하고 나아가 인구 대부분(무엇보다도 한족)을 국사에 참여시키는 계기가 되기를 바랐다. 이 역사적인 움직임은 중국에 투표를 도입하는 것이었고, 여기에는 서양처럼 광대한 선거 기반을 가진 선거제도의 도입도 포함되었다.

서태후는 서방국가들처럼 중국이 선거제도를 잘 운영할 수 있다고 보지는 않았다. 왜냐하면 중국에는 서양과 같은 통치자와 피통치자 사이의 긴밀한 관계가 형성되어 있지 않았기 때문이었다. 그녀는 이렇게 말했다. "서방국가에서는 피지배자가 지배자에게 깊은 유대감을 느낀다. 그들이 강력한 이유는 바로 이것 때문이다." 이런 유대감은 오로지 투표만이 만들 수 있는 것이었다. 서태후는 영국 같은 입헌군주제의 혜택을 분명하게 알 수 있었다. 그녀는 빅토리아 여왕에 관해 말하면서 이렇게 얘기했다. "영국은 세계 강국 중 하나이다. 하지만 이는 빅토리아 여왕의 절대적인 통치가 가져온 결과가 아니다. 영국 여왕의 뒤엔 늘 유능한 지도자들로 구성된 의회가 있었고, 그들은 모든 일을 잘 의논하여 최선의 결과가 도출되도록 한다……." 중국에는 4억의 인구가 있지만 모두 내 판단에 의존하고 있다. 비록 군기처가 나와 협의하지만 중요한 일은 늘 내가 결정해야만 한다." 서태후는 자신의 능력을 자랑스럽게 여겼지만, 심지어 그런 자신도 의화단의 경우처럼 형편없는 실수를 저지를 수 있다는 점을 인정했다. 광서제의 통치는 참혹하기만 했다. 서태후는 황실의 친귀親貴들 가운데 누구도 전제 군주의 보좌에 올라 국가를 다스릴 만한 능력자가 없다고 생각했다. 특히나 봉건제도를 벗어나 근대로 전환하는 시기에는 더욱 그러했다. 그러니 의회가 황실을 집단적으로 도와줄 수 있는 입헌군주제가 절실히 필요했다.

당시엔 입헌군주제 도입의 분위기가 널리 퍼져 있었고 일부 신문에서는 이를 홍보하기도 했다. 그런 신문들 가운데 천진의 주류 신문《대공보》가 있었고, 그중 한 편집자의 부인이 황족과 결혼하여 황족의 일원으로서 황궁을 출입했기 때문에 그 편집자는 황실의 삶에 관한 생생한 칼럼을 쓸 수 있었다(이 편집자가 가톨릭 신자인 데다 광서제에게 충성하고 서태후의 은퇴를 촉구했다는 점에서 서태후가 얼마나 큰 관용을 베풀었는지 알 수 있다) 1903년《대공보》의 한 '사설'은 이렇게 말했다. "정치 개혁의 과정은 언제나 전제 군주정에서 입헌군주제로, 거기서 더 나아가 민주주의로 나아갔다. 우리가 중국의 정치 체계 개혁을 원한다면, 입헌군주제가 유일한 길이다." 1905년 4월,《대공보》는 '중국을 회생시키기 위해 가장 시급히 해야만 하는 일은 무엇인가?'라는 주제로 기고문을 받았다. 많은 기고자들이 '전제정치를 종결하고 입헌군주제를 도입해야만 한다'고 주장했다. 이런 견해를 지지하면서 그들이 내세운 다른 선결 과제는 '산업, 상업, 교육을 발전시키는 것'이었다. 이 신문의 논설은 이런 주장을 펴기도 했다. "정치 체계의 변화 없이는 이 모든 것들이 설사 발전한다고 하더라도 굳건한 기반을 갖출 수 없다. 여전히 지배자와 피지배자 사이에는 깊은 단절이 있을 것이다……." 서태후는 입헌군주제를 결심하면서 언론들의 주장에 면밀한 주의를 기울인 것으로 보인다.

1905년 7월 16일, 서태후는 '유럽 각국의 정치제도를 연구하기 위해' 여러 서양 국가로 위원단을 보낸다고 발표했다. 그녀는 위원들에게 각국의 상이한 의회 제도가 어떤 식으로 다르게 조직되었는지 연구하는 것이 그들이 할 일이라고 강조했다. "그래야 당신들이 귀국했을 때 우리는 적합한 정치제도를 실행에 옮길 수 있을 것이다." 동시대의 한 서양인이 말한 것처럼, 그녀는 '피라미드의 정점에서' 주도권을 잡고 거대한 과업에 착수함으로써 왕조의 명운을 보호하려 했다. 의원단의 수장은 서태후의 남동생 계상의 딸과 결혼한 황족 애신각라씨의 직계 후손인 진국공鎭國公 재택載澤이 맡았다. 그와 다른 고관들은 이 계획에 참가하여 새로운 정치제도에서도 만주족이 피해를 입지 않도록 보장하는 임무를 맡았다. 그들은 또한 서태후를 도와 미래를 걱정하는 만주족을 안심시키는 일도 했다.

위원단은 두 집단으로 갈라져서 영국, 프랑스, 독일, 덴마크, 스웨덴, 노르웨이, 오스트리아, 러시아, 네덜란드, 벨기에, 스위스, 이탈리아, 일본, 미국 등을 다녀오기로 했다. 9월 24일, 재택과 그를 보좌할 대규모 정예 수행단은 북경 역에서 여정을 시작하려고 기차를 기다렸다. 하지만 그 순간, 만주 왕조를 전복하기로 맹세한 공화주의자 오월吳樾이 재택의 짐 속에 넣은 폭탄이 터져서 재택과 12명 이상의 다른 승객들에게 부상을 입혔다. 이 사건에서 세 명이 사망했는데 그중엔 테러리스트 오월도 들어 있었다. 그는 중국 최초의 자살 폭탄 테러범이 되었다. 서태후는 위원단을 만나는 자리에서 눈물을 흘리며, 사업을 계속 진행하겠다는 굳센 결의를 다시금 보여줬다. 위원단은 그해 말에 다시 외국으로 출발했고, 서태후는 이들에게 '큰 기대'를 걸고 있다고 말했다. 그들이 외국에 나가 있는 동안, 각기 다른 입헌군주제를 연구하기 위한 고찰헌정관考察憲政館이 설립되었다. 이 기구의 목표는 청나라에 가장 적합한 정체政體를 고안하는 것이었다.

위원단은 1906년 여름에 시찰에서 돌아왔다. 황태후가 얼마나 열망하며 기다렸는지 알고 있는 재택은 곧장 이화원으로 가서 알현 신청을 했다. 서태후는 새벽에 재택을 만났고, 접견은 두 시간 넘게 진행되었다. 태후는 재택 외에 다른 위원들도 불러서 만났다. 시찰을 다녀온 위원들은 고찰헌정관에 수십 개에 달하는 보고서를 올렸다. 1906년 9월 1일, 서태후는 자신의 이름으로 신기원을 이루는 칙명을 선포했다. 현존하는 전제군주제 대신 선출된 의회와 함께 통치하는 입헌군주제를 수립하겠다는 내용이었다. 칙명에서 서태후는 서양의 국가들이 부유하고 강력한 이유는 '국사國事에 대중들이 참여하며 국부國富 창출과 소비, 국사의 계획과 실행을 모두에게 공개하는' 정치제도 때문이라고 밝혔다. 그녀는 청나라의 입헌군주제는 '만민이 국사에 관해 의견을 낼 수 있지만 집행권은 황실에 있는' 형태가 될 것이라는 점을 분명히 했다. 서태후는 백성들에게 '애국심을 가지고 개혁의 길을 추구할 것'을 요청하였고 '질서 정연하고 보수적, 평화적인 방식'으로 변화해나가겠다고 말했다. 그녀는 또한 백성들에게 '자격 있는 시민'이 되는 데 노력을 아끼지 말라고 권고했으며, 이제 백성들은 '국가의 시민, 즉 국민'이 되었다고 선언했다.

이 선언은 엄청난 파장을 일으켰다. 신문들은 이 주제를 다룬 호외를 찍어냈다. 강유위와 가장 밀접한 동료인 양계초는 이를 일본에서 보고 새로운 시대가 왔다고 판단하고 즉시 정당을 구성하기 시작했다. 그의 정당은 앞으로 나타날 많은 정당들 가운데 하나가 될 터였다. 서태후의 정부는 엄청난 규모의 준비 작업에 돌입했다. 법률 입안, 교육 기회 확산, 새로운 정치 체계에 관한 대국민 통지, 현대식 치안 단속 훈련을 받은 경찰 조직의 설립 등이 그런 준비 작업의 면면이었다. 2년 뒤인 1908년 8월 27일, 서태후의 승인을 받은 〈헌법대강憲法大綱〉이 반포되었다. 이 역사적인 문서는 동양과 서양의 정치제도를 결합한 것이었다. 아주 오래된 동양의 관습을 보존한 이 헌법은 실질적인 정권을 군주에게 부여해 여전히 정치 수반의 자리를 유지하면서 최종 결정권을 갖게 했다. 의회는 법안과 제안을 만들지만 모두 군주의 승인이 있어야 공표할 수 있었다. 군주가 가지는 불가침의 권력은 헌법에 강조되었다. 이는 특히 첫 문장에 잘 드러나 있다. '청 황실은 제국을 영원히 통치할 것이며, 만세에 걸쳐 존경받을 것이다.' 서양의 헌법을 따라 국민들은 다양한 기본권을 보장받게 되었다. 이엔 '언론, 저술, 출판, 집회, 결사의 자유'와 '법률에 의해 자격을 갖춘 한 의원이 될 수 있는' 권리가 포함되었다. 의회가 설립될 것이었고, 그곳에서 선출된 국민대표는 예산 편성을 포함하여 국사에서 중요한 임무를 맡게 될 터였다. 〈헌법대강〉은 군주와 의회 사이에 불가피한 충돌이 일어날 경우에 대해서는 언급하지 않았다. 하지만 이에 관해선 법안 작성자들이 서태후에게 보낸 서신이 해결책을 제시하고 있다. "군주와 국민이 서로 양보하면 될 것입니다."

1907년에는 의회 준비기구인 '자정원資政院'이 설립되어 과도기의 의회 역할을 수행했다. 의원 구성을 포함해 미래 의회의 설립을 위한 규정 입안엔 열 달이 걸렸다. 이 안은 1908년 7월 8일 서태후에 의해 승인되고 선포되었다. 거의 절반에 가까운 의원이 상원에 참석하게 되었는데, 이들은 군주에 의해 만주족 친왕, 만주족과 한족 귀족, 몽골, 티베트, 회回족(이슬람) 귀족, 중간 계층 관리, 저명한 학자, 고액 납세자 중에서 지명되었다. 나머지 절반은 하원에 참석하게 되는데, 지방의회의 의원 중에서 선출되었다. 지방의회는 중국 전역에 설립되는 중이었고, 이 지방 의원은 지방민들이 직접 선출했다. 지방의회 선거를 위한 선거 규정안은 1908년 7월 22일 서태후의 승인을 받고 공표되었다.

이 역사적인 문서에서, 선거권은 동시대 서양의 법에 기반을 두어 부여되었다. 예를 들면 영국에서 투표는 재산을 소유하거나 1년에 임대료로 최소 10파운드를 지불할 수 있는 성인 남자들만 할 수 있었다. 이 기준에 따라 영국 성인 남성 인구의 60퍼센트가 유권자가 되었다. 청나라 유권자(25세 이상 남성이 필수 조건이었다)의 재산 조건은 재산이나 기업자본이 5천 위안 이상이었다. 여기에 이를 대체할 수 있는 자격도 추가되었는데, 3년 이상 공공사업을 운영하며 공을 세운 사람, 현대식 중등교육기관 혹은 그 이상의 교육기관을 졸업한 사람, 과거 교육체계에서 양성된 지식인 등이었다. 이런 추가 자격에 해당하는 사람들은 가난하거나 재산이 없더라도 투표권이 부여되었다. 규정 작성자들은 이러한 규정이 당대의 서양 법률 모델에서 벗어난 것임을 알리면서, 재산 소유가 유일한 선거 자격으로 인정된다면, 사람들은 오로지 이익과 부만 추구하게 될 것이기 때문에 이렇게 했다고 설명했다.

의원 후보자의 자격 역시 대부분은 서양의 기준을 따랐지만, 공자가 이립而立이라고 한 30세 이상(이는 일본과 같았다)이 되어야 했다. 이 자격에서 제외되는 집단 하나는 유일하게 중국에만 있는 것이었는데, 바로 초등학교 교사였다. 다른 사람들과는 달리 그들은 국민을 가르치는 책임을 맡고 있기에 정치에서 배제되어야 한다는 것이었다. 또한 초등학교 교사들은 본업이 가장 값진 일이니 온전히 매진해야 한다는 얘기였다. 선거권과 의원 자격을 얻을 수 없는 또 다른 이들로는 지방의 관리들과 고문이 있었다. 그들은 행정가였으므로 부패 방지 차원에서 의회 입법자들과 분리되어야 했다. 군인들 역시 피선거권에서 배제되었다. 군은 정치에 개입해서는 안 된다는 이유였다.

서태후는 선거 규정을 승인하며 선거와 의회 소집 일정을 요청했다. 선거 규정안 작성을 감독했던 군기처 수장 경친왕은 구체적인 일정을 정하는 것에 반대했다. 그는 입헌군주제는 반드시 실시되어야 하는 대세이지만 전례가 없는 어려운 문제인 만큼 예상치 못한 문제들이 벌어질 수 있다고 진언했다. 특히 헌법의 빠져나가는 구멍을 이용하여 악한 자들이 권력을 장악할 수도 있다고 우려했다. 하지만 서태후는 경친왕의 진언을 받아들이지 않았다. 정해진 일정 없이는 일에 가속도가 붙지 않으며 그렇게 되면 계획이 무위로 돌아갈 수도 있다는 이유에서였다. 많은 관리들이 이 획기적인 변화를 우려하고 반대했다. 그들은 이 변화가 실현 불가능하고 상상조차 할 수 없는 일이라고 여겼다. 제국이 너무 광대한 데다 인구도 많고, 더군다나 백성의 교육 수준이 너무 낮았기 때문이다. 하지만 서태후는 마감 기한이 없으면 말만 무성하고 요란하다가 무위로 끝날지 모른다며 우려했다. 구체적 일정표만이 사업 추진자들을 자극할 수 있고 또 모험의 결실을 가져올 수 있었다.

이렇게 하여 9년 기한의 일정표가 작성되고 서태후의 승인을 받았다. 일정표엔 매년 해야 할 일과 달성 목표가 있었다. 선거를 위한 준비, 입법, 인구조사, 과세 계획, 군주의 권리 및 의무, 군주가 사용할 재정 조달에 관한 상세한 보고 등도 일정표에 포함되었다. 문맹은 중요한 문제였다. 당시 중국 인구 중 아주 기초적인 수준으로라도 글을 읽고 쓸 수 있는 이들은 전 인구의 1퍼센트도 되지 않았다. 첫해에는 현대 교육을 위한 운동과 함께 새로운 교과서 집필이 시작될 예정이고, 계획 7년 말엔 인구의 1퍼센트가 반드시 '글을 읽고 쓰게' 될 것이었다. 계획 마지막 해인 9년 말엔 문자를 해득하는 인구가 5퍼센트에 이를 것이었다. 일정표에 포함된 각각의 목표 달성은 특정 부처의 책임으로 주어졌고, 서태후는 일정표를 장식판에 새겨 관청에 걸도록 지시했다. 칙명에서 그녀는 나태한 관리들에게 경고하기 위해 '양심'과 '정신(神明)'을 언급했다. 서태후의 열정과 결단력은 의심할 여지가 없었다. 모든 것이 계획에 따라 실행되면 1908년에서 9년이 지났을 때 수백만의 중국인들이 투표를 하게 될 터였다(1908년 영국의 유권자는 700만 명 이상이었다). 그렇게 되면 중국 사람들은 사상 최초로 나랏일에 책임 의식을 갖게 되는 것이었다. 중국에서 수십 년을 지낸 미국 선교사 마틴은 이렇게 감탄하며 외쳤다. "투표소는 엄청난 흥분과 소요를 가져올 것이다! 이 똑똑한 민족의 잠자고 있던 지성이 활활 솟구쳐오를 것이다!"

서태후가 만든 입헌군주제에서 중국 유권자들은 서양의 유권자들만큼 권력을 누리지 못할 것이었다. 하지만 그녀는 중국이 무자비한 전제군주제에서 탈피해 평범한 사람들에게 정부의 문호를 개방하는 방향으로 나아가도록 했다. 그들은 말 그대로 국민이 된 것이었다. 서태후는 앞으로 자신의 권력을 제한함으로써 중국 정치에 협상의 장을 도입하게 될 것이었다. 군주와 다양한 이익집단을 대표하는 국민대표는 그 장에서 협의하고, 흥정하고, 또 논쟁도 벌일 것이었다. 서태후가 살아 있는 동안, 그녀의 공정함과 합의를 선호하는 성격을 생각하면 국민들의 소망은 계속해서 폭넓게 수용될 것이었다.

서태후의 계획에 따른 결과를 '추측하기엔 시기상조'라고 하면서도, 마틴은 그녀를 믿고 있었다. "그녀는 살아 있는 동안 자신이 열렬히 지지하는 명분을 계속 밀고 나갈 것으로 보인다. 그녀는 확고한 통제력을 갖고 있다. 황태후의 용기는 엄청나서 국가라는 마차를 몰고 많은 미지의 새로운 길로 주저 없이 나아갈 것이다." 그는 또한 이런 논평도 남겼다. "1902년 1월의 귀경 이후 8년이 조금 넘게 흘렀다. 이 기간 동안 중국은 다른 나라가 반세기 동안에 실행한 것 이상의 전면적인 개혁을 해왔다고 해도 과언이 아니다. 예외라면 청이 모방하려는 일본과, 역사가 매콜리Macaulay가 '그들은 모든 것을 바꿨다. 종교 예식부터 구두 죔쇠를 조이는 방식까지'라고 말했던 프랑스혁명 당시의 프랑스 정도가 있을 것이다."

마틴은 또 이렇게 썼다. 서태후의 중요한 개혁과 개선은 그녀가 최초로 권력을 잡았던 시점까지 소급된다. "그런 개혁은 황태후의 통치 기간을 제국 역사에서 가장 눈부신 시기로 만들었다. 지난 8년은 두드러지게 많은 개혁이 있었다. 하지만 그 물결은 1860년 북경조약 이후부터 이미 시작된 것이었다. 그 이후인 1861년부터 1908년까지 섭정을 하면서, 이 비범한 여성은 처음부터 끝까지 모든 현대적 방식을 받아들이는 데 앞장서지 않은 적이 없었다." 그 47년 가운데, 서태후가 실질적으로 통치한 기간은 36년(동치제 친정 2년, 광서제 친정 9년을 제외)이다. 집권하는 동안 서태후가 얼마나 많은 일을 성취했는지, 얼마나 커다란 역경을 맞이하고 또 극복했는지를 깊이 생각해보자. 그러면 그녀가 1916년까지 살아 있었더라면 틀림없이 중국에는 의회 선거가 도입되었을 것이다. 이런 기대는 결코 지나친 상상이 아니다.

반란, 암살, 일본에 대항하다
(1902~1908)

동시대 어떤 한족 관리는 서태후의 개혁에 관해 "중국엔 이익이지만, 만주족 정부엔 커다란 불이익이다."라고 말했다. 실제로 많은 만주족이 장래에 벌어질 일에 대하여 우려했다. 그들이 그녀를 믿고 자신의 운명을 맡길 수 있었던 것은 오로지 그녀가 지닌 권위 때문이었다. 서태후는 특히 자신이 주도한 입헌군주제를 도입함으로써 황실을 보전하려고 애를 썼으나 결국 만주족만이 옥좌를 차지할 수 있다는 것이 그녀의 치명적인 약점으로 드러났다. 비록 만한 분리의 상황을 해체하기 위해 많은 조치를 취했지만, 서태후는 옥좌만은 만주족의 것이길 바랐다. 1902년 만한 통혼 금지를 철회한 칙명도 황후는 오로지 만주족과 몽골족 중에서만 간택할 수 있다고 명시했다. 그녀가 언젠가는 다른 민족이 옥좌에 오를 가능성을 생각해보았다는 여러 징후들이 있지만, 그녀의 생애 중에는 그럴 가능성이 없었다.

서태후는 만주족의 정체성을 강하게 의식했다. 만주족이 소수민족이고 언제든지 한족에 의해 전복될 수 있다는 위험성은 그녀로 하여금 더욱 정체성에 집착하게 했다. 대부분 만주족으로 구성된 황실 여인들에게 서태후는 항상 '우리는 만주족'이라는 말을 하곤 했다. 비록 만주어는 할 줄 몰랐지만 그녀는 자신의 정체성을 의복 등을 통해 고수함으로써 이를 보완했다. 만주족의 관습은 황실에서 언제나 볼 수 있었고, 만주족 복식과 머리 모양도 마찬가지였다. 대부분 한족이었던 황태후의 외교관들은 만주족 복장을 서양의 정장으로 바꾸길 원했지만 거부되었다. 그들은 또한 변발을 자르고 싶었지만 말을 꺼낼 수 없었다. 서태후는 한족에 대해 편견을 가지지 않았다. 오히려 그녀는 이전이라면 만주족에만 허용되던 요직에 한족을 임명했고 그들의 전례 없는 승진 또한 허용했다. 그리하여 한족은 기인에 비해 특권을 별로 누리지 못하는 것도 아니고 삶의 질이 낮은 것도 아니었다. 서태후가 필사적으로 지키고자 하는 것은 만주인이 차지하는 황위 하나뿐이었다.

　이런 이유로 오랫동안 서태후는 일급 한족 정치인이 황실의 심장부로 들어오는 것만은 허용하지 않았다. 황태후와 특별한 관계를 유지했고 제국에도 굉장히 중요한 인물이었던 이홍장은 단 한 번도 군기처에 임명되지 못했다. 실제로 1907년 서태후가 마침내 원세개와 장지동을 군기대신으로 임명하기 전까지 군기처에는 한족의 최고위 인물들이 들어오지 못했다. 서태후는 여러 이유로 1898년 봄에 개혁을 시작했을 때 장지동을 군기처로 불러들이는 것을 숙고했다. 하지만 그녀는 마지막에 가서 그 생각을 포기했다. 너무도 유능한 장지동이 군기처를 발판으로 옥좌를 차지해버릴까 봐 두려웠던 것이다. 반드시 만주족이 황제가 되어야만 한다는 생각을 고수함으로써, 서태후는 입헌군주제의 바람직한 면을 약화시켰고, 그에 따라 공화주의를 더 매력적인 대안으로 만들었다.

공화주의 운동의 지도자였던 손문은 군사적인 행동으로써 만주 황실을 전복해야 한다는 주장을 강력하게 표명하고 고집했다. 그는 이미 1895년에 무장봉기를 시도했고, 새로운 세기에 들어와서도 여러 차례 반란을 일으켰다. 규모는 작았지만 서태후는 이를 극도로 심각하게 받아들였다. 그녀는 이런 일을 과소평가한 지방 책임자들을 질책하면서 이렇게 말했다. "작은 불꽃이 들불로 번져나가는 법입니다." 이어 그녀는 잇따라 전보를 보내며 '즉시 진화하고 퍼지지 않게 하라'고 촉구했다.

1905년 열차 자살 폭탄 테러처럼, 암살은 공화주의자들이 굉장히 자주 사용하는 전략이었다. 2년 뒤 중국의 동부 지역인 안휘성에서 경찰서장을 하던 서석린徐錫麟은 경찰대학을 시찰하러 온 절강 순무 은명恩銘을 가까운 거리에서 총으로 쏘아 죽였다. 은명은 자신과 같은 개혁파로 생각하고 무명 인사 서석린을 발탁해 경찰을 맡긴 은인이었다. 전래의 도덕률을 따르자면 그는 은명에게 당연히 감사를 표시해야 했지만 정반대로 배은망덕한 짓을 한 것이었다. 이유는 단지 은명이 만주족이라는 것이었다. 체포된 뒤에 서석린의 법정 증언이 신문에 실렸는데, '내 목표는 만주족을 남김없이 죽여버리는 것이다'였다. 그는 곧 참수되었고, 은명에게 충성하던 군인들은 제물로 바치기 위해 서석린의 심장을 도려냈다. 이 소름 끼치는 오래된 의식은 그야말로 궁극적인 복수를 상징했다. 수십 년 전, 양강 총독 마신이를 암살한 자도 같은 맥락에서 이 의식에 처해졌다.

순무 암살은 계획된 내란의 일부였고, 내란 수괴 중 하나는 여성이었다. 한때 일본에서 유학하고 귀국한 뒤엔 절강에서 여학교 교사를 하던 추근秋瑾은 아름답고 우아한 여성이자 중국의 페미니즘 개척자 중 한 사람이었다. 그녀는 전통적으로 규정된 여성의 행동 방식에 저항하면서, 남성의 옷을 입고 지팡이를 휘드르며 사람들 사이를 걸어다녔다. 추근은 페미니스트 신문《중국여보中國女報》를 창립하고 대중 연설을 하기도 했다. 그녀의 연설을 지켜보고 감탄한 기자는 이런 글을 남기기도 했다. "연설이 끝나고 쏟아지는 박수갈채는 봄의 천둥소리 같았다." 그런데 추근이 내란에 사용할 폭탄을 제조하는 과정에서 손에 심한 부상을 입고 일이 발각되었다. 추근은 곧 체포되었고, 비록 새벽 이전이긴 하지만 공개 처형되었다.

만약 이런 처형이 몇 년 전에 일어났다면 평범한 사람들은 그것을 비난하지 않았을 것이다. 무장한 반역자들을 즉결 처형하는 것은 당연한 일이었기 때문이다. 하지만 이 당시 언론들은 이 처형을 두고 비난의 화살을 퍼부었다. 추근의 집에서 발견된 무기들은 누군가 미리 심어둔 것이며, 공표된 그녀의 자백은 날조라고 보도했다. 가장 온건한 신문들도 추근을 완전 무죄라고 보도했으며, 그녀가 보수적인 지역 정권이 펼친 보복의 희생양이라고 주장했다. 신문들은 그녀에게 아름다운 시를 지어 바치고 영웅으로 일컫는 등 아낌없는 찬사를 보냈다. 이때 만들어진 추근의 이미지는 오늘날까지도 계속되고 있다. 그녀의 내란 동지였던 서석린도 덩달아서 근거 없는 동정을 받았다. 신문들은 야만적인 처형 방식과 심문 중 고문이 금지되었는데 어떻게 심장을 도려낼 수 있느냐고 물었다. 신문들은 언론의 힘을 최대한 동원하여 여론을 형성했다. 신문들이 맹비난한 추근 사건의 책임 관리들은 증오의 대상이 되었다. 이 관리들은 다른 지역으로 전근을 가도 그 지역의 권력자들이 받아주지 않았다. 추근에게 사형을 선고한 책임자는 심리적 압박을 이기지 못하고 결국 자살했다.

신문은 새로운 영향력과 자신감을 얻자 두려운 세력으로 거듭났다. 이들은 특히 정부의 감시자 역할을 자처했다. 서태후는 신문들이 압도적인 반만 정서를 보이는데도(살해된 만주족 은명에 관해서는 한 마디 동정의 말도 없었다), 억압하려고 하지 않았다. 하지만 그녀는 폭력적인 행위에는 가혹하게 대응했다. 추근 사건에 관한 상세한 보고는 그녀가 내란 수괴 중 하나임을 명백하게 보여주었고, 서태후는 이에 근거하여 지방 관리들이 내린 후속 조치를 지지하면서 반란은 앞으로 계속 강력하게 대처해 근절하라고 지시했다. 그 결과 서태후 생전인 1908년에《뉴욕 타임스》에는 이런 보도가 실렸다. "염려할 만한 소란은 일어나지 않고 있다. 중국은 1900년 이래 그 어느 때보다도 평온하다." 하지만 여전히 공화주의자들은 강력한 세력이었고, 서태후가 죽기만을 기다리고 있었다.

서태후는 한 팔로는 공화주의자들을 막으면서 다른 한 팔로는 강유위 문제를 씨름했다. 1898년 황태후 암살 계획이 실패하자 강유위는 일본으로 도망쳤다. 청 정부가 강하게 송환 압력을 넣는 데다, 특히 일본이 비위를 맞추려는 장지동이 이 일에 앞장서고 있으니 그들은 강유위에게 곧 일본을 떠나달라고 요구했다. 하지만 그는 황야로 쫓겨나는 것은 아니었다. 강유위는 세계를 여행하기 위해 일본을 떠났다. 그의 곁엔 일본 정보기관에서 훈련을 받고, 중국어를 할 줄 아는 일본 지식인 나카니시 시게타로中西重太郎가 따라 붙었다. 그는 강유위의 통역사이자 경호원처럼 행동하며 일본과 지속적으로 연락을 취했다. 강유위는 자신의 제자이자 오른팔인 양계초를 일본에 남겨두고 그의 지시를 수행하게 했다. 해외에서 강유위는 광서제의 복위를 계속 시도했다. 일본은 광서제의 친정이 가장 중국을 쉽게 제어할 수 있는 방법이라고 보았기 때문에 그렇게 되기만을 바라고 있었다. 이렇게 강유위는 일본을 대신해서 일하는 것까지는 아니더라도 그들과 적극 협력하고 있었다.

　강유위는 이제 일본에서 북경으로 일련의 암살자들을 보냄으로써 다시 서태후의 목숨을 노렸다. 암살자들 중 하나는 심진이었는데, 이자는 이미 1900년 해적단과 함께 서태후 암살을 시도한 적이 있었다. 하지만 전술한 대로 이들의 음모는 실패로 돌아갔고, 그 결과 심진은 망명 생활에 들어갔다. 1903년, 심진은 다시 북경에 도착해 고위 경관 및 환관과 친분을 쌓았다. 이 암살자에 대한 소식은 서태후 추종자들의 귀에 들어갔고 결국 심진은 체포되었다.

　곧 칙명이 선포되었다. 심진이 무장 반란에 연루된 자이니 즉시 처형하라는 내용이었다. 하지만 광서제의 생일이 채 한 달도 남지 않은 시기였고 청의 관습으로는 황제의 생일이 있는 달엔 공개 처형이 금지되었다. 따라서 칙명은 형부에 지시해 감옥에서 태형으로 처형하라고 지시했다. 이 중세식 처형 방식은 죄인이 죽을 때까지 때리는 것으로 통상적으로 자금성 안에서 환관들을 처형할 때 쓰던 것이었다. 따라서 국가가 관리하는 감옥엔 태형을 위한 도구나 집행인이 없었다. 긴 목제 곤장은 특별히 제작해야 했고, 경험 없는 집행인은 심전같이 큰 체구에 튼튼한 체질을 가진 죄인을 빨리 죽일 수 없었다. 이 살벌한 이야기는 여러 신문에 전해졌고, 그 무시무시한 세부 사항은 중국 독자들은 물론이고 특히 서양인들의 반감을 샀다. 영자신문인 《노스 차이나 헤럴드》는 이 처형을 '심지어 중국 법에서도 극악무도한 변태적 행위'라고 규탄하며 서태후를 맹렬히 비난했다. "말이 곧 법인 그녀만이 이런 흉악한 일을 지시할 수 있다." 영국 공사관은 이에 반발하여 가을에 있을 서태후 주최 연회에 참석하지 않겠다고 통보했다.*

서태후는 지난 오랜 세월 동안 환관들을 태형한 것처럼 아무런 생각 없이 심전의 태형을 재가했다. 심전의 처형을 통해 그녀는 이 잔혹한 형벌이 근대엔 용납되지 않는다는 교훈을 배우게 되었다. 곧 법 개혁으로 태형이 금지되었고, 서태후는 공개적으로 태형을 포함한 고문을 혐오한다고 선언했다. 다음 해인 1904년 6월, 강유위가 획책한 1898년의 음모와 1900년의 무장봉기에 연루된 자들 모두가 사면되었다. 수감 중인 자들은 풀려났고, 추방된 자들은 이제 고향으로 돌아올 수 있었다. 정치범은 공식적으로 강유위, 양계초, 손문 등 세 명으로 줄어들었고, 이들은 여전히 망명 상태였다. 그중 양계초에 관해서는 사면하자는 논의가 있기도 했다.

서태후는 그 사건 이후로 신변 보안을 강화했으며, 환관들이 자주 모이는 자리는 주의 깊게 감시되었다. 1904년 11월, 강유위는 고도의 암살 기술을 가진 무리를 일본에서 중국으로 파견했다. 암살단의 주요 인물 중엔 나박사羅璞士라는 폭탄 기술자가 있었다(이자는 암살 작업에 쓸모가 있다면서 최면술을 배우기도 했다). 암살단의 계획은 서태후가 자주 들르

* 심전이 반정부적 언론인이라 처형되었다고 종종 주장된다. 하지만 그가 신문이나 다른 출판물에 기고한 글은 단 하나도 찾아볼 수 없다. 그의 언론 활동은 '러청동맹밀약'이라고 언급된 어떤 문서를 얻어내는 것뿐이었다. 심전이 가져온 이 문서는 일본 신문에 실리기도 했다. 하지만 이 문서는 의화단사건으로 피해를 본 러시아가 만주에서 철병하는 대가로 청에 내놓은 요구 사항들을 적은 목록이었다. 청은 이 요구 사항들을 받아주지 않았으니, 조약이든 '비밀'이든 뭐든 아예 존재하지 않았다(러시아와의 밀약은 1896년의 것밖에 없었다). 일본은 반러시아 정서를 돋우기 위해 이 문서를 손에 넣고 싶어 했다. 그렇다고는 해도 일본에 이 문서를 넘겨준 것이 심전을 처형한 이유는 아니었다. 그는 1900년 무장 반란의 수괴 역할을 한 것으로 '처벌' 되었다. 서태후는 심전이 자신을 다시 암살하기 위해 북경으로 온 것을 알게 되었고, 이 때문에 급히 처형을 명령했다.

는 장소에 폭탄을 설치하는 것이었다. 가장 이상적인 곳은 북경과 이화원 사이를 오가는 작은 증기선이었다. 증기선의 조타수는 유일하게 증기선에 오를 수 있는 황궁 밖 사람이므로 암살단은 나박사를 그 자리에 넣고자 애썼다. 폭탄을 개량하려고 청과 일본을 오가던 나박사는 1905년 해안에서 붙잡혀 즉결 처형되었다. 이 사건은 성공적으로 은폐되었다. 서태후는 암살자들을 비밀리에 제거해야 한다는 것을 알았고, 이는 북경보다 상대적으로 언론의 감시가 덜 한 지방에서 더 쉽게 할 수 있는 일이었다. 강유위는 이 암살 미수 사건이 은폐될 수 있도록 오히려 도움을 주었다. 자신이 암살을 배후 지휘했다는 사실이 알려지는 것을 꺼렸기 때문이다.

폭탄 기술자인 나박사가 처형되어 강유위의 서태후 암살 계획에는 큰 차질이 생겼다. 하지만 남은 암살단은 강유위의 오랜 친구이자 경호원인 양철군梁鐵君의 지휘를 받아 계속 암살 음모를 진행했다. 1906년 8월, 양철군과 공모자 한 명이 체포되었다. 양철군은 체포되자 곧 서태후를 암살하라는 강유위의 명령을 받고 북경에 왔다는 사실을 인정했다. 두 사람은 법 절차에 따르자면 형부로 인계되어야 했으나 그렇게 하지 않았다. 이번 경우엔 두 암살자에 관한 정보가 대중과 신문에 먼저 공개되었다. 그들은 형부로 가지 않고 천진의 원세개 사령부로 인계되었다. 대중의 눈을 피해 군법으로 처리하기 위해서였다. 공개재판을 하면 암살자들이 황제의 소망을 실천하려 했을 뿐이라고 자신들을 변호할 수 있었으므로 서태후는 그것을 저지하려고 이런 조치를 취했다.

천진에서 두 암살자는 호위를 받아 독립된 병영으로 보내졌다. 이들은 목격자에 따르면 족쇄도 차지 않고 고문도 당하지 않았다. 원세개의 지시에 의해 병영에서 극진한 대우를 받았고, 수놓은 비단으로 장식된

방에서 호화로운 식사를 대접받았다. 40대의 준수한 외모를 지닌 양철군은 흰 정장과 이에 맞는 흰 모자를 쓴 유럽식 복장을 하고 있었다. 한여름 무더위로 땀투성이가 된 그를 본 원세개는 밤새 재단사들을 일하게 해 갈아입을 옷을 마련해주었다. 담당 장교는 양철군에게 겉옷으로 어떤 재질이 좋겠느냐고 물었다. 그러자 그는 한쪽은 윤이 나는 검은색으로 되어 있고 다른 한쪽은 윤이 나지 않는 갈색으로 된 값비싼 비단을 요구했다.

청나라에는 처형되는 사람에겐 특별한 대접을 하는 전통이 있었다. 처형 전날 암살자들은 관례에 따라 호화로운 식사를 대접받았다. 당시 북경에 거주했던 외교관 앨저넌 프리먼미트퍼드는 처형장의 광경을 이렇게 말했다. "관리들은 사형수에게 극진한 친절을 베풀었다. 관리들은 선뜻 자신들의 담뱃대를 내어주며 사형수들이 끽연할 수 있게 하고 차와 술도 마시게 해줬다. 두 군인들 사이에서 몸부림치며 싸움을 거는 암살범이 온갖 도발을 하더라도 그들은 그저 '조용히 하시오'라고 말할 뿐이었다. 군대가 범죄자에게 이렇게나 친절하다니, 나는 정말로 깊은 감명을 받았다."

양철군은 이런 대접이 처형의 전조임을 알고 있었다. 하지만 불편한 모습은 전혀 보이지 않으며 다른 이들과 천연덕스럽게 이야기를 나누고 농담도 주고받았다. 암살범들을 추궁한 뒤 북경으로 간 원세개는 9월 1일 암호 전보로 사형선고를 내렸다. 전보는 즉시 암살범들을 처형하고 한 시간 내로 회신 전보를 보낼 것을 명령했다. 양철군에겐 군사법원 판사가 전보를 보여주며 처형 방식을 선택하게 했다. 음독을 선택한 양철군은 그 후 고통스럽게 죽음을 맞이했다. 군인들은 그의 시체를 사령부 근처의 표식이 없는 사형수 공동묘지에 매장했다. 사령부 소속 병사들은 누군가가 암살범들의 죽음에 관해 물어본다면 병으로 급사했다고 대답하라는 명령을 받았다.

얄궂게도 이날은 서태후가 입헌군주제 도입 의도를 선포하는 날이었다. 원세개는 북경으로 가서 선언서의 작성을 도왔고, 황태후와 몇 번 알현한 뒤 암살자들을 처형하라는 지시를 내렸다. 사형 재가자가 서태후라는 것은 의심할 여지가 없다.

양철군의 죽음은 하나의 신문에만 보도되었고, 거의 사람들의 관심을 끌지 못했다. 폭탄 기술자의 경우처럼, 강유위는 원세개나 서태후가 했던 것처럼 모든 암살 음모를 비밀로 할 수밖에 없었다. 양철군이 자살했다는 사실은 중요한 점을 시사했다. 그가 체포된 후 협조적이었던 것은 실제로 암살에 대해 심경 변화를 일으켰기 때문이었다. 체포 전 강유위에게 보낸 편지에서 양철군은 암살을 수행하라는 압력을 넣지 말라고 요구했다. 이어 그는 더 나아가 암살을 포기하고 서태후의 개혁을 지지해야 한다고도 말했다. 체포되기 전날, 양철군은 친구들에게 편지를 보냈다. "이제 암살은 하려고 하지 말게. 지금부터는 평화로운 수단을 쓰게나." 하지만 그의 처형은 그대로 진행되었다. 어쩌면 양철군이 공모자들을 밀고하는 일에 협력하지 않았을지도 모른다. 또는 서태후가 어느 경우든 모험을 걸 생각이 없었을지 모른다.

그렇지만 서태후는 편집병적인 자세는 보이지 않았다. 궁궐 사이를 오가는 경로는 예전과 같았다. 어느 눈 내리는 날, 서태후는 이화원에서 북경까지 가마를 타고 움직였는데, 가마꾼 하나가 미끄러져 서태후가 땅에 내동댕이쳐졌다. 암살 풍문이 돌아 예민한 시기였기에 황태후의 수행단은 이 일이 암살 음모의 일부일까 두려워하며 공황에 빠졌다. 겁에 질린 궁녀 하나가 "마마께서 살아 계신지 확인하시오!"라고 소리쳤기에 동행하던 유덕령이 재빨리 황태후에게로 다가갔다. 그녀는 곧 서태후가 '침착하게 앉아서, 도로가 젖어 몹시 미끄러워 생긴 일로써 가마꾼의 잘못이라 볼 수 없으니 그를 처벌하지 말라고 태감에게 지시하는 모습'을 보았다.* 암살 음모에 연루되었다는 혐의만으로 서태후가 누군가를 벌했다는 증거는 전혀 없다.

암살자들의 근거지인 일본은 서태후의 불신이 집중된 곳이었다. 1905년, 일본이 러일전쟁에서 승리하자 서태후의 두려움은 더욱 심해졌다.

1900년 의화단사건으로 몇몇 러시아인들이 의화단의 공격을 받았는데, 이 사실을 악용하여 러시아는 만주 일부를 점령했다. 러시아의 정치가이자 외교관인 비테 백작은 이런 서술을 남겼다. "어느 날 북경에서 반란이 일어났다는 소식이 들렸다. 전쟁성 장관인 쿠로팟킨Kuropatkin은 희색이 만면하여 재무성의 내 사무실로 찾아왔다." 쿠로팟킨은 백작에게 이렇게 말했다. "굉장히 기쁜 일일세. 청나라는 이제 우리가 만주를 장악하더라도 할 말이 없을 거야." 신축조약이 체결된 뒤 외국 군대는

---

* 유덕령은 이 장면을 좀 더 자세하게 서술했다. "총관 태감 이연영은 법도가 있으니 가마꾼을 반드시 처벌해야 한다고 황태후에게 조언했다. 말을 마치고 총관 태감은 매를 든 이들(이들은 이런 경우를 대비해 황실 어디서나 대나무 막대기를 들고 다녔다)을 쳐다보며 이렇게 말했다. "이자의 등에 매질 여든 번을 가하라." 불쌍한 가마꾼은 진창에 무릎을 꿇은 채 명령을 들었다. 매를 든 이들은 가마꾼을 90미터 정도 밖으로 끌어내 쓰러뜨린 뒤 때리기 시작했다. 80대를 치는 것은 그다지 오랜 시간이 걸리지 않았다. 나는 여기서 굉장히 놀랐는데, 가마꾼은 매를 맞고 일어나 아무 일도 없었다는 듯이 돌아왔다. 그는 너무나도 평온해 보였다." 분명 매질을 하는 이들은 시늉만 한 것이었다. 황태후가 화를 내지 않았다는 것을 그들이 알기 때문이었다. 하지만 실수를 해서 매를 맞는 환관들은 늘 이 경우처럼 운이 좋은 것은 아니었다. 그래서 많은 환관들이 이런 불의의 경우를 대비해 등에 고무판을 대고 다녔다.

청에서 물러나야 했지만, 러시아는 만주에서의 철병을 거부했다. 비테 백작은 이를 '성실치 못한 일'이라고 했다. 하지만 일본 역시 오래 만주에 눈독을 들이고 있어서 곧 러시아와 전쟁을 하게 되었다. 두 외세가 청나라 땅에서 전쟁을 하는 동안 서태후는 중립을 선언했다. 치욕적인 입장이었지만 그보다 더 나은 대안은 없었다. 서태후는 침대 뒤의 은폐된 계단을 통해 들어가는 개인 사당에서 청 제국에 최소한의 피해만 있기를 기도했다. 일본이 전쟁에서 승리하자 많은 청나라 사람들은 마치 일본의 승리가 자신들의 것인 양 고무되었다. 아시아의 '소국'이 유럽의 대국을 무너뜨림으로써 유럽인이 아시아인보다 우월하고 또 백인이 황인보다 우수하다는 오만한 생각을 깨부순 것이다. 일본은 유례가 없을 정도로 칭송받았다. 하지만 서태후는 일본의 승리로 인해 더욱 불안하기만 했다. 새로 얻은 자신감과 전력戰力으로 일본은 곧 탐욕스러운 눈길을 중국으로 돌릴 것이기 때문이었다. 임박한 위기감은 입헌군주제로 탈바꿈하려는 서태후의 추진력에 힘을 실어주었고, 1905년 일본이 승리한 직후 그녀는 정체 변경을 더욱 군건히 결심했다. 서태후는 백성들이 신하가 아니라 국민이 되면 전보다 좀 더 애국적인 사람이 되기를 희망했다.

일본에 대한 황태후의 우려는 아주 당연한 것이었다. 일본은 발 빠르게 일련의 외교 공세를 펼쳐 열강에 자신들이 획책한 대對 중국 계획을 묵인해달라고 요구했다. 영국과 프랑스, 심지어 러시아도 이와 관련하여 일본과 조약을 맺었다. 일본 외교관들은 중국의 관리, 신문사 사주와 신문사 편집자들에게 설득 공세를 맹렬하게 펼쳤다. 그들은 두 아시아 국가가 진정으로 '연합'해야 한다는 개념을 내세웠다. 일본 연합은 허울뿐이고 실제로는 연합을 지배할 생각이었는데도 많은 중국인들이 이를 호의적으로 받아들였다. 일본에 가본 중국 사람들은 자신이 보았던 광경, 즉 '거리의 청결함, 행복한 사람들의 모습, 정직한 상인들, 평범한 사람들의 근면함'에 감명을 받았다. 유럽 외교관들은 일본이 한 해에 600~800만 독일 마르크(대략 200~300만 테일)씩 유능한 인재의 양성에 사용한다는 사실을 알고 있었다. 이런 교육의 '궁극적인 목표는 일왕을 북경의 옥좌에 옮겨 모시는 것'이었다. 다시 말해 일본이 중국을 지배한다는 뜻을 그처럼 상징적으로 말한 것이었다. 몇몇 일본인은 자신 있게 이런 수사적인 질문을 던지기도 했다. "800만의 만주족도 중국을 지배하는데, 5천만의 일본인이 못할 이유가 무엇인가?"

서태후는 일본이 제국을 지배하게 놔둘 생각은 전혀 없었다. 일본의 지배가 중국을 더 낫게 만들 것이라는 환상은 더더욱 가지지 않았다. 1894년에서 1895년까지의 청일전쟁에서 중국을 물리치고 난 뒤 일본은 조선을 '보호'한다는 명목으로 한반도를 지배했으나 그 통치는 잔혹하기 이를 데 없었다. 청나라 신문들이 규제 없는 자유를 누리고 있을 때, 조선의 신문들은 반일 정서를 미연에 근절하려는 엄격한 검열을 받았다. 영국인 어니스트 베델Ernest Bethell이 사장으로 있는 조선의《대한매일신보大韓每日申報》편집인이었던 양기탁梁起鐸은 거침없는 편집 기자였다. 그런 이유로 결국 그는 일본에 체포되어 감방에 갇히게 되었다. 감방은 '너무 비좁아서 누울 수도 없고, 천장도 너무 낮아 일어설 수도 없는' 곳이었다. 몇 주가 지나자 양기탁은 피골이 상접한 모습이 되었다. 조선 주재 영국 총영사 헨리 콕번은 이에 큰 충격을 받고 일본의 고위 관리에게 항의하러 갔다. 하지만 일본 관리는 조금도 흔들리지 않고 콕번에게 대답했다. "총영사께서 이런 지엽적인 문제를 자꾸 따지신다면 일본의 앞길에 훼방을 놓겠다는 나쁜 뜻이라고 생각할 수밖에 없습니다." 이 사건에 격노한 콕번은 조국인 영국이 일본의 잔혹한 통치를 묵인하는 모습에 실망하여 사임하고 말았다. 그의 촉망받던 외교관 생활은 이렇게 중단되었다.

서태후는 황인종인 일본이 백인 러시아를 이겼다고 해서 자동적으로 일본에 호의를 보내지 않았다. 애초에 그녀는 인종적 편견에 좌우되지 않았으므로 피부색은 고려 사항이 아니었다. 서태후의 친구들로는 미국 백인 세라 콩거와 캐서린 칼이 있었고, 미국인과 청나라 혼혈인 루이자 피어슨도 있었고, 일본 공사 우치다 고사이의 부인도 있었다.

일본에 대하여 강한 경계심을 품고 있다고 해서 서태후는 그에 대한 반작용으로 다른 열강의 권력에 기대려고 하지도 않았다. 황태후의 정부는 옥좌에 그 어떤 외국인 고문도 받아들이지 않았다. 하지만 각 관청과 지방에는 많은 일본 및 서양 고문들을 고용했다. 1906년 독일 황제 빌헬름 2세는 이임하는 베를린 청 공사를 통해 서태후에게 메시지를 보냈다. 일본의 공격이 있을 때 '중국의 가장 중요한 부분을 보장해줄 평화 협정'을 맺자는 것이었다. 하지만 황태후는 이에 답변하지 않았다. 맹약을 휴지 조각처럼 내던지는 러시아의 배신을 겪고 난 뒤 그녀는 절대 그런 보증에 대하여 환상을 품지 않았다. 더군다나 독일 황제는 중국 쟁탈전의 선봉에 섰던 사람이었으므로 전혀 믿을 수가 없었다. 빌헬름 2세의 우려 표명은 그 자체로 황태후에게 모욕적인 것이었다. 이전에 그는 중국과 일본의 연합을 '황화黃禍'라고 부르기도 했다. 독일 황제는 《뉴욕 타임스》 기자에게 이런 말을 하기도 했다. "일본에 지배되는 중국은 백인 문명에 대하여 날카로우면서도 격렬하게 적대적인 태도를 보일 것이다. 이는 최악의 재앙이 될 것이다. 미래는 황인, 흑인의 것이 아닌 백인의 것이다. 미래는 금발 백인의 것이다."*

서태후가 아무런 대답을 하지 않자 빌헬름 2세는 당황하고 좌절했다. "벌써 1년이 지났다. 그렇지만 아무 일도 진행되지 않았다. 우리는 이제라도 일을 시작해야만 한다! 즉시! 서둘러서!……. 나는 그들에게 1년전에 설명을 했었다. 이 중국 작자들은 시간을 돈으로 생각하지 않는 것이 분명하다. 참으로 굼뜬 자들이 아닌가. 모든 일을 이처럼 계속 미루기만 하다니……." 독일 황제는 미국을 끼고 자신의 계획을 관철하고자 했다. 유일하게 서태후가 조금이라도 희망을 걸고 있는 나라가 미국이었기 때문이다. 1907년 말, 태후는 기운을 돋우는 두 가지 소식을 듣게 되었다. 미국이 신축조약의 남은 배상금을 탕감해주고 태평양으로 주요 함대를 파견했다는 것이었다. 중국을 향한 미국의 호의와 일본과 경쟁하려는 미국의 명백한 의도를 보고 난 뒤, 서태후는 미국에 특사를 보내 배상금 탕감에 감사를 표시하고 좀 더 밀접한 양국 관계의 가능성을 찾고자 했다. 특사는 미국을 방문한 뒤 독일과 다른 유럽 국가들을 방문할 예정이었다. 하지만 배상금 탕감이 연기되어 특사는 1년 동안 미국을 떠나지 못했다. 서태후는 워싱턴 D. C.에 있는 공사에게 빌헬름 2세가 제안한 평화협정에 관해 논의할 것을 지시하지 않았고, 또 이를 위해 특사를 파견하지도 않았다. 이런 사실은 그녀가 독일의 제안을 실현 가능성이 없다고 생각했다는 뜻이다. 미국은 중국 때문에 일본과 전쟁을 벌이지는 않을 것이었다. 미국은 자국의 이익을 희생하기보다는 차라리 중국의 이익을 희생시킬 가능성이 높았다. 실제로 얼마 지나지 않아 미국은 일본과 루트-다카히라Root-Takahira 협정이라고 불리는 조약을 체

---

* 원래의 보도문에는 이탤릭 표시와 괄호 표시가 있었다. 기자는 인터뷰 중에 있었던 일을 이렇게 기록했다. "독일 황제의 얼굴은 붉게 달아올랐고 주먹을 불끈 쥔 채로 팔을 들어올렸다. 이를 꽉 다문 황제는 얼굴을 내게 들이밀며 소리쳤다……."

결했다. 조약의 내용은 미국이 일본의 남만주 지배를 인정하는 대신에 일본은 미국의 하와이와 필리핀 점령을 묵인하는 것이었다.*(조약의 정식 명칭은 '태평양 지역에 대한 미·일 교환 공문'이다. 미국과 일본이 서로의 세력을 인정함으로써 전쟁을 방지하는 역할을 했다. ─옮긴이)

⟡

　1907년 여름, 일본은 대한제국을 거의 합병했다. 고종은 강제로 퇴위당하고 그의 아들 순종純宗이 즉위했는데, 고종이 일본인 '고문'의 말에 순순히 따르지 않았기 때문이다. 이 고문은 다름 아닌 전 일본 총리 이토 히로부미였다. 을사조약乙巳條約으로 인해 이토 히로부미는 조선 초대 통감이 되어 자신의 승인 없이는 대한제국의 황제가 아무런 결정도 내리지 못하게 했다. 이토 히로부미는 2년 뒤 하얼빈哈爾濱에서 안중근安重根의 저격을 받고 사망했다. 당시 《뉴욕 타임스》는 이토 히로부미의 죽음에 대하여 '가혹한 통치로 인해 대한제국 사람들의 원망을 샀다'고 보도했다. 서태후는 이토가 조선 통감으로 승진한 모습을 보고 1898년의 일을 떠올렸다. 이 '일본을 세계열강의 반열로 끌어올린 주역'은 그 당시 광서제를 거의 통제할 정도로 가깝게 다가와 있었으며 만약 이토가 광서제의 고문으로 취임했다면 중국 역시 또 다른 대한제국이 될 수도 있었다. 게다가 이제 일본은 대한제국을 실질적인 일본 영토로 만들어버렸으니, 한만韓滿 국경에 배치한 군대를 동원하면 언제든지 쉽게 국경을 넘어올 수 있었다.

　이런 배경에 맞서기 위해 서태후는 일본의 대리인으로 의심되는 자들

---

* 그로부터 30년이 지나서 전쟁 준비를 모두 갖춘 일본은 필리핀을 침공하기 전에 하와이 진주만의 미군 기지를 기습했다.

을 황실에서 축출하는 단호한 노력을 기울였다. 그녀가 제일 먼저 지목한 대상은 잠춘훤岑春煊이라는 군사 지휘관이었다. 그는 1900년 황실이 북경을 떠나 서안으로 도피할 때 황실을 호위하기도 했다. 서태후는 이에 감사를 표하고 그에게 선선히 알현을 허락했다. 하지만 나중에 잠춘훤이 상급자의 진지 사수 명령을 무시한 채 북경 외곽에 있는 자신의 군대를 급히 서쪽으로 이동시켜 황실을 도왔다는 사실이 드러났다. 또 그렇게 군대를 움직인 것은 평소 연락을 주고받던 강유위의 사주를 받아 광서제를 보호하기 위한 목적이었던 것으로 밝혀졌다. 이것 말고도 서태후는 잠춘훤이 상해에서 강유위의 오른팔 양계초와 만났다는 사실도 알게 되었다. 원래는 강유위가 직접 잠춘훤을 만나려고 했으나, 사정상 그를 대신해 일본에서 특별히 양계초가 참석한 것이었다. 서태후는 이에 잠춘훤에게 '병가'를 주어 멀리 보내버렸다. 그녀는 또한 잠춘훤과 절친한 사이였던 군기대신 임소년林紹年도 북경에서 내보내 하남 순무로 보냈다. '병가' 중이던 상해에서, 잠춘훤은 지속적으로 일본 고위 정치인들을 만났다. 이 중엔 1931년 만주 침공을 주도한 미래의 일본 총리 이누카이 쓰요시大養毅도 있었다. 이 당시 이누카이는 강유위와 손문을 적극적으로 후원했다.

　서태후는 군기처를 재편해 새로운 군기대신 세 사람을 임명했다. 그녀는 이들은 일본의 앞잡이가 아니라고 확신했다. 그중 한 사람이 원세개였는데, 서태후는 그에게 총리아문의 수장 자리도 함께 맡겼다. 하지만 한 외국인은 원세개에 관해 '다른 청나라 고관들보다 침착한 면이 덜하다'는 평가를 내리기도 했다. 원세개는 일본을 가장 호의적으로 생각하는 사람 중 하나였다. 그는 새로운 총리아문 관리들에게 직무를 수행하기 전에 석 달간 일본 시찰을 다녀와 자신에게 결과를 보고하라고 지시했다. 하지만 그는 일본과 교섭할 때는 냉정하고 영악한 모습을 보였고, 청에 대해 일본이 품은 야욕을 오랫동안 빈틈없이 지켜보고 있었다. 그 결과 원세개는 일본의 입장에선 골칫거리였고, 강유위에게는 서태후 다음으로 암살해야 할 대상으로 여겨졌다.*

다른 새로운 군기대신은 장지동이었다. 그 역시 일본에 호의를 품고 있었다. 1900년 일본과 함께 새 정부 수립을 도모했는데도 서태후는 청의 독립을 유지하려고 헌신적으로 노력하는 그의 모습과, 다른 사람의 꼭두각시 따위는 하지 않을 강직한 성품을 신뢰했다. 그는 또한 청렴결백하여 뇌물을 받지 않는 사람이었다.

세 번째 새로운 군기대신은 오랜 세월 서태후를 섬겨온 순친왕의 아들이며 광서제 재첨의 이복동생인 재풍이었다. 실은 서태후는 그를 잘 훈련시켜 자신의 뒤를 잇게 할 셈이었다. 의화단사건 때 일어난 독일 공사 폰 케틀러 남작의 살해 건으로 독일 황실에 청의 친왕이 사죄하러 가야만 했을 때, 재풍은 열여덟 살의 나이로 그 임무를 맡게 되었다. 그는 이 어려운 임무를 잘 수행했으며, 청의 사죄를 전달할 때도 위엄 있는 모습을 보였다. 독일 황제가 재풍과 그의 수행원들에게 무릎을 꿇고 머리를 조아릴 것을 요구하자, 그는 이를 거절했고 결국 카이저의 요구는 철회되었다. 재풍이 북경으로 돌아오자, 서태후는 자신과 가장 밀접하게 지냈던 영록의 딸을 그에게 시집보냈다.**

황태후는 재풍을 되도록 많은 외교 업무에 참여시켰다. 그는 외국인

---

* 원세개는 화려하면서도 강인한 인상을 주는 사람이었다. 체구를 보고 뽑은 그의 경호원들은 표범 무늬 제복을 입었고, 이들을 놀라면서 쳐다본 어떤 사람은 그들이 '호랑이나 곰' 같다고 할 정도였다.
** 영록은 1903년에 사망했다.

과 관련된 공식 행사엔 늘 황실을 대표하여 참석했다. 재풍은 외교단과 선교사들을 그 어떤 청나라 사람보다 잘 알고 있었다. 서양인들은 그를 좋아했고 그 역시 서양인들과 쉽게 어울렸다. 서태후는 재풍을 신뢰했기에 그가 일본과 협력하지 않을 거라고 믿었다. 그리고 재풍 또한 그녀를 실망시키지 않았다. 서태후가 사망하고 자신의 아들인 부의溥儀가 황제가 되자 재풍은 섭정 자리에 올랐고, 이후 그는 일본의 모든 제의를 뿌리쳤다.*

아들인 선통제가 일본이 만주에 세운 괴뢰국 만주국의 황제가 되었을 때, 재풍은 만주국이 존속하는 14년 동안 딱 한 번 아들을 찾아갔다. 그는 만주국에 한 달만 머물렀고 정치엔 일절 관여하지 않았다(재풍은 1951년에 사망했다).

일본의 주요 대리인 중 하나는 황족 애신각라 자손인 숙친왕肅親王 선기善耆였다. 이 당시 숙친왕은 가장 일본화된 고관이자 광서제의 지지자였다. 그는 자신의 저택에 딸과 집안 여성들을 위한 학교를 만들고 그들에게 일본어를 배우도록 했다. 숙친왕이 유능하고 편협하지 않다고 봤기에 서태후는 그에게 경찰청장 자리를 맡겼다. 경찰청의 고문으로 있던 일본인은 가와시마 나니와川島浪速라는 사람으로, 그는 의화단사건으로 외국군이 북경에 주둔하는 동안 치안 유지를 굉장히 효율적으로 하는 방법을 보여주었다. 숙친왕과 가와시마는 아주 친밀한 사이가 되었고, 나중에 가와시마가 숙친왕의 딸 현우顯玗를 양녀로 들이기도 했다.

---

* 부의의 이야기는 베르나르도 베르톨루치Bernardo Bertolucci의 영화 〈마지막 황제The Last Emperor〉에 의해 영원히 남게 되었다.

일본에서 가와시마 요시코川島芳子라는 이름으로 성장한 현우는 제2차 세계대전 중 일본이 중국을 침공할 때 간첩으로 활동하며 혁혁한 공을 세워 '동방의 보석'이라는 별명을 얻기도 했다. 전쟁이 끝나고 나서 그녀는 반역 행위로 처형되었다.

숙친왕은 자신의 딸이 그랬던 것처럼 열성적으로 일본이 중국을 장악해야 한다고 홍보할 생각이었다. 하지만 그는 상황이 상황인 만큼 당분간은 때를 기다리며 조용히 지내고 있었다. 1903년, 서태후는 숙친왕의 본색에 관해 경고하는 말을 들었다. 그 보고는 황실 화가 경관慶寬(그가 그린 이화원 전경과 광서제의 혼례 전경은 오늘날 중국의 국보로 지정되었다)이 몰래 올린 것이었다. 열성적으로 서태후에게 충성하던 경관은 암살범 심진을 체포하는 데 도움을 주기도 했다. 나중에 그는 서태후에게 비밀리에 글을 올려 숙친왕과 밀접한 자들을 따돌리고 비밀리에 일을 진행했기에 심전을 체포할 수 있었다고 보고했다. 서태후가 숙친왕을 불러들여 추궁하자, 그는 우물쭈물하며 설득력 없는 말만 되뇌었다. 곧 황태후는 업무가 과중하다는 구실을 붙여 숙친왕을 경찰 수장에서 물러나게 했다. 그는 이후로 면밀한 감시를 받게 되었다. 숙친왕은 자신의 애첩이 황태후를 위해 일하고 있기는 해도 여전히 '바늘방석에 앉은 것 같다'는 말을 강유위의 연락책에게 하기도 했다.

1907년 6월, 서태후는 감시받던 숙친왕을 새롭게 설립된 민정부 상서民政部尚書(장관)로 임명했다. 민정부 산하엔 경찰이 있었다. 이런 조치는 일본을 속이려는 연막전술이었다. 잠춘훤과 다른 이들을 황궁에서 내보내면서, 그녀는 친일 인사들이 권부에서 축출되고 있다는 인상을 일본에 주지 않으려 했다. 서태후는 그렇게 상황을 꾸미고 경찰 통제는 자신이 신임하는 자를 임명해 민정부 내부에 둠으로써 만약의 경우에 대비했다.

하지만 여전히 북경의 소방대는 숙친왕의 권한 아래 남았다. 그는 강유위가 꾸민 1898년 암살 음모의 가담자이자 최근 사면되어 풀려난 왕소에게 이런 말을 하기도 했다. "나는 소방대원들에게 무기를 주고 군인처럼 훈련시켰다네. 급격한 변화가 일어나면 진화를 구실로 황궁으로 소방대원을 투입해 폐하께서 다시 옥좌에 오르실 수 있도록 하겠네." 그러자 왕소는 전적으로 동의하며 말했다. "황태후가 병으로 침상을 떠날 수 없다는 소식을 듣는 순간 황제 폐하께서는 소방대를 서원으로 불러 신변 보호를 맡기실 수 있을 겁니다. 그 뒤 폐하께서 자금성의 태화전으로 가서 옥좌를 다시 차지하시는 거지요. 그러면 폐하께서는 고관들을 불러 명령을 받으라 하시면 되는 것입니다. 감히 누가 불복하겠습니까?"*

이화원은 숙친왕의 소방대가 도달하기엔 너무 먼 곳에 있었다. 그러니 다른 계획을 세워야만 했다. 곧 일본 정부는 황태후에게 선물을 제안해왔다. 곤명호에 맞는 특제 증기선을 보내겠다는 것이었다. 서태후는 별다른 이유 없이 선물을 거절할 수 없었다. 따라서 곧 일본 기술자들이 이화원으로 들어와 곤명호와 북경으로 연결된 고량하를 철저하게 측량하고 수심이 어떤지, 폭이 어떤지 그리고 어떻게 해야 그 안에서 최선의 동선을 확보할 수 있을지 정확하게 기록했다. 그들은 일본 배를 확실히

---

* 왕소는 숙친왕에게 곧장 행동에 돌입하라고 설득했지만 그는 조심스러워하며 때를 기다리자고 했다. 숙친왕은 이렇게 말했다. "제국의 법은 우리 친왕들에겐 굉장히 엄하다네. 부름을 받지 않는 이상 황궁에 들어갈 수 없어. 한 발이라도 잘못 내디뎠다간 나는 영락없이 죽을 목숨이 되어버려." 그래도 왕소가 단행할 것을 촉구하자 숙친왕은 이렇게 반박했다. "이 일은 위험을 부담한다고 도모되는 일이 아닐세. 그렇게 해봤자 형부에 끌려가 감옥에 갇히기만 하겠지. 그럼 대체 무슨 소용이 있단 말인가?"

더 우월하게 만들기 위해 다른 이화원의 증기선들도 조사했다. 증기선은 일본에서 부품을 생산하여 이화원의 부두에서 조립했다. 60명 이상의 일본 기술자들은 이화원 주변을 걸어다니며 별장을 바라보기도 했다. 마침내 1908년 5월 말에 증기선이 완성되어 일본인 승무원과 함께 황태후에게 증정되었다. 배의 이름을 내려달라는 요청에 서태후는 영화 永和(영원한 평화)라는 이름을 내렸다. 곧 이화원에서 증정식이 열렸고, 양국의 관리들이 참석했지만 서태후나 광서제는 참석하지 않았다. 결국 일본인 기술자들과 승무원들은 떠나야 했다. 서태후가 '선물'인 영화호에 승선했다는 기록은 남아 있지 않다.

한 군기장경은 당시 일기에 불안감을 드러냈다. "황궁의 안전은 막중한 것이다. 심지어 일반 관리들도 이화원 경내로 들어갈 수 없다. 그런데도 이 일본인들은 밤낮을 가리지 않고 이화원을 배회하고 있다. 이는 옳지 않다. 최근 나는 이 일본인들이 술을 마시고 소리를 질러댄다는 이야기를 들었다. 이들이 강제로 자금성에 들어오려고 든다면 어떤 일이 벌어질지 나는 알 수가 없다." 서태후 역시 이 군기장경과 같은 의혹을 품고 있었음이 당연하다. 증기선(실제로는 전함의 외양을 가진)은 이화원에 육로로 들이닥칠 수 있는 트로이 목마와 같았고, 호숫가 바로 옆 광서제의 방문 시 침궁인 옥란당에 도달하는 데 사용될 수도 있었다.

이 트로이 목마는 서태후가 병에 걸렸을 때 이화원에 들어왔다. 그녀는 얼마 동안은 강인한 체질로 병을 견뎌낼 수 있었다. 5월에 서태후는 제국의 최초 현대식 시험 농장에 들러 광서제가 두 가마꾼이 든 가마를 타고 이동하는 동안 몇 킬로미터를 직접 걸어다니기도 했다. 하지만 7월 초가 되자 그녀는 집무를 보는 데 어려움을 느낄 정도로 상태가 나빠졌다. 서태후는 내내 열이 나고 어지러움을 느꼈으며, 이명 증세를 겪었다.

설상가상으로 한 만주족 총독은 서태후에게 대한제국(이젠 일본이 장악한) 국경에서 일어난 문제를 보고하기도 했다. 일본인들은 대한제국 쪽에 선착장을 건설하고 압록강의 둑을 따라 철길을 놓았다. 그들은 또한 압록강 한가운데까지 다리를 놓았다가 중국이 격렬하게 항의하자 마지못해 해체했다. 이 모든 일이 벌어지는 상황에서 중국 주재 일본 공사는 황실에 외교문서를 보내 일본에 반역하는 조선인 무리가 중국에 머무르며 문제를 일으키고 있으므로 일본군이 한만 국경을 넘을 수도 있다고 위협했다. 일본은 중국에 군대를 파견할 구실을 찾지 못해 안달이 난 것 같았다. 그들은 청 황실에 일이 생기면 언제든지 파병할 수 있도록 대기하고 있었다.

7월 18일, 일본의 전설적인 정보 장교 후쿠시마 야스마사福島安正 중장이 중국에 들어와, 곧장 호남성으로 그곳의 순무직을 맡고 있던 잠춘훤을 만났다. 불길한 예감이 든 서태후는 원세개와 장지동에게 강유위와 그 공모자들에게 온 서신을 포함한 압수 문서들을 면밀하게 살피라고 지시했다. 이런 명령은 드문 일이라 한 군기장경은 놀라는 심정을 일기에 기록하기도 했다. 서태후는 정적과 연관된 자들에게 유죄 혐의를 씌울 수 있는 일은 피하려고 주의를 기울여왔다. 하지만 이제 그녀는 아직 드러나지 않은 잠춘훤 같은 자들이 있는지 알아내야 한다고 느낀 것 같았다.

이런 엄청난 긴장 속에서 광서제의 37세 생일 축하연이 7월 24일에 열렸다. 서태후는 이날 공연할 경극으로 〈연영채連營寨〉를 선택했는데, 223년에 촉나라 왕 유비劉備가 죽는 장면을 다룬 연극이었다. 서태후는 특히나 이 경극을 좋아해 모든 복장과 소품을 애도의 색깔인 흰색을 쓰게 했다. 무대에서 유비 역의 배우는 검은 실로 용무늬 자수를 놓은 흰 비단 용포를 입었다. 갑옷과 깃발 역시 흰색이었다. 법도대로라면 흰색의 사용은 황실 생일 축하연에서 금기 사항이었다. 신하들은 흰 안감을 댄 소매 달린 겉옷조차 입지 않았다. 불길하다고 여겨졌기 때문이다. 하지만 서태후는 광서제에게 죽음의 불운이 닥치기를 간절히 바랐다. 황제가 죽어야만 그를 꼭두각시로 삼으려는 일본의 술수를 막을 수 있기 때문이었다.

최후의 나날
(1908)

이 당시 광서제는 실제로 중병을 앓고 있어서 지방의 유능한 의원들이 북경으로 소환되었다. 의원들의 진찰 기록을 보면, 광서제는 환청을 듣는다며 불평했다. "어떤 때는 멀리서 바람이 불고 비가 내리는 소리, 사람의 목소리, 북을 두드리는 소리가 들린다네. 또 어떤 때는 매미 우는 소리와 비단 찢어지는 소리가 들리고……. 전혀 잠잠할 틈이 없다네." 광서제는 또한 "허리 아래로 너무도 고통스럽다."고 말하기도 했다. 그는 세수를 할 때 팔을 들어 올리는 것도 힘겨웠고 귀도 잘 들리지 않는 데다 "넉 장의 누비이불을 덮어도 춥다면서 덜덜 떨었다". 황제는 의원들이 자신을 치유하거나 호전시키지 못한다고 역정을 냈다. 여전히 그는 삶에 끈덕지게 매달리고 있었다.

서안 도피에서 돌아온 뒤 광서제는 조금 더 자유를 누릴 수 있게 되었고, 이어 가장 중요한 임무를 다시 맡게 되었다. 그것은 바로 동짓날 천단에 가서 내년엔 풍년을 내려주시길 하늘에 기원하는 일이었다. 그동안 광서제는 가택 연금된 상태여서 이 예식을 친왕들이 대신 올렸는데, 서태후는 이런 불경한 짓으로 천벌을 받을까 봐 두려워했다. 이제 경비병들과 관리들도 황제보다는 자신에게 복종할 것이라고 확신했기에, 서태후는 마침내 자신의 동반 없이 황제에게 궁궐 밖 외출을 허락했다.

그럼에도 불구하고 여전히 황태후는 황제가 납치될 수도 있다고 우려했기 때문에 항상 조금도 방심하지 않았다. 특히 외국인 방문자가 있을 때는 더욱 경계가 심해졌다. 한 번은 서태후가 외국인 방문객들과 이야기를 나눌 기회가 있었는데 그중 한 명은 나중에 이 당시를 회상하며 이런 글을 남겼다.

> 대화에서 아무런 말을 하지 못하는 것에 싫증이라도 난 듯, 황제는 조용히 경극이 상연되는 극장으로 연결된 옆문으로 빠져나갔다. 한동안 황태후는 그가 없어졌다는 것을 눈치 채지 못하다가, 알게 되자마자 염려하는 기색이 역력했다. 그녀는 이 연영을 돌아보며 권위 있는 목소리로 물었다. "황상께선 어디 계시느냐?" 환관들은 이에 허둥지둥하며 사방으로 가서 수소문했다. 얼마 뒤 환관들이 돌아와 황제가 극장에 있다는 소식을 전했다. 그러자 황태후의 염려하던 기색은 마치 구름이 걷히고 해가 드러나는 것같이 사라졌다. 이어 환관들 중 몇몇은 극장에 남아 황제를 지켜보았다.

광서제는 도망치려는 시도를 실제로 여러 번 한 것으로 보인다. 어느 날 그는 서원 입구를 향해 걸어가다 환관들에게 변발을 붙잡혀 도로 끌려왔다. 또 어느 날엔 마치 기도라도 하듯 하늘을 바라보는 황제의 모습을 어떤 군기장경이 군기처 관청 안에서 보기도 했다. 광서제는 곧 자금성 문으로 걸어갔고 그 즉시 십여 명의 환관들에게 가로막혔다.

구금된 황제를 만나러 가는 것은 금지되었고, 오로지 서태후가 믿는 몇 사람만이 황제와 이야기를 나눌 수 있었다. 루이자 피어슨이 처음 황궁에 들어왔을 때, 그녀의 10대 딸인 유용령은 황제와 마주칠 때마다 이야기를 나누곤 했다. 어느 날, 늘 황제의 곁을 지키던 환관이 유용령의 방에 찾아와 시계를 하나 보여주었다. 시계의 유리판 위엔 붉은색 글자가 하나 적혀 있었다. 환관은 폐하께서 이 성姓을 가진 남자가 어디에 있는지 알고 싶어 하신다고 말했다. 해외에서 자란 유용령은 한자를 잘 모르기 때문에 시계에 적힌 글자를 알아보지 못했다. 이에 환관은 씩 웃으며 말했다. "이 글자가 무엇인지 모릅니까? '강康' 자가 아닙니까?" 그제서야 유용령은 시계의 글자가 강유위를 가리키는 것임을 알았다. 심지어 그녀조차 그 이름을 황실에서 말해서는 안 된다는 사실을 알고 있었다. 겁에 질린 유용령은 강유위의 소재에 관해선 정말로 아무것도 모른다며 어머니에게 물어봐야 할 것 같다고 대답했다. 이 모습에 환관은 오늘 일은 전부 잊으라고 말했다. 광서제 주변의 환관들은 서태후가 극히 신중하게 선택한 사람들뿐임을 생각하면, '강'이라는 글자를 정말로 광서제가 썼을 가능성은 극히 낮다. 오히려 유용령이 황제와 자주 이야기를 나눈다는 사실을 듣게 된 서태후가 그런 함정 수사를 지시했을 가능성이 높다. 태후는 유용령이 강유위와 광서제 사이에서 연락책으로 이용되는 것이 아닌지 확인할 필요가 있었던 것이다.

❧

1908년 여름부터 서태후는 설사 증세에 시달려 몸이 극도로 허약해졌다. 그래도 그녀는 막중한 업무를 계속 수행했는데 가끔 아침 접견 시간을 9시로 연기했을 뿐이었다. 이 시기에 그녀가 선포한 칙명 대부분은 입헌군주제 설립과 관계된 것이었다. 서태후는 헌법, 선거 규정, 의회 설립을 위한 구체적인 9년 계획을 승인했다.

황태후는 기운이 떨어져 있었음에도 다가올 13대 달라이 라마Dalai Lama의 방문 환영 준비에 힘을 집중했다. 청 제국은 18세기에 티베트를 합병했다. 그 이후로 티베트는 청의 승인을 받으며 자치를 해왔다. 흠차대신이 라싸Lasa에 머물며 연락책 역할을 했고, 청은 티베트가 내리는 결정을 검토 없이 바로 승인했다. 이런 기조로 1877년 서태후는 티베트 섭정이 툽텐 갸초Thubten Gyatso라는 아이를 환생한 13대 달라이 라마로 인정했다며 보낸 서신을 승인(광서제의 이름으로)했다. 이후 그녀가 내린 칙명은 티베트에서 아이들을 가르치는 교사는 모두 티베트인으로 하겠다는 교육 계획을 승인했다. 티베트의 교과과정엔 한족이나 만주족과 연관된 그 어떤 과목도 없었다. 티베트인들은 서태후에게 협조적이었고, 그녀 역시 티베트가 완전히 자율적으로 운영될 수 있게 놔두었다. 그렇지만 그녀는 티베트에 관한 정보를 늘 상세하게 받아보았다. 전보 기술이 중국에 갖추어지자 라싸의 흠차대신은 북경과 전보로 통신을 했다.

1903년에서 1904년간 프랜시스 영허즈번드Francis Younghusband 소령이 이끄는 영국 무장 원정대가 영국령 인도에서 티베트를 침공했다. 티베트인들이 침략자에 맞서 싸우는 과정에서 엄청난 사상자가 생겼다. 달라이 라마는 도망쳤고 영허즈번드는 라싸를 맹렬하게 공격했다. 철수하기 전 그는 잔류 중인 티베트 정부 요인들과 라싸조약을 체결했다. 이 조약에서 영국은 전쟁배상금 50만 파운드와 더 많은 교역 시장의 설치를 요구했다. 조약은 이렇게 이어졌다. "상기 언급한 배상금 및 교역 시장과 관련한 설비 충족을 보증하기 위해…… 영국 정부는 앞으로도 춤비Chumbi 계곡을 점령한다……." 조약은 더 나아가 티베트에 '영국 국경과 장쯔Jiangzi와 라싸 사이에서 자유로운 소통을 방해하는 모든 요새, 방어시설을 철거하고 무장을 해제하라'고 요구했다. 티베트는 또한 '영국 정부의 사전 동의 없이' 대외 정책에 대한 결정을 할 수 없었다.

청의 흠차대신이 라싸조약에 관해 전보를 보냈을 때, 서태후는 티베트에 관한 청의 '주권'이 위기에 처했다고 여겼다. 1904년 10월 3일의 칙명에서 그녀는 이렇게 언급했다. "티베트는 우리 제국에 200년 동안 속했다. 풍부한 자원이 있는 이 광대한 지역을 언제나 외국인들은 탐내왔다. 최근 영국군이 침략해 티베트인들에게 조약에 서명할 것을 강제했다. 이는 참으로 사악한 행위이다. 우리 제국은 반드시 티베트가 더한 피해를 입는 것을 막고 현 상황을 타개하는 데 힘을 쏟아야만 할 것이다." 서태후는 영국과 협상하기 위해 인도에 대표단을 파견했고 티베트와 관련해서는 청과 협의해야만 한다는 원칙을 세웠다. "주권에 대해서는 양보가 없어야 할 것입니다." 서태후가 협상단에 지시했다.

영국은 서태후의 대표단과 재협상을 하는 것에 동의했다. 1906년 4월, 영국은 청과 조약을 체결하여 기본적으로(그렇지만 다소 모호하게) 티베트는 청 제국의 일부임을 인정했다.

서태후는 강력한 대응 카드를 갖고 있었는데 그것은 달아난 13대 달라이 라마였다. 달라이 라마는 수도승의 옷을 입은 20대 후반의 미청년이었다. 그는 북동쪽으로 이동해 마침내 우르가Urga(몽골의 수도인 울란바토르의 옛 이름)에 도착했다. 당시 이 지역은 청의 지배 아래 있었다. 달라이 라마는 티베트인뿐만 아니라 몽골인들에게도 영적 지도자였다. 서태후는 즉시 관리들을 파견해 그를 수행하게 하고 더불어 지역 관리들에게 걸맞은 대접을 할 것을 지시했다. 그녀는 또한 달라이 라마에게 고된 여정을 위로하는 전보를 보내는 것도 잊지 않았다. 서태후는 달라이 라마에게 영국이 물러나면 라싸로 돌아갈 수 있게 조처할 것이며 그렇게 되면 예전처럼 티베트를 다시 통치할 것이라고 격려했다.

그러자 13대 달라이 라마는 얼마 동안은 티베트에 돌아가지 못할 것이기에 북경으로 가서 황태후를 만나겠다고 요청했다. 달라이 라마가 없는 동안 한인 관리인 장음당張蔭棠(장음환의 동생)이 차석 대신으로서 티베트를 통치했다. 그는 티베트 흠차대신은 아니었는데, 이 직위는 전통적으로 한족에게는 주어지지 않았기 때문이다. 장음당은 티베트를 한족 지방처럼 만들고자 하는 의도로 '개혁'을 시도했다. 인도가 영국과 어떻게 협상하는지, 두 나라가 어떻게 일을 처리하는지 살펴본 장음당은 청에 영국과 같은 방식을 티베트에 적용하자고 조언했다. 이는 곧 티베트에 엄청난 군대를 보내 흠차대신을 '총독'으로 바꾸고, 인도의 마하라자Mahārāja(과거 인도 왕국 중 한 곳을 다스리던 군주)처럼 달라이 라마와 판첸 라마Panchen Lama(달라이 라마를 잇는 제2의 지도자)의 정치권력을 빼앗는 대신에 큰 보상을 안기자는 뜻이었다. 하지만 서태후는 이런 장음당의 계획을 승인하지 않았다. 그의 계획을 티베트인들이 크게 꺼리는 것을 알고 난 뒤 서태후는 장음당을 다른 부임지로 보내 실질적으로 그의 계획을 폐기했다. 그녀는 티베트인들의 독립에 대한 소망이 협상 불가능한 것임을 잘 알았고, 또한 이를 존중하는 것만이 티베트를 제국 내에 머물게 하는 유일한 방법이라는 결론을 내렸다. 이런 그녀의 접근법은 달라이 라마에게도 최선의 방법으로 받아들여져서 그 방법을 확실히 해두기 위해 달라이 라마는 거듭 서태후에게 만날 것을 요청했다. 결국 서태후는 초청하는 서신을 보냈고, 1908년 9월 28일 13대 달라이 라마는 북경에 도착했다.

서태후는 실은 초청을 주저했다. 달라이 라마의 방문은 잠재적으로 의전 문제를 촉발할 수도 있었기 때문이다. 가장 큰 딜레마는 그가 서태후와 광서제에게 궤배를 해야 하는가의 문제였다. 달라이 라마는 영적 지도자이기에 티베트 사람들은 그 앞에서 무릎을 꿇었다. 하지만 그는 동시에 정치 지도자이기도 했으므로 황태후와 황제에게 무릎을 꿇어야 하는 것이 옳았다. 만약 달라이 라마가 외국인처럼 무릎을 꿇지 않는다면 이는 청나라가 티베트를 속국으로 여기지 않는다는 뜻이었다. 이 문제는 달라이 라마에게 경의를 표하기 위한 국빈 만찬을 열 때 특히 심각한 것이었다. 예를 들어 몽골의 정치 지도자들은 광서제가 입장하고 퇴장할 때 무릎을 꿇을 터였다. 만찬은 '공식' 행사였고, 서태후는 여기에 많은 관심이 쏠릴 것을 잘 알고 있었다. 서양 열강은 티베트가 청 제국의 일부가 아니라는 신호가 나오는지 주시할 것이고, 티베트인들은 청이 '환생한 신'에게 모욕을 주지 않아야 한다는 입장을 견지했다. 예부는 서태후에게 어떻게 해야 하는지를 물었고, 이에 그녀는 여러 날 심사숙고했다. 마침내 서태후는 만찬에 참석하는 다른 이들처럼 달라이 라마의 무릎을 꿇게 하기로 결정했다. 대신 그는 따로 마련한 자리에 앉아 무릎을 꿇기로 되었다. 다른 이들이라면 서태후와 광서제에게 만찬장 입구에서 무릎을 꿇어야 하겠지만, 그는 책상다리를 하고 앉은 낮은 옥좌에서 무릎을 꿇을 예정이었다. 거기다 이 방식대로라면 달라이 라마가 입은 풍성한 예복 때문에 그가 무릎을 꿇는 것은 보이지도 않을 것이었다. 달라이 라마로서도 티베트를 자치 상태로 유지하기 위해서 이런 정도의 양보는 받아들일 만하다고 여겨 반대하지 않았다. 티베트의 자치는 그나 황태후나 서로 바라는 바였다.

서로가 원만하게 받아들일 수 있는 방식으로 티베트를 제국 내에 묶어두는 것은 서태후에게 극히 중대한 일이었다. 그녀는 어떤 의미심장한 선물들을 내려줄지 숙고했고, 또한 달라이 라마에게 새로운 작위를 수여할 때 그가 제국에 '진정으로 충성스럽다'는 것을 나타내기 위해 어떤 말을 사용해야 하는지도 고민했다. 하지만 서태후는 권위를 내세울 목적으로 강압적인 방법을 쓰지는 않으려 했다. 연초에 그녀는 티베트의 새로운 흠차대신으로 조이풍趙爾豊을 지명했지만 티베트는 그가 과거 인접 지역을 통치할 때 거주 티베트인들에 대하여 부당한 처우를 한 전력을 들어 거부했다. 이에 서태후는 조이풍을 강제 부임시키지 않고 결정을 보류했다. 이는 청 역사에서 전례가 없는 일이었다. 그녀는 이 결정에 관해 칙명에서 '티베트인들의 호의를 잃지 않기 위해서'라고 간략하게 설명했다. 티베트에 주둔하는 청의 군대는 티베트 군대와 충돌하면 안 된다는 명령을 받기도 했다. 북경에서 서태후와 달라이 라마는 되도록 빨리 달라이 라마가 라싸로 돌아가 예전처럼 티베트를 계속 통치한다는 점에 동의했다.

달라이 라마가 북경에 머물던 내내 서태후는 힘들게 투병 중이었다. 달라이 라마가 도착한 뒤 계획됐던 첫 접견은 병세가 심각해져서 취소해야만 했다. 취소를 지시하면서 그녀는 좌절감에 눈물을 흘렸다. 병세가 날마다 심하게 변해서 서태후는 미리 접견 날짜를 잡을 수가 없었다. 결국 두 사람의 만남은 서태후가 아침에 일어나 충분히 몸 상태가 좋은 시간에 하는 것으로 결정되었다.

달라이 라마의 방문 기간은 서태후의 73세 생일인 음력 10월 10일, 즉 1908년 11월 3일과 겹쳐 있었다. 그녀는 이 티베트의 성인을 즐겁게 해주고 싶어서 지속적인 설사와 고열 증세에도 불구하고 긴 시간 공연과 예식을 끝까지 지켜봐야겠다고 마음먹었다. 어의는 진찰 기록에서 황태후가 '굉장히 기운이 쇠약한 상태'라고 적었다.

생일을 지나고 4일 뒤, 죽음이 다가왔음을 직감한 그녀는 경친왕을 동릉으로 보내 남편과 아들이 묻힌 근처로 장지를 알아보라고 지시했다. 이 마지막 안식처는 황태후에게 매우 큰 중요성을 지녔기에 그녀는 일찍이 이곳을 화려하게 꾸며놓았다. 매장할 때 황태후라는 지위에 걸맞게 그녀의 무덤엔 엄청난 양의 보석이 함께 매장될 터였다.

그러면서 서태후는 이제 제국의 문제를 정리하기 시작했다. 드디어 광서제의 문제를 처리할 때가 된 것이다. 금방이라도 죽을 것 같은 모습으로 자리보전을 하던 황제는 죽기를 거부하고 어쩌면 예전처럼 극적으로 회복할 수도 있었다. 만약 그가 살아남고 황태후가 죽게 되면 제국은 호시탐탐 기회만 엿보던 일본의 손아귀에 넘어갈 것이었다. 이런 사정으로 인해 서태후는 황제의 독살을 지시했다. 광서제가 비소 중독으로 사망했다는 사실은 2008년 그의 유해를 법의학적으로 조사한 결과 명확하게 밝혀졌다. 광서제의 살해는 쉬운 일이었다. 서태후는 애정을 표시하며 황제에게 일상적으로 식사를 보냈고, 그는 순종적으로 그 음식을 받아 먹었다. 1908년 11월 14일 오후 6시 33분, 어의들은 광서제의 붕어를 알렸다.

광서제의 아내인 융유 황후는 끝까지 황제와 함께 있었다. 그들은 서로 끌어안고 눈물을 흘렸다. 거의 20년에 가까운 결혼 생활 중에서 너무도 보기 드문 포옹이었다. 황태후와 황제의 임종 시에 융유 황후는 통통 부은 눈으로 죽어가는 두 사람 사이를 황급한 걸음으로 오갔다. 광서제가 붕어하자 융유는 직접 황제에게 옷을 입혔다. 황실 전통에 따르면 황제의 입에는 내세에 가져갈 최고급 진주를 넣어주어야 했다. 융유는 황제가 쓰던 관에서 진주를 뽑길 바랐으나 환관이 제지했다. 서태후의 허가 없이는 안 된다는 것이었다. 그리하여 융유는 어쩔 수 없이 자신이 쓰던 관에서 진주를 빼내 죽은 남편의 입에 넣어주었다.

침상에서 붕어한 광서제를 지켜본 한 지방 의원은 "폐하께서는 평범한 백성처럼 아무런 장식도 하지 않은 모습이셨다."라고 말했다. 황제의 침상 주변엔 휘장도 없었고, 그가 침대에 올라갈 때 사용하는 발판엔 비단 대신 이불이 덮여 있었다. 의원들과 황실 관리들이 임종 시에 황제의 곁을 지켰지만, 군기대신은 한 명도 없었다. 광서제의 유언은 공식적으로 기록되지 않았다. 황제가 임종할 때 군기대신들은 서태후의 병상을 지켰다. 후계에 관해 서태후의 말을 듣기 위해서였다. 수년간 그녀가 훈련시킨 재풍이 섭정으로, 그리고 그의 두 살 난 아들 부의가 차기 황제로 지명되었다. 아이를 황제로 지목했다는 것은 재풍을 섭정으로 두겠다는 뜻을 확실히 한 것이었다. 이는 더 나아가 혹시 그녀가 소생할 경우 계속 권력을 통제하겠다는 의지를 드러낸 것이었다. 서태후는 칙명을 내리면서 '모든 주요 정책은 황태후가 결정한다'는 것을 분명히 했다. 그녀는 숨을 거두는 마지막 순간까지 제국을 장악하기로 결심한 것이다.

재풍은 이상적인 선택은 아니었지만, 서태후는 그를 남은 자들 가운데 최선이라고 여겼다. 그녀는 재풍이 청을 일본에 넘겨주지 않을 것이고, 친근하면서도 위엄 있는 태도로 서양인들을 대할 것이라고 믿었다. 하지만 그에겐 심각한 한계가 있었고, 이는 서태후도 잘 알고 있었다. 어느 날 미국 공사관의 만찬에서 재풍은 이런 질문을 받았다. "친왕께서는 독일인과 프랑스인의 상대적인 특징을 어떻게 생각하고 계십니까?" 그러자 재풍은 대답했다. "베를린 사람들은 아침에 일찍 일어나 일을 하지만, 파리 사람들은 저녁에 일어나 극장에 가지요." 그는 상투적인 문구를 재활용한 것이었다.

서태후의 생명은 꺼져가고 있었다. 하지만 여전히 그녀는 제국 전역에 선포되어야 할 공식적인 광서제의 유언을 작성하는 것을 포함하여, 황제의 붕어 뒤에 수행해야 할 수많은 일을 감독했다. 광서제의 유언으로 9년 일정의 입헌군주제 수립을 언급하며, 입헌군주제는 광서제의 '못 이룬 열망'으로서, 그 정체가 완성되면 그가 내세에서도 말로 다 할 수 없는 기쁨을 누릴 것이라고 적었다.

황제를 방금 죽였다는 것을 내내 의식하면서, 서태후는 밤을 새워 연달아 일을 처리했다. 아침 11시가 되자 그녀는 일하는 것을 그만두어야만 했다. 죽음이 임박했기 때문이다. 그로부터 세 시간도 지나지 않아 그녀는 사망했다.

서태후의 바람에 따라 공식 유언을 작성한 군기장경은 '손도, 가슴도 너무 떨려서 모든 일이 현실 같지 않았다'고 일기에 기록했다. 서태후의 유언은 거의 50년간 국사를 맡아본 것, 최선이라고 여긴 일을 하고자 노력했던 것에 관해 언급했다. 유언은 또한 황제와 마찬가지로 중국을 입헌군주제로 변화시키고자 하는 그녀의 결심을 드러냈다. 서태후는 유언에서 입헌군주제의 완성을 볼 수 없어 크게 애석하다고 했다. 이 두 개의 유언은 중국이 의회를 설립하고 선거를 하는 것이 서태후의 마지막 소원임을 명백히 드러냈다.

❧

숨을 거두기 전의 세 시간 동안에도 서태후는 여전히 마음이 불안했다. 그녀는 정치에 관련된 최후의 칙명을 받아 적게 했고, 그것은 읽는 이들로 하여금 기묘한 기분이 들게 했다. "이제 너무도 병이 위중하여 곧 숨을 거둘 생각을 하니 두려운 마음뿐이다." 그녀는 이렇게 직접적이고 개인적인 어조를 사용했다. "장차 국사는 섭정이 판단하게 될 것이다.

하지만 아주 중대한 문제에 직면하게 되면 섭정은 반드시 황태후의 뜻에 따라야만 한다." 여기서 '황태후'는 융유 황후를 가리키는 것이었다. 광서제가 죽고 후계자가 지명되면서 그녀는 이 직함을 갖게 되었다. 융유 황후의 바람대로 해야 한다는 것을 강조하기 위해, 서태후는 이례적으로 칙명에서 '반드시'라는 말을 사용했다. 이는 칙명에선 불필요한 말이었다. 이렇게 강조함으로써 서태후는 청 제국의 운명은 궁극적으로 융유 황후의 책임이라는 것을 명확히 했다.

사람들의 말에 따르면 융유 황후는 참으로 불쌍한 사람이었다. 그녀를 만났던 외국인들은 그녀를 이렇게 묘사했다. "유순하고 슬픈 얼굴을 지녔다. 구부정한 모습에 지극히 야위었으며, 얼굴은 길쭉하고 혈색이 좋지 않았다. 치아는 대부분 썩어 있었다." 혼례를 올렸던 날부터 광서제는 그녀를 기껏해야 경멸로밖에 대하지 않았다. 마음씨 좋은 사람들은 그녀가 애수로 가득해 보인다고 했고, 그렇지 않은 이들은 그녀를 경멸했다. 융유 황후는 자신의 주도권을 내세우는 일은 거의 없었으며, 폄하되는 것에 익숙해진(혹은 온화하게 수용하는) 모습이었다. 황실에 자주 들렀던 미국 의사 헤들랜드 여사는 그녀가 새롭게 황태후가 되었다는 소식을 듣고 이런 회상을 남겼다.

외국 부인들에 알현할 기회가 생겼을 때 황후는 늘 그 자리에 있었다. 하지만 단 한 번도 황태후나 황제 부근에 있지 않았다. 그녀는 늘 뒤쪽의 눈에 띄지 않는 곳에 그녀의 시녀들과 함께 서 있었다. 그렇게 이목도 끌지 못한 채, 그녀는 조용히 물러나곤 했다…….

여름에 우리는 가끔 그녀가 시종과 함께 정처 없이 황궁 근처를 맴도는 것을 보았다. 황후는 온순하고, 조용하고, 상냥한 사람처럼 보였다. 또한 늘 남을 방해하는 것을 두려워했고 어디에서도 몸 둘 곳이 없어 보였다. 그랬던 그녀가 이젠 황태후라니! 이 상냥하고, 온순한 사람이 막 사망한, 우리가 황태후라고 부르는 데 익숙한 여성과 같은 호칭을 가지게 되었다니, 영어로는 이 우스꽝스러운 모방을 도무지 표현할 길이 없어 보인다.

고관들은 융유 황후를 무시해왔기 때문에 아무도 그녀가 황태후라는 새로운 직함을 가지게 되었다는 사실을 알리려고 하지 않았다. 자신이 배제될까 두려웠던 황후는 자신이 막 수의를 입힌 사망한 서태후의 침상 주변에 모인 군기대신들에게 자신의 직함에 관해 머뭇거리며 물었다. 한 군기대신은 귀먹어 듣지 못한 척하며 황후를 무시했다. 새로운 직함을 가지게 되었다는 말을 들었을 때, 융유 황후는 크게 기뻐했다. 마땅히 주어져야 하는 직함이지만, 감히 기대하지는 못했던 것이었다. 융유를 황후로 지명한 것도, 내내 함께 자리하게 한 것도 서태후였다. 하지만 그녀는 융유에게 거의 말을 걸지 않았고, 의견을 구한 적도 없었다. 그럼에도 불구하고 서태후의 마지막 정치적 행보는 새로운 황태후의 비좁고 굽은 어깨에 제국의 앞날이라는 짐을 올려놓는 것이었다.

1908년 초, 서태후는 자금성의 정원을 산책하면서 장식된 많은 불상들을 쳐다봤다. 그녀는 어쩐지 불상이 나쁜 장소에 있다고 생각했는지 환관들에게 불상들을 재배치하라고 지시했다. 눈살을 찌푸리면서, 서태후는 불상을 치우며 드러난 흙더미도 함께 치우라고 지시했다. 하지만 총관 태감 이연영이 무릎을 꿇고 그냥 두시면 안 되겠냐고 애원했다. 흙더미는 아무도 기억하지 못할 정도로 오래 그곳에 있었다. 이상한 점은 흙더미가 잘 정돈된 채로 뭉쳐 있어 한 줌도 다른 곳으로 흐트러지지 않왔다는 것이었다. 새들은 절대로 이 흙더미에 앉지 않았으며 궁궐에 돌아다니는 쥐나 여우도 분명 그 흙더미를 피했다. 여러 세대에 걸쳐 이 흙더미는 '마법의 흙'으로 되어 있다는 말이 전해졌다. 이 마법의 흙이 위대한 제국을 보호해준다는 것이었다. 서태후는 미신을 믿기로 유명했지만, 그 설명에 역정을 내면서 날카롭게 말했다. "뭐가 마법의 흙이란 말인가? 당장 치우라." 흙더미가 평평해지는 동안, 서태후는 계속해서 이렇게 중얼거렸다. "그렇다면 이 위대한 제국은? 이 위대한 제국은?" 서태후가 중얼거리는 소리를 들으면서, 한 환관은 자신과 다른 동료 환관들이 슬퍼했다고 말했다. 황태후가 청 제국의 멸망이 가까워졌다고 생각하는 것처럼 보였기 때문이다.

실제로 서태후는 자신의 개혁으로 청이 급격히 변할 것을 예견했고, 이로 인해 제국이 멸망할 수도 있다고 생각했다. 그녀가 살아 있는 한 만주족 황제는 보장되는 것이었다. 하지만 그녀가 사망하면 계승자는 아마도 그녀와 같은 힘을 가질 수 없을 테고, 그렇게 되면 도입하려던 입헌군주제는 무위로 돌아갈 수도 있었다. 청나라는 물론 서양인들도 진작에 서태후가 죽고 나면 반反만주 봉기가 터져나올 것이라고 예상했다. 동족인 만주족의 운명은 임종의 순간에도 서태후의 뇌리에서 사라지지 않았다. 만약 공화정 봉기가 제국 전역에서 밀어닥치면 중과부적衆寡不敵인 만주족들이 유혈 참사를 피할 수 있는 유일한 선택은 항복하는 것밖에 없었다. 오직 항복만이 만주족을 구해냄과 동시에 내전을 피할 수 있었다. 서태후는 공화정 봉기가 일어나면 황실의 남성들은 제국을 지키기 위해 죽을 때까지 싸울 것이라고 확신했다. 심지어 항복하고 싶어도 아무도 항복을 거론하지 않을 것이었다. 이것이 바로 서태후가 '아주 중대한' 위기가 찾아왔을 때 융유 황후에게 결정권을 부여한 이유였다. 서태후는 융유 황후가 그녀 자신과 만주족의 안전을 보장받기 위해 항복할 것이라고 생각했다. 융유는 평생 굴복하며 살아왔다. 그녀는 굴욕에 신경 쓰지 않았기에 궁극적으로 살아남았다. 여성인 융유는 남성적인 허세를 드러낼 필요 또한 없었다.

서태후의 탁견이 옳았음은 정확히 3년 뒤에 증명되었다. 오랫동안 예상되었던 봉기와 폭동이 1911년 일어난 것이다. 사천四川 철도의 소유권을 두고 일어난 혼란으로 촉발된 봉기의 뒤를 이어 무한武漢에서 대규모 폭동이 일어났고, 반란이 여러 지방으로 퍼져나갔다. 반란이 일어난 지방 중 다수가 청 황실로부터의 독립을 선언했다. 이런 사건들은 통괄하는 지도자가 없는 상태였지만, 그래도 반란 운동은 대부분 청 황실을 타도하고 공화정을 형성하자는 공통된 목표를 공유했다.*

이제 만주족들의 피가 흐르기 시작했다. 개혁가였던 총독 단방이 살해되었고, 서안, 복주, 항주, 남경, 그 외 여러 도시에서 남녀노소를 가리지 않고 만주족이 학살되었다. 황제가 퇴위하는 형식의 항복이 논의되기 시작했다. 서태후가 예견한 대로, 만주족 고관들은 격렬하게 저항하며 마지막 순간까지 제국을 지키겠다고 맹세했다. 이 역시 서태후가 예견한 것처럼, 섭정인 재풍은 개인적으로는 퇴위를 지지했지만 공개적으로는 이에 반대한다고 선언했다. 그는 싸워 봤자 소용없다는 것을 알고 있었지만(황실이 누리는 상당한 지지에도 불구하고), 제국의 몰락에 책임이 있다는 소리는 듣기 싫었다. 이에 서태후가 임종하며 남긴 칙명이 이 고통스러운 딜레마를 해결했다. 12월 6일, 재풍은 섭정 자리를 물러나며

---

* 손문은 당시 해외를 여행하고 있었기에 이런 일련의 봉기를 지휘할 수 없었다. 하지만 그는 일찍이 지속적으로 공화정을 장려해왔으므로 중화민국의 '국부'로 간주되었다.

모든 결정을 황태후에게 맡긴다고 선언했다. 황태후는 고관들을 모아놓고 눈물을 흘리며 이제 다섯 살인 선통제를 퇴위시킴으로써 제국의 종말에 책임을 지겠다고 선언했다.*

"내가 간절히 바라는 것은 이 세상의 평화입니다." 융유 황태후는 말했다.

이렇게 하여 1912년 2월 12일, 황태후는 자신의 이름으로 선통제의 퇴위 칙명을 내렸다. 268년간 중국을 지배하던 청나라는 종말을 고했고, 동시에 중국을 2천 년 이상 지배해온 전제군주제도 막을 내렸다. 칙명을 선포한 것은 융유 황태후였다. "황상을 대신하여, 나는 전국의 통치권을 입헌공화제에 이양한다. 중화민국은 다섯 민족, 즉 만주족, 한족, 몽골족, 회족, 티베트족이 거주하는 청 제국 영토 전부를 차지할 것이다." 황태후에게 이런 역사적인 역할을 맡긴 것은 서태후였다. 공화정은 서태후가 바라던 것이 아니었지만, 그녀도 장래 언젠가 받아들이려고 했던 것이다. 왜냐하면 공화정도 그녀가 바라던 입헌군주제처럼 중국의 미래는 중국 만민에게 달려 있다는 공통의 목표를 추구하기 때문이다.

---

* 고관들 사이에 장지동은 없었다. 그는 1909년에 사망했다.

서태후 이후의 중국

.

서태후는 많은 유산을 남겼는데, 이는 하나같이 대단한 것이었다. 가장 중요한 건 그녀가 중세에 머무르던 청을 근대로 이끌었다는 점이다. 서태후의 지도력 아래 청은 실제로 모든 근대국가의 특성(철도, 전기, 전보, 전화, 서양 의학, 현대식 육해군, 현대식 해외무역 및 외교 수행)을 얻기 시작했다. 1천 년 넘게 유지되던 제한적인 교육체계(과거)도 폐기되고, 서양식 학교와 대학이 자리 잡았다. 언론은 발전하며 자유를 누렸는데 그 자유는 전례 없는 것이었고, 그때 이후 중국에서 그것을 능가하는 언론의 자유는 없었다. 서태후는 또한 정치 참여의 문도 열었다. 유구한 중국의 역사에서 최초로, 사람들은 '국민'이 되었다. 몇 세기 동안 전족을 해온 문화에서 여성의 해방을 위해 싸운 것도 서태후였다. 그녀는 이 전족 풍습에 종지부를 찍었다. 때 이른 죽음 전에 마지막으로 행한 사업, 바로 선거를 도입하는 것은 그녀의 용기와 선견지명을 증명했다. 무엇보다도 서태후는 개혁을 수행하면서 폭력에 휘말린 적이 없었고, 그 과정에서 상대적으로 반란은 별로 발생하지 않았다. 그녀가 일으킨 변화는 극적이면서도 점진적이었고, 엄청난 규모였으면서도 놀라울 정도로 유혈 참사가 없었다. 서태후는 의견 합치를 추구하는 통치자였고, 늘 다른 견해를 가진 사람들과 기꺼이 협력하고자 했다. 그녀는 역사의 올바른 방향에 서서 국가를 통치했다.

서태후는 거인이었지만 성인은 아니었다. 세계 인구 3분의 1과 중세에 머무른 청나라를 다스리는 절대적인 통치자로서, 그녀는 필요할 경우에는 무자비했다. 신강을 다시 얻기 위해, 무장 반란을 평정하기 위해 벌인 군사작전은 잔혹했다. 침략자와 맞서 싸우기 위해 의화단을 동원한 시도는 의화단에 의한 대규모의 잔혹 행위를 초래했다.

여러 결점에도 불구하고 서태후는 폭군이 아니었다. 전임자나 후계자의 치세에 비교하면 그녀의 치세는 온화했다. 절대 권력을 가진 약 40년 동안, 정당했든 그렇지 않았든 이 책에서 기록된 바와 같이 서태후의 정적 살해는 수십 명도 되지 않는다. 거기다 그들 중 대다수가 그녀를 암살하려고 했다가 맞대응으로 살해된 것이었다. 서태후는 천성적으로 잔혹한 사람이 아니었다. 임종 때에도, 그녀는 내전과 만주족 학살을 방지하기 위한 최선의 방법이 무엇인가 깊이 생각했다. 그녀는 제국을 희생하는 것으로 만주족의 생존을 보장받을 수 있다면 그렇게 하려고 했다.

또한 서태후는 값비싼 대가를 치르기도 했다. 그녀는 마지막 안식처의 존엄성을 열성적으로 믿는 사람이었다. 하지만 그녀의 무덤은 훼손되고 말았다. 원세개(1916년 사망)를 위시한 첫 번째 공화정 내각 지도자들은 퇴위의 합의된 조건들을 준수하면서 청의 동서 양릉을 보호했다. 1927년, 장개석이 이끄는 더 급진적인 국민당원들은 정변을 일으켜 새롭게 정권을 잡았다. 서태후가 사망하고 20년이 지난 1928년, 제멋대로

인 군인들이 부장副葬한 보석들을 약탈하기 위해 그녀의 능묘로 침입했다. 장교와 병사들은 다이너마이트를 사용해 벽에 구멍을 내고 들어간 뒤 서태후의 관을 총검과 쇠막대기로 강제 개봉했다. 서태후 주변의 보석들을 강탈한 뒤에도 그들은 그녀의 옷을 찢고 치아를 뽑아내는 등 숨겨진 보물이 없는지 확인했다. 그녀의 유해는 노출된 채로 방치되었다.

마지막 황제였던 부의는 이런 불경스러운 소식을 들은 뒤 본인이 나중에 서술한 것처럼 엄청난 충격을 받았다. 이제 20대였던 그는 1924년 자금성에서 쫓겨나(이는 퇴위 관련 합의를 위반한 것이었다) 그 뒤로는 천진에서 살고 있었다. 부의는 예전 황족이었던 가문 사람들을 보내 서태후의 유해를 다시 매장한 뒤 장개석 정부에 항의했다. 이 약탈은 국가적인 추문이 되었고, 후속 조사도 있었지만 결국 흐지부지되고 아무도 처벌을 받지 않았다. 아마도 엄청난 뇌물이 오간 덕분일 것이다. 부의는 이런 와중에 서태후의 입안에 있던 진주가 장개석의 부인 송미령의 신발 장식이 되었다는 널리 퍼진 풍문을 듣고서 지독한 원한을 품게 되었다. 이 격노로 인해 그는 일본과 손을 잡아야겠다는 결심을 굳혔고, 이후 일본은 만주를 1931년 점령한 뒤 괴뢰국인 만주국을 세워 부의를 황제로 앉혔다. 이어서 일본은 1937년에 중국 본토를 침략했다.

서태후는 동아시아 제국의 일부로 중국을 편입하려는 일본의 시도를 무산시키고자 애썼고, 이를 방지하기 위해 광서제를 살해하기도 했다. 역설적이지만 그녀가 만약 중국을 일본에 넘겼더라면 그녀의 마지막 안식처와 시신은 거의 확실히 존중받았을 것이다.

서태후의 진정한 계승자라 볼 수 있는 장개석은 제2차 세계대전 내내 일본과 싸웠다. 일본이 장개석의 지위에 손상을 입히는 바람에, 1949년 모택동은 수월하게 권력을 장악할 수 있었다. 물론 모택동이 부상하는 과정에서 중추적인 구실을 한 배후는 그의 지원자이자 스승인 스탈린Stalin이었다. 전후 일본이 번영하는 민주주의로 탈바꿈하는 동안, 중국은 모택동의 27년 통치로 전례 없는 악정惡政의 심연에 빠지게 되었다. 그의 통치 기간에 7천만이 넘는 사람들이 목숨을 잃었는데, 이러한 잔혹 행위는 1976년 그가 죽음으로써 중단되었다. 악정을 펼치면서도 모택동은 단 한 마디의 사과도 하지 않았다. 반면 서태후는 자신이 입힌 피해에 관해 공개적으로 후회를 표시했다. 그녀가 중국에 입힌 피해는 컸지만, 모택동이 입힌 피해와 비교하면 새 발의 피에 지나지 않는다. 노벨 문학상을 수상한 펄 벅은 1892년에 미국에서 태어나 서태후 통치 시절에 중국에서 성장했고, 그 후 계속되는 중국의 여러 정권들 아래 살면서 지속적으로 그 정권들을 관찰했다. 그녀는 1950년대에 '어린 시절 알고 지내던 중국인들이 서태후를 어떻게 생각했는지'에 관해 서술하기도 했다. "서태후의 백성들은 그녀를 사랑했다. 하지만 모두가 그런 것은 아니었다. 혁명적이거나 조급한 사람들은 진심으로 그녀를 증오했다. 하지만 농부들과 작은 마을에 사는 사람들은 그녀를 숭배했다." 서태후가 죽었다는 소식을 들었을 때 마을 사람들은 '겁을 먹었다'. "'이젠 누가 우리를 돌봐준단 말인가?' 그들은 울면서 말했다." 펄벅은 이렇게 결론을 내렸다. "이것이 아마도 통치자에 관한 최종적인 판단일 것이다."

지난 100년은 서태후에게 너무도 부당한 시기였다. 그녀는 폭정을 거듭한 사악한 인물이거나 아니면 절망적으로 무능력한 인물로 평가되었다. 혹은 그 둘 다이기도 했다. 서태후가 성취한 업적 중 일부분만이 인정되었는데 그나마 그 공은 언제나 그녀의 부하 몫으로 돌아갔다. 이는 대체로 그녀가 여성이기 때문에 광서제의 이름으로만 통치할 수 있었다는 근본적인 불이익 때문이었다. 그리하여 그녀의 정확한 역할은 거의 알려지지 않았다. 정확한 정보와 지식이 결여된 상태에서 풍문만 무성했고 거짓말이 계속 만들어졌는데, 사람들은 이를 믿었다. 펄벅이 주장한 것처럼, 서태후를 증오하는 이들이 단순히 '그녀를 사랑하는 이들보다 더 목소리가 컸을 뿐이었다'. 서태후의 죽음 이후 중국을 지배한 정치 세력 역시 그녀를 고의적으로 매도했고 그녀가 성취해낸 업적이 잘 보이지 않도록 손을 썼다. 그들 자신이 서태후가 뒤에 남긴 혼란으로부터 나라를 구했다고 주장하기 위해서였다.

신기원을 이룬 성취, 정치적인 성실, 개인적인 용기라는 측면에서 서태후는 비교되기 힘든 기준을 세웠다. 그녀는 노쇠, 가난, 야만, 절대 권력을 대체하기 위해 근대화 사업을 도입했고 이전까지 경험하지 못했던 인도적인 처우, 편견 없는 개방성 그리고 자유를 선보였다. 거기다 서태후는 양심적이었다. 서태후의 사망 이후 끔찍했던 오랜 세월을 돌아보면, 비록 일부 흠결이 있기는 했지만 이 놀라운 정치적 수완의 여성 지도자를 존경할 수밖에 없다.

참고한 문서 보관소

Bodleian Library, Chinese Collection, Oxford, UK

Cambridge University Library, Department of Manuscripts and University Archives, UK

First Historical Archives of China, Beijing, China

Freer Gallery of Art and Arthur M. Sackler Gallery Archives, Washington D.C., USA

French Ministry of Foreign Affairs, Centre des archives diplomatiques de Nantes, France

Isabella Stewart Gardner Museum Archives, Boston, USA

Italian Ministry of Foreign Affairs Archives, Rome, Italy

Library of Congress, Washington D.C., USA

Museum of Fine Arts Archives, Jewell Collection, Boston, USA

National Archives, London, UK

National Palace Museum Archives, Taipei, Taiwan

Royal Archives, Windsor, UK

Royal Collection, Royal Library and Print Room, Windsor, UK

Wellcome Library, Iconographic Collections, London, UK

감사의 말

나는 서태후에 대한 조사 연구를 하면서 중국의 많은 역사가 및 전문가들의 신세를 졌는데, 그들은 너그럽게도 지원을 아끼지 않았다. 여기에 그분들의 이름을 적어본다. 왕다오청王道成 교수, 왕쥔이王俊義 교수, 다이이載逸 교수, 쿵샹지孔祥吉 교수, 마오하이젠茅海建 교수, 장타오姜濤 교수, 마중원馬忠文 씨, 샹쓰向斯 씨, 양톈스楊天石 교수, 황싱타오黃興濤 교수, 주청루朱誠如 교수, 왕루펑王汝豊 교수, 리즈팅李治亭 교수, 황아이핑黃愛萍 교수, 쉬처徐徹 교수, 관자루關嘉祿 교수, 양둥량楊東梁 교수, 판샹밍潘向明 교수, 추즈훙邱志紅, 왕리슝王力雄 씨 그리고 엽혁나랍-근정葉赫那拉-根正 씨.

원저 궁의 왕립 문서 보관소의 자료들을 인용할 수 있게 허락해주신 여왕 폐하에게 감사한다. 이 방대한 정보를 접하는 데 나는 실라 드 벨레이그Sheila De Bellaigue의 조언을 비롯해 수석 문서 보관사인 패멀라 클라크Pamela Clark와 그녀의 동료들에게 전문적인 도움을 받았다. 왕립 도서관과 인쇄실의 케이트 허드Kate Heard와 그녀의 동료들도 많은 도움을 주었는데 그에 대하여 깊이 감사드린다. 또한 나를 도와준 모든 문서 보관소 책임자들에게 감사한다. 여기에 그분들의 이름을 모두 거명할 수 없어 정말 아쉬운데, 그분들이 내 조사 연구를 유익하고 즐거운 작업으로 만들어주었다는 것을 강조하고 싶다. 특히 워싱턴 D.C.에 있는 프리어 갤러리 오브 아트 앤드 아더 M. 새클러 갤러리 아카이브의 수석 문서 보관사인 데이비드 호그David Hogge와 함께 일한 것은 아주 즐거웠다.

독일과 관련된 질문에 답변을 해준 존 륄John Röhl 교수와 이탈리아 문서와 관련해 도움을 준 귀도 프란치네티Guido Franzinetti 교수에게 감사한다. 또 프랑스 문서들을 조사해준 고 민 호앙Ngo Minh Hoang 박사에게 감사를 전한다.

니콜라스 로마노프Nicholas Romanov 왕자와 제임스 리브James Reeve 는 각각 내게 이 책을 써보라고 제안했다. 다음에 이름을 적은 분들은 내게 제안을 해주거나 자료를 보내주거나 조사 연구를 도와주거나 관련 도서들을 참조할 수 있게 해주었다. 존 애덤슨John Adamson 교수, 바오푸鮑樸 씨, 로버트 비커스Robert Bickers 교수, 천펑린陳鵬仁 교수, 천포쿵陳破空 씨, 패트릭 콕번Patrick Cockburn, 데번셔Devonshire 공작 미망인(처녀 적의 이름은 데보라 프리먼미트퍼드Deborah Freeman-Mitford), 에드먼드 포세트Edmund Fawcett, 로이 포스터Roy Foster 교수, 유리 갈레노비치Yuri Galenovich 교수, 데이비드 핼리데이David Halliday, 찰스 W. 헤이퍼드Charles W. Hayford, 마이클 이그나티에프Michael Ignatieff 교수, 가주오 이시구로Kazuo Ishiguro 씨, 자잉화賈英華 씨, 진중金鐘 씨, 중팡링鍾芳玲 여사, 헨리 케스윅Henry Keswick 경과 그의 부인, 개번 맥코맥Gavan McCormack 교수, 로데릭 맥파콰Roderick MacFarquhar 교수, 존 세인즈베리John Sainsbury 경과 그의 부인, 셀본Selborne 백작 부인, 데이비드 탕David Tang 경, 에드워드 왕Q. Edward Wang 교수, 리사와 스탠리 와이스Lisa and Stanley Weiss, 웰즐리Wellesley 여작, 쉬궈룽許國蓉 여사, 장장張章 씨 그리고 장푸張樸 씨.

　나의 문학 대리인 길리언 에이트킨Gillon Aitken은 원고를 읽고서 종종 날카로운 논평을 해주었는데 정말 감사한다. 케이프Cape 출판사의 편집자인 댄 프랭클린Dan Franklin을 비롯하여 부편집자인 클레어 블록Clare Bullock, 카피 편집자인 맨디 그린필드Mandy Greenfield, 표지를 디자인한 수잔 딘Suzanne Dean에게 감사한다. 원고를 멋지게 편집해준 윌 설킨Will Sulkin에게도 특별한 감사 인사를 드린다. 나의 조수들인 알렉산드라 애덤슨Alexandra Adamson과 크리스티안 로빈슨Kristyan Robinson은 이 책을 쓰는 데 없어서는 안 될 존재였다.

　나는 남편이며 《마오: 알려지지 않은 이야기들Mao: The Unknown Story》의 공저자인 존 핼리데이Jon Halliday가 내 곁에 있음을 큰 행운이라 여긴다. 그의 현명하고도 시의적절한 조언은 나의 글쓰기에 큰 힘이 되었다. 이 책을 그에게 바친다.

옮긴이의 말

이 책은 장융의 《황태후 자희*Empress Dowager Cixi*》(2013)를 완역한 것이다. 저자 장융은 1952년에 사천성四川省의 성도成都에서 태어나 열네 살에 홍위병이 되었고, 그 후 문화혁명기 동안에 농촌에서 살았다. 공장에서 주물공과 전기공 일을 하다가 대학에 들어갔고 졸업 후에는 사천 대학교의 영어과 강사가 되었다. 공산 정권이 수립된 이후 처음인 1978년에 해외로 내보내는 유학생에 선발되어 영국으로 건너가 1982년 요크 대학교에서 언어학 박사학위를 받았으며, 이후 현지에 눌러앉아 귀화하여 영국인이 되었다. 그녀의 첫 저서 《대륙의 딸*Wild Swans*》(1992)은 할머니와 어머니 그리고 작가 자신에 걸친 3대의 가족사를 다룬 논픽션인데 국내에서는 1999년에 처음 번역, 출간되어 베스트셀러가 되었다. 그 후 영국인 남편 존 핼리데이와 공저한 《마오―알려지지 않은 이야기들》(2005)이 2006년에 국내에 출간되었다. 자신의 가족사에서 중국 근현대사로 관심의 범위를 넓혀 나가고 있는 장융은 세 번째 저서로 이 책을 펴냈다.

이 책의 주인공인 자희 태후(1835~1908)는 청나라 함풍제의 후궁이었는데 아들 동치제를 낳음으로써 정비인 자안 태후(1836~1879)와 어깨를 나란히 하는 황후의 반열에 올랐다. 두 태후를 구분하기 위해 자안 태후는 동태후, 자희 태후는 서태후라고 하는데 이 후자의 이름으로 더 널리 알려져 있다. 서태후는 만주 기인 혜징의 딸로 태어나 동기로는 남동생 계상과 순친왕과 혼인한 여동생 복진이 있었다. 그녀는 함풍 2년(1852)에 가난한 집안을 일으키겠다는 야망을 품고 입궁하여 난 귀인에 봉해지고 1856년에 아들 재순을 낳으면서 의 귀비에 올랐다. 1861년에 함풍제가 사망하자 5세 된 아들이 동치제로 즉위했다. 1861년 공친왕 혁흔과 밀모하여 8명의 고명대신을 제거하는 신유정변을 일으켜 사실상의 실권을 장악했다. 1875년에 동치제가 천연두(혹은 매독)로 사망하자, 서태후는 자신의 섭정 권력을 계속 유지하기 위해 다음 황제를 동치제의 양자가 아니라, 세 살 된 어린 재첨(순친왕과 여동생 복진의 아들)을 그녀의 양아들로 삼아 황제로 세우니 곧 광서제이다.

서태후는 광서 24년(1898)에 무술정변을 일으켜 광서제를 서원의 영대에 유폐시키고 유신파인 담사동 등 6명을 처형했으며, 일본으로 달아난 강유위와 양계초가 도입한 무술변법을 모두 폐지했다. 1900년 의화단사건이 발생하자 당시 광서제를 복위시키려던 연합국 군대에 맞서서 서구 열강에 선전포고했다. 그러나 의화단은 종이호랑이였고 북경이 연합군에 의해 점령될 위기에 놓이자 광서제와 함께 서안으로 도피했으며, 이홍장을 앞세워 협상하여 신축조약을 체결한 후 북경으로 돌아왔다(1902). 그 후 서태후는 열강의 눈치를 보면서 권력 유지를 위한 임기응변의 조치를 취하다가 1908년에 사망했는데, 죽기 직전에 손자뻘 되는 부의를 다음 황제로 세우니 이가 곧 선통제이다. 서태후는 1861년부터 1908년까지 중국을 47년 동안 통치해온 실질적인 권력자였다. 동치제의 친정 2년, 광서제의 친정 9년을 빼면 36년이라는 설도 있으나, 두 황제의 친정은 형식적인 것에 지나지 않았다. 이 시기는 조선 시대의 고종 통치 시기와 거의 겹치기 때문에 서태후의 생애 후반기는 구한말의 역사와도 상호 연관이 있다. 그래서 서태후는 구한말의 명성 황후 못지 않게 한국인에게 잘 알려진 인물이다.

　서태후 사망 후 3년 만에 청나라가 무너졌고, 그 후 공화국이 들어섰다가 다시 군벌들이 용호상박하는 군벌 시대로 들어섰다. 이런 시대적 배경 때문에 서태후는 망국의 장본인으로 판단되어 우호적인 평가를 거의 받지 못했다. 심지어 1949년에서 1991년 사이의 중국 교과서는 서태후를 '사악함과 권모술수의 주모자'로 비난했다. 서양의 중국사 학자들(가령 웨이크먼F. Wakeman과 이브리P. Ebrey 등)은 서태후가 중국이 대담하고 과감한 지도력을 필요로 했던 시대에 이기적이고 무지했던 권력 집착형의 지도자였고, 근대화 사업을 지지하는 척하면서 실제로는 보수 세력의 근대화 비판을 은근히 부추겼고, 보수주의자들과 개혁가들 사이에 싸움을 붙여 자신의 명분 없는 권력을 유지하는 데에만 관심이 있었다고 평가한다. 또 서태후에 대해서 온갖 험담이 널리 퍼져 있는데 몇 가지 예를 들면 이러하다. 해군을 육성하여 국방력을 강화해야 할 시기에 자신의 은퇴 후 별장인 이화원을 짓기 위해 해군 예산을 훔쳐갔고 이 때문에 중국은 청일전쟁에서 패배했다. 동태후가 거추장스러워서 독살했고, 아들 동치제도 성년이 되어 친정하게 되자 부담스러워서 독살했으며, 광서제도 자신이 죽기 하루 전에 독살했다. 강유위의 혁명 세력들을 내쫓은 후 보수 반동으로 돌아서서 철저히 개혁을 압살했다. 금위군 사령관 영록 혹은 총관 태감 이연영과 은밀하게 통정하여 임신한 후 강제로 낙태한 여자이다.

　서태후를 이렇게 나쁘게만 알고 있는 독자는 이 책을 읽으면 좀 당황하게 된다. 왜냐하면 저자 장융은 그런 평가를 모두 오해에서 비롯된 잘못된 판단이라고 일축하면서, 서태후를 위대한 지도자, 현대 중국의 틀을 닦은 통치자, 외세에 맞서 싸운 군주, 신하들을 잘 다룰 줄 아는 뛰어난 영도자 등으로 일관되게 묘사하기 때문이다. 남편 함풍제가 외세의 강압 때문에 죽은 것을 지켜보았던 서태후는, 반反외세만 외칠 뿐 중국을 파탄으로 몰아넣은 8명의 고명대신을 축출하고 중국이 근대화의 길로 나아가게 했다고 진단한다. 가령 1860년대와 70년대에 서양식 무기와 전함을 제조할 공장과 조선소를 세우는 등 동치 연간의 양무운동과 자강 정책을 꾸준히 밀고 나간 사람이 서태후이며, 중국 고위 관리들을 유럽으로 보내 서양 문물을 보고 배우게 한 사람도, 미국인 로버트 하트를 총세무사로 임명하여 국고를 단단하게 쌓아올린 사람도 서태후라는 것이다.

서태후를 가장 좋게 평가하는 부분은 책의 후반부인데, 특히 강유위와의 대결 부분과 입헌군주제의 문제이다. 강유위는 광서제의 친정을 통해 중국의 근대화를 시도하려 했던 혁명가인데, 저자는 전혀 다른 관점을 취한다. 강유위 때문에 서태후와 광서제의 사이가 결정적으로 틀어졌다는 것이다. 광서제 쪽에서 일본을 등에 업은 강유위의 꼬임에 넘어가서 서태후를 암살하려고 하니, 그녀가 할 수 없이 영록의 군대를 동원하여 상황을 제압하고 광서제를 영대에 유폐했다는 것이다. 서태후는 또 일본으로 망명한 강유위의 온갖 음담패설에도 일절 대응하지 않아서 후대의 나쁜 소문을 키웠는데, 실은 광서제가 서태후 살해 음모의 주역이라는 사실을 은폐하기 위한 고육지책이었다는 것이다. 또 서태후가 때 이르게 사망하지 않았더라면 중국은 틀림없이 1916년에 입헌군주제를 실현했을 것이고 그리하여 후대의 군벌 시대와 그 군벌 시대가 만들어낸 공산당의 등장도 막을 수 있었을 것이라고 암시한다. 이런 파격적인 주장에 대하여, 장융은 자신이 1976년 모택동 사망 이후 중국에서 공개된 역사적 관련 문서들을 직접 참고, 인용했기 때문에 모두 근거가 있다고 책 앞에서 밝혀놓고 있다.

우리가 일견 느낄 법한 불신不信을 유보하고 장융이 펼치는 이야기를 따라가다 보면, '서태후는 왜 그렇게 했을까?'라는 질문에 봉착하게 된다. 그리하여 서태후의 다음과 같은 생각을 읽어내게 된다. 그녀는 청나라의 권력이 처음에 홍양군(태평천국의 반군)에 빼앗기지 않았으면 틀림없이 8명 고명대신의 영수인 숙순에게 찬탈 당했을 것이라고 생각했다. 1840년대의 아편전쟁, 1850년대의 태평천국운동 등 청나라는 대내외 위기를 겪으면서 이미 국력이 바닥 난 상태였다. 하지만 그녀가 청의 실질적 통치자로 올라서며 47년 동안 국정을 맡으면서, 가라앉던 대청호大清號는 어느 정도 안정을 유지할 수 있었다. 그녀가 황권을 굳건하게 확립했기에 밖에서는 이홍장과 좌종당이, 안에서는 공친왕과 순친왕이 아무리 힘을 축적했어도 그녀에게 순종하고 감사하며 배신하지 않았고, 이로 인하여 최소한 대내적으로는 청조의 황권을 단단하게 틀어쥘 수 있었다. 그녀가 쌓아올린 굳건한 권력은 의화단사건 이후 서안 몽진蒙塵에서 더욱 분명하게 드러났다.

청나라의 국사가 꼬이기 시작한 것은 광서제의 친정이 시작된 이후부터였다. 황제는 사람을 보는 눈이 없고, 높은 이상을 추구하지만 현실에 발붙이지 않았고, 그가 발탁한 신진들은 저돌적이고 제멋대로 날뛰었다. 그 결과 황제와 황태후의 관계는 크게 비틀어져 다시는 정상적으로 돌아갈 수 없게 되었고, 개혁파와 보수파가 서로 심하게 다투다가 청나라는 서태후 사후에 멸망했다. 장융은 이러한 과정을 세밀하게 추적하면서, 1860년대에 이미 멸망의 길로 들어선 청나라를 구렁텅이에서 건져내고, 그 후 일관되게 양무운동과 근대화 운동을 해나간 서태후의 공로를 인정해야 한다고 주정한다. 단지 중국으로서는 불운하게도 광서제와 그를 둘러싼 개혁파 그리고 일본의 방해 공작으로 서태후의 미래를 내다보는 통치가 수포로 돌아가게 되었다는 것이다. 그래서 서태후가 수렴청정이 아니라 그녀 자신의 이름으로 명실상부하게 중국 대륙을 통치했더라면 중국이 그렇게까지 추락하지는 않았을 것이라고 암시한다.

저자의 이러한 주장에는 어느 정도 수긍되는 바가 있는데, 거의 비슷한 시기에 중국과 일본이 근대화 사업을 시작했는데 일본은 성공하고 중국은 실패한 사례를 살펴보면 참고가 된다. 두 나라의 성패는 지도자와 그 지지 세력의 일치단결이 있느냐 없느냐로 결판났다. 일본은 권력자의 명분과 현실이 합치되어 있어서 메이지 일왕과 그 신하들 그리고 국민 전체가 선진국을 향해 나아가려는 진취적 태도를 보인 반면, 서태후의 중국은 그녀가 황제 뒤에서 격화소양隔靴搔癢의 통치를 해나가려다 보니 국민 전체의 지지를 활기차게 이끌어내지 못한 것이다. 우리는 이 책을 읽으면서 서태후의 파란만장한 삶을 조망함과 동시에 최고 통치자가 국가의 진운과 융성에 얼마나 중요한 존재인지를 다시 한 번 깨닫게 된다. 그 때문에 서태후 전기는 100여 년 전 중국의 역사로 끝나는 게 아니라 오늘날에도 여전히 유효한 화두인 것이다.

이종인

도판 출처

1,4,13,31,39,50,51,52,53,56 | Free Gallery of Art and Arthur M. Sackler Gallery Archives, Smithsonian Institution, Washington, D. C.(Photographer: Xunling)

2,6 | Courtesy of Wellcome Library, London(Photographer: John Thomson)

3 | ⓒ *The Siege at Peking* by Fleming, Birlinn Ltd., Edinburgh, 2001

5 | *Qingshi tudian* (*A Pictorial History of the Qing Dynasty*), ed. Zhu Chengru, vol. 2, Zijincheng chubanshe, Beijing, 2002

7,32,33,36,41,42,46,48 | Every effort has been made to trace copyright holder

8 | *Memoirs of Li Hung Chang*, edited by William Francis Mannix, Houghton Mifflin Company, Boston, 1913

9,10,15,54 | *Court Life in China* by Isaac Taylor Headland, Fleming H. Revell Company, New York, 1909

11 | Courtesy of the Stephan Loewentheil collection of Chinese Photography

12 | *Events in the Taeping Rebellion*, by Charles Gordon, W. H. Allen, London, 1891

14 | *Old China and Young America* by Sarah Pike Conger, F. G. Browne & Company, Chicago, 1913

16 | Courtesy, Richard Nathanson Fine Art, London

17,18,23,57 | Provided by the Palace Museum(Photographer: Liu Zhigang)

19 | Courtesy of Blair House, The President's Guest House, United States Department of State

20,26 | Provided by the Palace Museum(Photographer: Feng Hui)

21 | Royal Collection Trust/ⓒ Her Majesty Queen Elizabeth Ⅱ 2013

22,24 | Provided by the Palace Museum(Photographer: Liu Mungjie)

25,60 | ⓒ Jung Chang

27 | Provided by the Palace Museum(Photographer: Hu Chui)

28 | ⓒ The Trustees of the British Museum

29 | Arthur M. Sackler Gallery, Smithsonian Institution, Washington, D. C.: Gift of the Imperial Chinese Government, S̈011.16.1-2a-ap

30 | *With the Empress Dowager* by Katherine A. Carl, The Century Company, New York, 1905

34 | Courtesy of George Eastman House, International Museum of Photography and Film

35 | Courtesy of Howard and Jane Ricketts

37 | Provided by the Palace Museum(Photographer unknown)

38 | Photographer unknown

40 | *American Democrat: The Recollections of Perry Belmont*, Columbia University Press, New York, 1941

43 | Courtesy of the Embassy of Japan, London

44 | Library of Congress/The Washington View Company © 1901 by The Whiting Bros

45 | Library of Congress/Underwood & Underwood, 1901

47 | Courtesy of Marcelo Loeb, Buenos Aires

49 | Detail from page 49, China Travel Album 1883, Isabella Stewart Gardner Museum, Boston, Massachusetts

55 | *Letters from China* by Sarah Pike Conger, A. C. McClurg & Company, Chicago, 1909

58 | © Topical Press Agency/Getty Images

59 | Photographer unknown. Additional editing by Frances Nutt Design

참고문헌

《時報》, 中國社會科學院 近代史研究所圖書館 所藏, 北京

《淸實錄》, 中華書局, 北京, 1987

丁汝芹, 《淸代內庭演戱史話》, 紫禁城出版社, 北京, 1999

丁寶楨, 《丁文誠公(寶楨) 遺集》, 文海出版社, 臺北, 1967~1968

上阪冬子(鞏長金 譯), 《男裝女諜川島芳子傳》, 解放軍出版社, 北京, 1985

上海文物保管委員會 編, 《康有爲與保皇會》, 上海人民出版社, 上海, 1983

于作敏, 〈重新認識晩淸基督敎民〉, 《煙臺大學學報》 3, 2005

中國人民大學淸史硏究所 編, 《淸史編年》, 中國人民大學出版社, 北京, 2004

中國人民銀行參事室 編, 《中國淸代外債史資料》, 中國金融出版社, 北京, 1991

中國史學會 主編, 《中日戰爭》, 上海書店出版社, 上海, 2000

中國史學會 主編, 《中法戰爭》, 上海書店出版社, 上海, 2000

中國史學會 主編, 《戊戌變法》, 上海書店出版社, 上海, 2000

中國史學會 主編, 《辛亥革命》, 上海書店出版社, 上海, 2000

中國史學會 主編, 《洋務運動》, 上海書店出版社, 上海, 2000

中國史學會 主編, 《第二次鴉片戰爭》, 上海人民出版社, 上海, 1978

中國史學會 主編, 《義和團》, 上海人民出版社, 上海, 1960

中國史學會 主編, 《鴉片戰爭》, 上海人民出版社, 上海, 2000

中國第一歷史檔案館(秦國經·鄒愛蓮主編), 《御筆詔令說淸史》, 山東敎育出版社, 濟南, 2001

中國第一歷史檔案館·國家淸史編撰委員會·檔案叢刊 編, 《庚子事變淸宮檔案彙編》, 中國人民大學出版社, 北京, 2003

中國第一歷史檔案館·中國藏學硏究中心合編, 《淸末十三世達賴喇嘛檔案史料選編》, 中國藏學出版社, 北京, 2002

中國第一歷史檔案館·福建師範大學歷史系合編, 《淸末敎案》, 中華書局, 北京, 1996

中國第一歷史檔案館編, 《上論檔 : 光緖朝》, 廣西師範大學出版社, 桂林, 1996

中國第一歷史檔案館編, 《上論檔 : 咸豐同治朝》, 廣西師範大學出版社, 桂林, 1998

中國第一歷史檔案館編, 《光緖朝硃批秦摺》, 中華書局, 北京, 1995

中國第一歷史檔案館編,《明清檔案與歷史研究︰中國第一歷史檔案館六十周年紀念論文集》,中華書局, 北京, 1988

中國第一歷史檔案館 編,《明清檔案與歷史研究論文集》,新華出版社, 北京, 2008

中國第一歷史檔案館 編,《明清檔案與歷史研究論文選》, 1994.10~2004.10, 新華出版社, 北京, 2005

公丕祥,〈清末法制改革與中國法制現代化〉,《江蘇社會科學》6, 1994

孔祥吉,《戊戌維新運動新探》, 湖南人民出版社, 長沙, 1988

孔祥吉,《康有為變法奏章輯考》, 北京圖書館出版社, 北京, 2008

孔祥吉,《晚清史探微》, 巴蜀書社, 成都, 2001

孔祥吉,《晚清佚聞叢考》, 巴蜀書社, 成都, 1998

孔祥吉,《清人日記研究》, 廣東人民出版社, 廣州, 2008

孔祥吉·村田雄二郎,《中島雄其人與〈往復文信目錄〉》, 國家圖書館出版社, 北京, 2009

孔祥吉·村田雄二郎,〈一個日本書記官記述的康有為與戊戌變法〉,《廣東社會科學》1, 2009

孔祥吉·村田雄二郎,《罕為人知的中日結盟及其他》, 巴蜀書社, 成都, 2004

孔祥吉·村田雄二郎,《從東瀛皇居到紫禁城》, 廣東人民出版社, 廣州, 2011

戈斌,〈光緒帝硃批述評〉, 中國第一歷史檔案館 編,《明清檔案與歷史研究論文選》上冊, 1994.10~2004.10, 新華出版社, 北京, 2005

扎洛,〈清末民族國家建設與張蔭棠西藏新政〉,《民族研究》3, 2011

方漢奇 等,《大公報百年史》, 中國人民大學出版社, 北京, 2003

王力雄,《天葬》, 大塊文化, 臺北, 2009

王文韶,《王文韶日記》, 中華書局, 北京, 1989

王克芬·劉恩伯·徐爾充 主編,《中國舞蹈大辭典》, 文化藝術出版社, 北京, 2010

王芸生,《六十年來中國與日本》, 三聯書店, 北京, 1979

王俊義,《清代學術探研錄》, 中國社會科學出版社, 北京, 2002

王彥威 纂輯,《清季外交史料》, 書目文獻出版社, 北京, 1987~1989

王夏剛,《戊戌軍機四章京合譜》, 中國社會科學出版社, 北京, 2009

王照,〈方家園雜詠紀事〉, 岑春煊·惲毓鼎,《樂齋漫筆, 崇陵傳信錄(外二種)》, 中華書局, 北京, 2007

王道成,〈世界名園頤和園〉,《史苑》7, 2004

王道成,〈北京政變諭旨探析〉,《首都博物館叢刊》18, 2004

王道成,〈我的清史研究之路︰紀念清史研究所建所三十周年〉, http://www.iqh.net.cn/

info/asp?column_id=3486

王道成,〈慈禧的家族・家庭和入宮之初的身份〉,《清史研究集》第三輯, 四川人民出版社,
　　成都, 1984

王道成,〈頤和園修建經費新探〉,《清史研究》1, 1993

王道成,〈中日甲午戰爭與慈禧太后〉,《清史研究》4, 1994

王道成 編,《圓明園重建大爭辯》, 浙江古籍出版社, 杭州, 2007

王廣西,《左宗棠》, 知書房出版社, 臺北, 1995

王曉秋,《近代中國與日本：互動與影響》, 昆侖出版社, 北京, 2005

王曉秋・尚小明 主編,《戊戌維新與清末新政》, 北京大學出版社, 北京, 1998

王曉秋・楊紀國,《晩清中國人走向世界的一次盛舉》, 遼寧師範大學出版社, 大連, 2004

王樹卿,〈清代后妃制度中的幾個問題〉,《故宮博物院院刊》1, 1980

王樹卿,〈清代宮廷膳食〉,《故宮博物院院刊》3, 1983

王樹卿・徐徹 主編,《慈禧與我》, 遼沈書社, 瀋陽, 1994

左步青,〈乾隆鎮壓王倫起義後的防民舉措〉,《故宮博物院院刊》2, 1983

申學鋒,〈清代財政收入規模與結構變化述論〉,《北京社會科學》1, 2002

伍廷芳,《一位東方外交家看美國》, 南開大學出版社, 天津, 2009

全國人大常委會辦公廳研究室 編,《中國近代不平等條約匯要》, 中國民主法制出版社, 北
　　京, 1996

向斯,《向斯談慈禧》, 中國工人出版社, 北京, 2010

向斯,《慈禧私家相冊》, 中華書局, 北京, 2011

有泰,《有泰駐藏日記》, http://ishare.iask.sina.com.cn/f/6916711.html

朱金甫・周文泉,〈從清宮醫案論光緒帝載湉之死〉,《故宮博物院院刊》3, 1982

朱金甫・周文泉,〈論慈禧太后那拉氏之死〉,《故宮博物院院刊》1, 1985

朱勇,〈清末'新政'：一場真正的法律革命〉,《濟寧師專學報》2004. 4

朱家溍,〈清代內廷演戲情況雜談〉,《故宮博物院院刊》2, 1979

朱家溍,〈德齡・容齡所著書中的史實錯誤〉,《故宮博物院院刊》4, 1982

朱壽朋 編,《光緒朝東華錄》, 中華書局, 北京, 1984

佐藤鐵治郎(孔祥吉・村田雄二郎 整理),《一個日本記者筆下的袁世凱》, 天津古籍出版社,
　　天津, 2005

何剛德,《春明夢錄》, 上海古籍書店 影印, 上海, 1983

佚名,〈熱河佟密箚〉,《近代史資料》36

佟悅・呂霽虹,《清宮皇子》, 遼寧大學出版社, 瀋陽, 1993

吳永,《庚子西狩叢談》, 嶽麓出版社, 長沙, 1985

吳汝綸(宋開玉 整理),《桐城吳先生日記》, 河北教育出版社, 石家莊, 1999

吳相湘,《晚清宮廷實紀》, 正中書局, 臺北, 1952

宋艷麗,〈清末新政時期的中英鴉片交涉〉,《唐都學刊》4, 2003

岑春煊·惲毓鼎,《樂齋漫筆, 崇陵傳信錄(外二種)》, 中華書局, 北京, 2007

志村壽子,〈戊戌變法與日本：甲午戰爭後的報刊輿論〉,《國外中國近代史研究》7, 中國社
　　會科學出版社, 北京, 1985

志剛,《初使泰西記》, 鐘叔河 主編,《走向世界叢書》, 嶽麓書社, 長沙, 1985

李允俊 主編,《晚清經濟史事編年》, 上海古籍出版社, 上海, 2000

李文治 編,《中國近代農業史資料》, 1840~1911, 三聯書店, 北京, 1957

李永勝,〈戊戌後康梁謀刺慈禧太后新考〉,《北京大學學報:哲學社會科學版》4, 2001

李吉奎,《晚清名臣張蔭桓》, 廣東人民出版社, 廣州, 2005

李吉奎,〈張蔭桓, 從一介布衣到重要朝臣〉, http://epaper.oeeee.com/E/html/2008-
　　04/15/content_439567.htm

李治亭,《清康乾盛世》, 江蘇教育出版社, 南京, 2005

李國梁,〈清代避暑山莊演戲瑣談〉,《故宮博物院院刊》2, 1984

李國榮,《清宮檔案揭祕》, 中國青年出版社, 北京, 2004

李寅,《清代帝陵》, 中國戲劇出版社, 北京, 2005

李細珠,《張之洞與清末新政研究》, 上海書店出版社, 上海, 2009

李慈銘(吳語亭 編),《越縵堂國事日記》, 文海出版社, 臺北, 1977

李鴻章(顧廷龍·戴逸 主編),《李鴻章全集》, 安徽教育出版社, 合肥, 2008

杜鍾駿,《德宗請脈記》, 鄧之誠,《骨董瑣記全編》, 北京出版社, 北京, 1999

杜邁之 等 編,《自立會史料集》, 嶽麓書社, 長沙, 1983

文廷式(汪叔子 編),《文廷式集》, 中華書局, 北京, 1993

沃丘仲子,《慈禧傳信錄》, 崇文書局, 上海, 1918

沈渭濱,〈慈禧在中法戰爭中的作為〉, http://www.lw23.com/paper_8428261/

辛灝年,〈清末的大論戰與歷史的重要啟示〉, http://big.hi138.com/wenhua/lishixue/
　　200808/51513.asp

那桐(北京市檔案館 編),《那桐日記》, 新華出版社, 北京, 2006

宓汝成,《中國近代鐵路史資料》, 中華書局, 北京, 1984

屈春海,《清宮檔案解讀》, 華文出版社, 北京, 2007

東亞同文會 編,《對華回憶錄》, 商務印書館, 北京, 1959

林克光·王道成·孔祥吉 主編,《近代京華史跡》, 中國人民大學出版社, 北京, 1985

林京,《故宮藏慈禧照片》, 紫禁城出版社, 北京, 2002

金一-(李又寧 主編),《女界鐘》, 紐約天外出版社, 紐約, 2003

金易·沈義羚,《宮女談往錄》, 紫禁城出版社, 北京, 1992

金梁,《光宣小記》, 上海書店出版社, 上海, 1998

金梁,《清宮史略》, 1933

金普森,〈中日甲午戰爭與中國外債〉,《東南學術》1, 2000

金鐘,〈中國大一統與 '疆獨'〉,《開放》, 2008. 9

青島市博物館·中國第一歷史檔案館·青島市社會科學研究所 合編,《德國侵佔膠州灣史
    料選編》, 山東人民出版社, 濟南, 1987

候斌,〈那拉氏·榮祿與義和團運動〉,《義和團研究會會刊》2, 1983

俞炳坤 等,《西太后》, 紫禁城出版社, 北京, 1985

信修明,《老太監的回憶》, 北京燕山出版社, 北京, 1987

姜緯堂,《維新志士愛國報人彭翼仲》, 大連出版社, 大連, 1996

姜鳴,《天公不語對枯棋》, 三聯書店, 北京, 2006

姜鳴,《龍旗飄揚的艦隊》, 三聯書店, 北京, 2008

姜濤,〈晚清政治史研究五十年〉,《近代史研究》5, 1999

姜濤,《中國近代人口史》, 浙江人民出版社, 杭州, 1993

故宮博物院(朱誠如 主編),《清史圖典》, 紫禁城出版社, 北京, 2002

故宮博物院明清檔案部 編,《清代檔案史料叢編》, 中華書局, 北京, 1979

故宮博物院明清檔案部 編,《清末籌備立憲檔案史料》, 中華書局, 北京, 1979

故宮博物院明清檔案部 編,《義和團檔案史料》, 中華書局, 北京, 1979

故宮博物院 編,《清光緒朝中日交涉史料》, 北平故宮博物院, 北京, 1932

胡思敬,《國聞備乘》, 中華書局, 北京, 2007

苑書義,《李鴻章傳》, 人民出版社, 北京, 2004

茅海建,〈'張之洞檔案' 閱讀筆記之一:戊戌變法期間張之洞之子張權·之侄張檢·張彬的
    京中密信〉, http://ishare.iask.sina.com.cn/f/11618080.html

茅海建,〈'張之洞檔案' 閱讀筆記之二:張之洞與楊銳的關係〉,《中華文史論叢》4, 2010

茅海建,〈'張之洞檔案' 閱讀筆記之三:戊戌政變前後張之洞與京·津·滬的密電往來〉,
    《中華文史論叢》1, 2011

茅海建,《戊戌變法史事考》, 三聯書店, 北京, 2005

茅海建,《戊戌變法的另面:'張之洞檔案'閱讀筆記》, 上海古籍出版社, 上海, 2014

茅海建,《依然如舊的月色：學術隨筆集》, 三聯書店, 北京, 2014

茅海建,《苦命天子：咸豐皇帝奕詝》, 三聯書店, 北京, 2006

茅海建,《從甲午到戊戌：康有為〈我史〉鑒注》, 三聯書店, 北京, 2009

軍機處隨手登記檔：中國第一歷史檔案館

唐家璿 主編,《中國外交辭典》, 世界知識出版社, 北京, 2000

唐益年,《清宮太監》, 遼寧大學出版社, 瀋陽, 1993

夏曉虹,《晚清女性與近代中國》, 北京大學出版社, 北京, 2004

孫中山(陳錫祺 主編),《孫中山年譜長編》, 中華書局, 北京, 1991

孫孝恩・丁琪,《光緒傳》, 人民出版社, 北京, 1997

孫毓棠・汪敬虞 編,《中國近代工業史資料》, 科學出版社, 北京, 1957

孫瑞芹 譯,《德國外交文件有關中國交涉史料選譯》, 商務印書館, 北京, 1960~1964

宮崎滔天(陳鵬仁 譯),《三十三年之夢》, 水牛出版社, 臺北, 1989

容齡,〈清宮瑣記〉, 王樹卿・徐徹 主編,《慈禧與我》, 遼沈書社, 瀋陽, 1994

徐載平・徐瑞芳,《清末四十年申報史料》, 新華出版社, 北京, 1988

徐徹,《一個真實的慈禧太后》, 團結出版社, 北京, 2007

徐繼畬,《瀛環志略》, 1848

桑兵,《庚子勤王與晚清政局》, 北京大學出版社, 北京, 2004

浙江省辛亥革命史研究會・浙江省圖書館 合編,《辛亥革命浙江史料選輯》, 浙江人民出版
　　社, 杭州, 1982

浙江省社會科學院歷史研究所・浙江圖書館 合編,《辛亥革命浙江史料續輯》, 浙江人民出
　　版社, 杭州, 1987

翁同龢(陳義傑 整理),《翁同龢日記》, 中華書局, 北京, 2006

翁同龢(謝俊美 編),《翁同龢集》, 中華書局, 北京, 2005

袁世凱,〈戊戌日記〉, 中國史學會 主編,《戊戌變法》第一冊, 上海書店出版社, 上海, 2000

袁偉時,〈二〇世紀中國社會變革的可貴開端：我看清末新政〉, http://www.cuhk.edu.
　　hk/ics/21c/issue/articles/063_001112.pdf

袁變銘,〈安得海生平事跡攷異〉,《史林》6, 2006

馬忠文,〈張蔭桓與戊戌維新〉, 王曉秋・尚小明 主編,《戊戌維新與清末新政》, 北京大學出
　　版社, 北京, 1998

馬忠文,〈戊戌政變研究三題〉,《福建論壇・人文社會科學版》10, 2005

馬忠文,〈時人日記中的光緒・慈禧之死〉,《廣東社會科學》5, 2006

馬忠文,〈張蔭桓流放新疆前後事跡考述〉,《新疆大學學報》4, 1996

高樹,《金鑾瑣記》, 岑春煊·惲毓鼎,《樂齋漫筆, 崇陵傳信錄(外二種)》, 中華書局, 北京, 2007

國家檔案局明清檔案館 編,《戊戌變法檔案史料》, 中華書局, 北京, 1958

康有為,《康南海自編年譜》, 中華書局, 北京, 1992

張之洞(苑書義·孫華峰·李秉新 主編),《張之洞全集》, 河北人民出版社, 石家莊, 1998

張世芸,〈同治大婚禮儀〉,《故宮博物院院刊》1, 1992

張志勇,〈清末新政時期的中英禁煙交涉〉, http://www.qinghistory.cn/qsyj/ztyj/zwgx/2007-05-14/25650.shtml

張祉生,《絕版李鴻章》, 文匯出版社, 上海, 2008

張俠 等 編,《清末海軍史料》, 海洋出版社, 北京, 2001

張振鶤 主編,《中法戰爭續編》, 中華書局, 北京, 1996

張海林,《端方與清末新政》, 南京大學出版社, 南京, 2007

張德彝,〈航海述奇〉(《歐美環遊記》), 鐘叔河 主編,《走向世界叢書》, 嶽麓書社, 長沙, 1985

張蓉初 譯,《紅檔雜誌有關中國交涉史料選譯》, 三聯書店, 北京, 1957

張德昌,《清季一個京官的生活》, 香港中文大學, 香港, 1970

張蔭桓(任青·馬忠文 整理),《張蔭桓日記》, 上海書店出版社, 上海, 2004

張曉輝·蘇苑,《唐紹儀傳》, 珠海出版社, 珠海, 2004

戚其章,《甲午戰爭史》, 上海人民出版社, 上海, 2005

戚其章 主編,《中日戰爭續編》, 中華書局, 北京, 1989

梁啟超(丁文江·趙豐田 編),《梁啟超年譜長編》, 上海人民出版社, 上海, 2008

梁啟超,《戊戌政變記》, 中華書局, 北京, 1964

梁啟超,〈南海康先生傳〉,《飲冰室合集》, 中華書局, 北京, 1989

清政府 編,《籌辦夷務始末》, 故宮博物院影印出版, 北京, 1929~1930

清華大學歷史系 編,《戊戌變法文獻資料系目》, 上海書店出版社, 上海, 1998

畢永年,〈詭謀直紀〉, 湯志鈞,《乘桴新穫》, 江蘇古籍出版社, 南京, 1990

盛宣懷(夏東元 編著),《盛宣懷年譜長編》, 上海交通大學出版社, 上海, 2004

章開沅,《辛亥革命與近代社會》, 天津人民出版社, 天津, 1985

許寶蘅(許恪儒 整理),《許寶蘅日記》, 中華書局, 北京, 2010

郭嵩燾,〈倫敦與巴黎日記〉, 鐘叔河 主編,《走向世界叢書》, 嶽麓書社, 長沙, 1984

郭衛平,〈張蔭棠治藏政策失敗原因初探〉,《青海民族學院學報》3, 1988

陳破空,〈百年反思〉,《開放》11, 2011

陳鳳鳴,〈康有為戊戌條陳彙錄〉,《故宮博物院院刊》1, 1981

陳夔龍,《夢蕉亭雜記》, 世界知識出版社, 北京, 2007

鹿傳霖,〈鹿傳霖日記〉,《文物春秋》1992.2~1993.3

博國湧,〈秋瑾被殺害之後〉, www.artx.cn/artx/lishi/40096.html

喬兆紅,〈論晚清商品博覽會與中國早期現代化〉,《人文雜誌》, 上海, 2005

單士元,《我在故宮七十年》, 北京師範大學出版社, 北京, 1997

單士元,《故宮箚記》, 紫禁城出版社, 北京, 1990

惲毓鼎,《惲毓鼎澄齋日記》, 浙江古籍出版社, 杭州, 2004

斌椿,〈乘槎筆記, 詩二種〉, 鐘叔河 主編,《走向世界叢書》, 嶽麓書社, 長沙, 1985

曾紀澤,《曾紀澤遺集》, 嶽麓書社, 長沙, 1983

曾國藩,《曾國藩日記》, 宗教文化出版社, 北京, 1999

湯仁澤,〈崇厚與晚清外交〉,《史林》4, 2008

湯志鈞,《乘桴新穫》, 江蘇古籍出版社, 南京, 1990

湯志鈞,《康有為傳》, 臺灣商務印書館, 臺北, 1997

程季華 主編,《中國電影發展史》, 中國電影出版社, 北京, 1981

紫禁城出版社 編,《明清宮廷趣聞》, 紫禁城出版社, 北京, 1995

舒新城 編,《中國新教育概況》, 中華書局, 上海, 1928

辜鴻銘,《辜鴻銘的筆記》, 國民出版社, 臺北, 1954

馮爾康,《生活在清朝的人們》, 中華書局, 北京, 2005

黃晞,《中國近現代電力技術發展史》, 山東教育出版社, 濟南, 2006

黃瑚,《中國新聞事業發展史》, 復旦大學出版社, 上海, 2009

黃濬,《花隨人聖盦摭憶》, 九思出版社, 臺北, 1968

黃彰健,《戊戌變法史研究》, 上海書店出版社, 上海, 2007

黃興,〈晚清電氣照明業發展及其工業遺存概述〉, 內蒙古師範大學學報(自然科學漢文版)
    38(3), 2009

黃興濤,〈清末民初新名詞新概念的「現代性」問題〉,《中國近代史》11, 2005

愛新覺羅・溥儀,《我的前半生》, 群衆出版社, 北京, 1964

楊乃濟,〈西苑鐵路與光緒初年的修路大論戰〉,《故宮博物院院刊》4, 1982

楊天石,〈革命派與改良派的兩次武力嘗試〉,《文史參考》5, 2011

楊天石,《晚清史事》, 中國人民大學出版社, 北京, 2007

溥佳・溥傑 等,《晚清宮廷生活見聞》, 文史資料出版社, 北京, 1982

葉志如・唐益年,〈光緒朝的三海工程與北洋海軍〉,《明清檔案與歷史研究：中國第一歷史
    檔案館六十周年紀念論文集》, 北京, 1988

葉赫那拉 根正・郝曉輝,《我所知道的末代皇后隆裕》, 中國書店, 北京, 2008

葉赫那拉 根正・郝曉輝,《我所知道的慈禧太后》, 中國書店, 北京, 2007

葉曉青,〈光緒皇帝最後的閱讀書目〉,《歷史研究》2, 2007

董守義,《恭親王奕訢大傳》, 遼寧人民出版社, 瀋陽, 1989

賈英華,《末代太監孫耀庭傳》, 人民文學出版社, 北京, 2004

載澤,〈考察政治日記〉, 鐘叔河 主編,《走向世界叢書》, 嶽麓書社, 長沙, 1986

雷家聖,《力挽狂瀾:戊戌政變新探》, 萬卷樓, 臺北, 2004

榮祿,《榮祿存箚》, 齋魯書社, 濟南, 1986

榮慶,《榮慶日記》, 西北大學出版社, 西安, 1986

滿學研究會 編,《清代帝王后妃傳》, 中國華僑出版公司, 北京, 1989

趙矢元,〈丁戊奇荒述略〉, http://www.qinghistory.cn/qsyj/ztyj/shs/2004-12-
   13/25842.shtml

趙場,〈清代宮廷戲曲活動綜述〉, http://www.mam.gov.mo/showcontent2.asp?item_
   id=20081213010301&1c=1

趙爾巽 等,《清史稿》, 中華書局, 北京, 1976

趙廣軍,〈清末報刊對世界婦女運動的報導及其對中國婦女運動的啟蒙作用〉,《婦女研究論
   叢》3, 2006

劉小萌,《清代八旗子弟》, 遼寧民族出版社, 瀋陽, 2008

劉半農 等,《賽金花本事》, 嶽麓書社, 長沙, 1985

劉坤一,《劉坤一遺集》, 中華書局, 北京, 1959

劉若宴,〈風雨百年'永和'輪〉,《頤和園耕織圖觀文化專刊》第四集

德齡,《童年回憶錄》, 百新書店, 上海, 1948

潘向明,〈論醇親王奕譞〉,《清史研究》2, 2006

鄧之誠,《骨董瑣記全編》, 北京出版社, 北京, 1999

鄭孝胥(中國國家博物館 編),《鄭孝胥日記》, 中華書局, 北京, 2005

澤旺奪吉,〈論清末川軍入藏和十三世達賴喇嘛外逃〉,《藏族史論文集》, 四川民族出版社,
   成都, 1988

暹雲飛,〈戊戌以後康梁與清廷官員的聯絡活動〉,《北大史學》第二集

戴逸,〈光緒之死〉,《清史研究》4, 2008

戴鴻慈,〈出使九國日記〉, 鐘叔河 主編,《走向世界叢書》, 嶽麓書社, 長沙, 1986

薛福成(蔡少卿・江世榮 主編),《薛福成日記》, 吉林文史出版社, 長春, 2004

薛福成,《庸庵續編》, 1897

薛福成,《庸盦筆記》, 江蘇人民出版社, 南京, 1983

薛寶田,《北行日記》, 河南人民出版社, 鄭州, 1985

羅惇曧,《庚子國變記》, 維基文庫

蘆笛,《押虱談史》, 未刊

鐘叔河 主編,《走向世界叢書》, 嶽麓書社, 長沙, 1984~1986

Astor, Brooke, *Patchwork Child*, Weidenfeld and Nicolson, London, 1963

Bird, Isabella, *The Yangtze Valley and Beyond*, Virago Press, London, 1985

Bland, J. O. P. & Backhouse, E., *China under the Empress Dowager*, William Heinemann, London, 1910

Borel, Henri, *The New China: a Traveller's Impressions*, T. Fisher Unwin, London & Leipsic, 1912

Boulger, Demetrius Charles, *The Life of Gordon*, Volume Ⅰ, The Project Gutenberg e-book

Brown, Arthur Judson, *New Forces in Old China: An Inevitable Awakening*, http://infomotions.com/etexts/gutenberg/dirs/etext99/ldchn10.htm, 1904

Buck, Pearl S., 'Foreword', *Imperial Woman*, Moyer Bell, Mount Kisco, New York & London, 1991

Carl, Katharine A., *With the Empress Dowager of China*, Eveleigh Nash, London, 1906

Chang, Jung, *Wild Swans: Three Daughters of China*, Simon & Schuster, New York & HarperCollins, Londen, 1991

Chang, Jung & Halliday , Jon, *Mao: the Unknown Story*, Random House, London & New York, 2005

Chen Pokong, 'Toward the Republic: A Not-So Distant Mirror', in *China Rights Forum*, 2003, no. 4

Cockburn, Patrick, 'A Prehistory of Extraordinary Rendition', in *London Review of Books*, 13 September 2012

Conger, Sarah Pike, *Letters from China*, Hodder & Stoughton, London, 1909

Cooley, James C., Jr, *T. F. Wade In China, 1842-1882*, E. J. Brill, Leiden, The Netherlands, 1981

Cranmer-Byng, J. L. (ed.), *An Embassy to China. Being the journal kept by Lord Macartney during his embassy to the Emperor Ch'ien-lung, 1793-1794*, Longmans,

London, 1962

Crossley, Pamela Kyle, 'The Late Qing Empire in Global History', in *Education about Asia*, 2008, vol. 13, no. 2

Cuba Commission, *Chinese Emigration: Report of the Commission Sent by China to Ascertain the Condition of Chinese Coolies in Cuba*, Imperial Maritime Customs Press, Shanghai, 1876

Dan, Lydia, 'The Unknown Photographer: Statement Written for the Smithsonian', Freer Gallery of Art and Arthur M. Sackler Gallery Archives, Washington D. C., 1982

Denby, Charles, *China and Her People*, L. C. Page & Company, Boston, 1906

Der Ling, Princess, *Two years in the Forbidden City*, 1st World Library, Fairfield, IOWA, 2004

Dugdale, E. T. S. (ed. & tr.), *German Diplomatic Documents, 1871~1914*, Harper & Brothers, New York, 1930

Edwards, E. H., *Fire and Sword in Shansi*, Oliphant Anderson & Ferrier, Edinburgh & London, 1907

Fairbank, John King, Coolidge, Martha Henderson and Smith, Richard J., *H. B. Morse: Customs Commissioner and Historian of China*, University Press of Kentucky, Kentucky, 1995

Feuchtwang, Stephan, *Popular Religion in China: The Imperial Metaphor*, Curzon Press, Surrey, Britain, 2001

Fleming, Peter, *The Siege at Peking*, Rupert Hart-Davis, London, 1959

Franzini, Serge (ed.), 'Le docteur Dethève appelé en consultation par l'empereur Guangxu', in *Etudes chinoises*, 1995, vol. XIV, no. 1

Freeman-Mitford, Algernon B., *The Attaché at Peking*, Elibron Classics, www.elibron.com, 2005

Gordon, Henry William, *Events in the Life of Charles George Gordon*, Kegan Paul, Trench, London, 1886

Grant, James Hope, *Incidents in the China War of 1860*, Elibron Classics, www.elibron.com, 2005

Hake, A. Egmont, *Events in the Taeping Rebellion, Being Reprints of MSS. Copied by General Gordon, C. B. in His Own Handwriting*, W. H. Allen & Co., London,

1891

Hansard, edited verbatim report of proceedings of both the House of Commons and the House of Lords, London

Hart, Robert, *Entering China's Service: Robert Hart's Journals, 1854~1863*, edited by Katherine F. Bruner, John K. Fairbank & Richard J. Smith, Council on East Asian Studies, Harvard University, Cambridge (Mass.) & London, 1986

Hart, Robert, *Robert Hart and China's Early Modernization: His Journals, 1863~1866*, edited by Richard J. Smith, John K. Fairbank & Katherine F. Bruner, Council on East Asian Studies, Harvard University, Cambridge (Mass.) & London, 1991

Hart, Robert, *The I. G. in Peking: Letters of Robert Hart, Chinese Maritime Customs, 1868~1907*, edited by John King Fairbank, Katherine Frost Bruner & Elizabeth MacLeod Matheson, The Belknap Press of Harvard University, Cambridge (Mass.) & London, 1975

Hayter-Menzies, Grant, *Imperial Masquerode*, Hong Kong University Press, Hong Kong, 2008

Headland, Isaac Taylor, *Court Life in China*, Fleming H. Revell Company, New York, 1909

Hogge, David, 'The Empress Dowager and the Camera: Photographing Cixi, 1903~1904', http://ocw.mit.edu/ans7870/21f/21f.027/empress_dowager/cx_essay_03.pdf

Hubbard, Clifford L. B., *Dogs in Britain*, Macmillan and Co., London, 1948

Hunt, Michael H., 'The American Remission of the Boxer Indemnity: A Reappraisal', in *Journal of Asian Studies*, 1972, vol. 31, no. 3

Hurd, Douglas, *The Arrow War*, Collins, London, 1967

Ignatieff, Michael, *The Russian Album*, Chatto & Windus, London, 1987

Kecskes, Lily, 'Photographs of Tz'u-hsi in the Freer Gallery Archives', *Committee on East Asian Libraries Bulletin*, no. 101, The Association for Asian Studies, Inc., December 1993

Keswick, Maggie (ed.), *The Thistle and the Jade*, Francis Lincoln, London, 2008

Kwong, Luke S. K., *T'an Ssu-t'ung, 1865~1898: Life and Thought of a Reformer*, E. J. Brill, Leiden, The Netherlands, 1996

Lovell, Julia, *The Opium War*, Pan Macmillan, London, 2011

MacDonald, Sir Claude et al., *The Siege of the Peking Embassy, 1900*, The Stationery Office, London, 2000

Martin, W. A. P., *A. Cycle of Cathay*, Oliphant Anderson and Ferrier, Edinburgh & London, 1896

Martin, W. A. P., *The Awakening of China*, The Project Gutenberg e-book, produced by Robert J. Hall, 2005

Maugham, W. Somerset, *On a Chinese Screen*, Vintage, London, 2000

Millar, Oliver, *The Victorian Pictures in the Collection of Her Majesty the Queen*, Cambridge University Press, Cambridge, 1992

Morse, H. B., *The International Relations of the Chinese Empire*, first published in 1910; this edition reprinted by Cheng Wen Publishing Company, Taipei, 1971

Naquin, Susan, *Shantung Rebellion*, Yale University Press, New Haven (Conn.), 1981

Packard, J. F., *Grant's Tour Around the World*, Forshee & McMakin, Cincinnati (Ohio), 1880

Parkes Papers 28/10, in the Department of Manuscripts and University Archives, Cambridge University Library, Cambridge

Procès-verbaux des Séances du Gouvernement Provisoire de Tientsin, Liu Haiyan et al. (trs.), Tianjin shehui kexue chubanshe, Tianjin, 2004

Reynolds, Douglas R., *China, 1898~1912: The Xinzheng Revolution and Japan*, Council on East Asian Studies, Harvard University, Cambridge (Mass.) & London, 1993

Richard, Timothy, *Forty-five Years in China*, Frederick A. Stokes Company, New York, 1916

Ridley, Jasper, *Lord Palmerston*, Constable, London, 1970

Robbins, Helen H., *Our First Ambassador to China*, Elibron Classics, www.elibron.com, 2005

Roberts, Andrew, *Salisbury: Victorian Titan*, Weidenfeld & Nicolson, London, 1999

Rockhill, William Woodcille, *Diplomatic Audiences at the Court of China*, Luzac & Co., London, 1905

Rohl, John, *Wilhelm II: Der Weg in den Abgrund 1900~1941*, C. H. Beck Verlag, Munich, 2008

Roosevelt Longworth, Alice, *Crowded Hours*, Charles Scribner's Sons, New York & London, 1933

Salvago Raggi, Giuseppe, *Ambasciatore del Re: Memorie di un diplomatico dell'Italia liberale*, Le Lettere, Firenze, 2011

Schrecker, John, 'For the Equality of Men-For the Equality of Nations: Anson Burlingame and China's First Embassy to the United States, 1868', in *Journal of American-East Asian Relations*, 2010, vol. 17

Seagrave, Sterling, *Dragon Lady*, Vintage Books, New York, 1993

Shore, Henry Noel, *The Flight of Lapwing*, Longmans, Green & Co., London, 1881

Simpson, William, *Meeting the Sun*, Longman, London, 1874

Smith, Arthur H., *China in Convulsion*, Fleming H. Revell Company, New York, 1901

Spence, Jonathan D., *The Search for Modern China*, W. W. Norton & Co., New York & London, 1990

Swinhoe, Robert, *Narrative of North China Campaign of 1860*, Elibron Classics, www.elibron.com, 2005

Thomson, John, *Through China with a Camera*, A. Constable & Co., London, 1898

Townley, Lady Susan, *The Indiscretions of Lady Susan*, D. Appleton and Co., New York, 1922

Trover-Roper, Hugh, *Hemit of Peking*, Macmillan, London, 1976

UNESCO Courier, November 1985

Varè, Daniele, *The Last of the Empresses*, John Murray, London, 1936

Von Waldersee, Count Alfred, *A Field Marshal's Memoirs: From the Diary, Correspondence and Reminiscences of Alfred, Count Von Waldersee*, Hutchinson & Co., London, 1924

Waley, Arthur, *The Opium War Through Chinese Eyes*, Routledge, London, 1958

Warner, Marina, *The Dragon Empress*, History Books Club, London, 1972

Weale, B. L. Putnam, *Indiscreet Letters from Peking*, Dodd, Mead and Co., New York, 1907

Westad, Odd Arne, *Restless Empire: China and the World Since 1750*, Basic Books, New York, 2012

Witte, *The Memoirs of Count Witte*, Doubleday, Page & Co., Garden City, New York & Toronto, 1921

Wolseley, Garnet Joseph, *Narrative of the War with China in 1860*, Elibron Classics, www.elibron.com, 2005

Xiang Lanxin, *The Origins of the Boxer War*, RoutledgeCurzon, London, 2003

Yung Wing, *My Life in China and America*, Henry Holt & Co., New York, 1909

찾아보기

서태후

현대 중국의 기초를 만든 통치자 2

1판 1쇄 2015년 7월 27일

지은이 | 장융
옮긴이 | 이종인

편집 | 천현주, 박진경
마케팅 | 김연일, 이혜지, 노효선

디자인 | 석운디자인
본문 조판 | 글빛
종이 | 세종페이퍼

펴낸곳 | (주)도서출판 **책과함께**
　　　　주소 (121-896) 서울시 마포구 월드컵로 50 덕화빌딩 5층
　　　　전화 (02) 335-1982~3
　　　　팩스 (02) 335-1316
　　　　전자우편 prpub@hanmail.net
　　　　블로그 blog.naver.com/prpub
　　　　등록 2003년 4월 3일 제25100-2003-392호

ISBN 979-11-86293-25-6 (04910)
　　　 979-11-86293-23-2 (04910) (세트)

이 도서의 국립중앙도서관 출판시도서목록(CIP)은
서지정보유통지원시스템 홈페이지(http://seoji.nl.go.kr)와
국가자료공동목록시스템(http://www.nl.go.kr/kolisnet)에서 이용하실 수 있습니다.
(CIP제어번호 : CIP2015017982)